グローバル現代社会論

山田真茂留

[編著]

文眞堂

はじめに

　本書は，このグローバル時代にあって社会学的な想像力を働かせ，新たな現代社会論を構築することを主眼としている。われわれ12人の著者は読者の方々の教養に資することを常に意識しながら，互いに協力し，大きな熱意をもって執筆にあたった。各章には必ず海外事情ないし国際比較のトピックが入っている。

　執筆陣の多くは社会学者だが，敢えて書名には社会学の名前を刻まなかった。実際には社会学的な議論が中心になるにせよ，このグローバル時代において眼前に広がる多様で流動的な現代社会のありようを見極めるにあたっては，特定の学問の縄張りにこだわるのは適切ではないと判断したからである。また執筆者のほとんどは，いわゆる国際社会学の専門家ではない。国際社会学というと，すぐに移民問題や外国人労働者問題などの限定的なトピックが思い浮かぶ。それらが重要な探究課題であるのは間違いないが，しかしグローバル化の勢いが及ぶ社会領域や社会問題は他にも数多く存在していよう。そこで各章の著者は，それぞれの専門を十分に活かしつつ，グローバル化が一層進む現代社会の重要な側面を解明しようと試みた。本書が扱う範囲は家族，教育，産業，労働，福祉，宗教，文化など，きわめて多岐にわたっている。

　そして各章を執筆するにあたってわれわれがとくに心がけたのは，表面的な常識にとらわれない自由な発想を存分に繰り広げるとともに，出来るだけ読みやすく，そしてわかりやすい議論を展開するということである。この本が大学生のテキストや社会人の教養書として広く読まれることを願ってやまない。一つひとつの章にはグローバル時代を生き抜くための知識や智慧がたくさん詰まっているものと，執筆者一同ささやかながら自負している。

　本書は「身近な異文化」，「比較によるアプローチ」，「多様性へのまなざし」という3部から成る。ただしこれは緩やかな区分に過ぎず，いずれの章でも身近な異文化が意識され，比較によるアプローチが陰に陽に用いられ，そして多

様性へのまなざしが溢れている。なお章立てに関し，前の章が後の章の前提となるようなことはない。読者の方々はご自身の興味に応じ，どの章から読み進めていただいても構わないような構成になっている。序章の第2節には，それに引き続く全ての章の概要を掲げておいた。

さて私事にわたって恐縮だが，本書を作る直接のきっかけとなったのは，この文章を記している時点から1年と数か月ほど前のある日，文眞堂の前野隆社長と地下鉄の早稲田駅から神楽坂駅までほんの1駅分だけ偶然に乗り合わせたことによる。前野社長とは実は編者が大学院生のときに知り合い，その後30年ほどの交流になる。その間，前野社長には事あるごとに励ましの言葉を賜った。また編集者の山崎勝徳氏には企画段階からさまざまなアドバイスを頂戴し，そしてプロ中のプロとして非常に丁寧なお仕事をしていただいた。お二人にはこの場を借りて心より謝意を表したい。

なお，本書の執筆者の一人，畑山要介氏には，編集事務の仕事のうちかなりの部分を受け持ってもらったが，とくに各章の校閲作業は非常に精確なものであった。共著者の一人なのであからさまに謝辞を記すのは控えるが，この本全体に対する彼の貢献の大きさには執筆者一同感服しており，その点ここに銘記しておきたい。

そして順序が後先になってしまったが，本当は真っ先に感謝の言葉を申し述べるべきは，本書を手に取り，そして各章を読み進めていただく読者の皆さまに対しである。執筆者一同，厚く御礼申し上げる次第である。

執筆者を代表して
編者　山田　真茂留

目　次

はじめに ……………………………………………………………………………… i

序章　グローバル現代社会論
——イントロダクション—— ……………………………………… 1
1．今日的なグローバル化の意味——多様性と流動性の高まり ………… 1
2．グローバル時代の現代社会論——本書の構成 ……………………… 7

第1部　身近な異文化

第1章　信頼の光と翳——麗しき装いの幻惑—— …………………… 16
1．一般的信頼の実相 ……………………………………………………… 16
2．普遍主義を装う個別主義 ……………………………………………… 20
3．多文化のせめぎ合いの彼方に ………………………………………… 25

第2章　イタリアの食とツーリズムからみるグローバル化
——ローカル・ナショナル・グローバルな領域の交錯—— … 33
1．はじめに ………………………………………………………………… 33
2．「イタリア料理」と「地方料理」の誕生
　　——ローカル，ナショナルな領域の交錯 ………………………… 35
3．「イタリア料理」とグローバル化
　　——ナショナル，グローバルな領域の交錯 ……………………… 39
4．アイデンティティをめぐる相克とその多層性 ……………………… 45

第3章　グローバル統合とローカル適応の相克
　　　　　――伝統産業としての日本酒の海外展開への示唆―― ……… 49
  1．グローバリゼーション――"地球化"という現象の表と裏 ……… 49
  2．適用と適応――競争優位性の移転と海外市場 …………………… 52
  3．サービス産業のグローバル展開 …………………………………… 55
  4．伝統産業のグローバル展開
　　　――「地酒のグローバル展開」というジレンマ ………………… 58
  5．グローバル統合とローカル適応
　　　――グローバルパラドックスを越えて ………………………… 62

第4章　芸術家の海外経験が持つ意味
　　　　　――キャリア形成の観点から―― ……………………………… 66
  1．芸術家の表象――「天才」と描くメディア ……………………… 66
  2．実現困難な職業としての芸術家 …………………………………… 67
  3．海外で文化的な活動をすること――夢追い人か，天才か ……… 69
  4．芸術家が集う都市，ベルリン ……………………………………… 72
  5．グローバルに生きる芸術家たち …………………………………… 77

第2部　比較によるアプローチ

第5章　教育機会の国際比較
　　　　　――学力に投影される社会経済的不平等―― ………………… 84
  1．国際比較の試み――教育における社会経済的不平等 …………… 84
  2．教育制度のあり方と教育機会の不平等 …………………………… 92

第6章　労働生産性から考える働き方改革の方向性
　　　　　――現場の意味世界の重要性―― …………………………… 102
  1．はじめに――国際比較に見る日本社会の労働生産性 ………… 102
  2．付加価値の向上と事業構造の転換 ……………………………… 103

3．業務プロセスの生産性と IT 投資における生産性パラドックス問題
　　　――組織への焦点 …………………………………………………… *107*
　4．組織を変革するロジック
　　　――階層関係からオープンな対話的関係性へ ……………………… *109*
　5．おわりに――労働と生産性と語られていないもの ………………… *114*

第7章　宗教世界の多様な展開
　　　――日本的な宗教意識の深奥―― ………………………………… *119*
　1．自己認識と信仰 ……………………………………………………… *119*
　2．日本における「宗教」イメージ …………………………………… *122*
　3．「おもてなし」と宗教文化 ………………………………………… *126*
　4．日本社会における宗教意識の裏事情 ……………………………… *129*

第8章　「それでも息子が欲しい」？
　　　――ネパールにみる過渡期的発展と男児選好の未来―― ……… *137*
　1．世界でみられる性別選好 …………………………………………… *137*
　2．男児選好パンデミック予備軍？――ネパール …………………… *139*
　3．性別選好の構造的背景 ……………………………………………… *142*
　4．ネパールでの調査からみえたこと ………………………………… *144*
　5．ネパールにおける男児選好の未来 ………………………………… *150*

第9章　少子高齢化とダブルケア
　　　――育児と介護という二重のケア責任をめぐって―― ………… *154*
　1．はじめに ……………………………………………………………… *154*
　2．子育て（行為）に「よさ」をのせる動き ………………………… *155*
　3．ダブルケアという新たなケアワークの発見 ……………………… *158*
　4．生きられるダブルケア ……………………………………………… *162*
　5．少子高齢化社会のジレンマにどう向き合うか …………………… *168*

第3部　多様性へのまなざし

第10章　私たちの「もうひとつの世界」のための試み
　　　　　——自治キャンプを通じてグローバルな相互理解を考える——　… *174*
1. この世界において他者とじょうずに生きること ……………………… *174*
2. 自治キャンプから見る他者との共生 …………………………………… *178*
3. 自治キャンプにおける色とりどりの実践 ……………………………… *181*
4. 日々の生活を「政治的に」振り返ってみよう ………………………… *187*

第11章　ロードサイドの幸福論
　　　　　——ファスト風土・無印都市・サステナビリティ——……… *191*
1. ロードサイドの消費化 …………………………………………………… *191*
2. グローバルなものをめぐる視座転換 …………………………………… *196*
3. ロードサイドの行方 ……………………………………………………… *201*

第12章　グローバルなつながりと市民権
　　　　　——雇用均等の法制度と社会意識——………………………… *209*
1. 現代社会における雇用と権利 …………………………………………… *209*
2. 外との豊かな「つながり」が生み出す社会変化 ……………………… *214*
3. 価値ある変化を惹き起こすグローバルで多様なネットワーク ……… *217*

第13章　文化的な包摂と排除
　　　　　——多文化社会における集合的アイデンティティ——……… *222*
1. 問題含みの近隣空間 ……………………………………………………… *222*
2. 多文化社会とその境界 …………………………………………………… *226*
3. 対峙する文化，あるいは集団
　　　——集合的アイデンティティのダイナミクス……………………… *231*

序章

グローバル現代社会論
——イントロダクション——

キーワード：グローバル化，共有価値，多様化，流動化

1．今日的なグローバル化の意味——多様性と流動性の高まり

(1) 古くからあるグローバル化

　21世紀に入って相当の時間が経った今，グローバルという言葉を聞かない日はないくらいだが，前世紀末まではこの言葉はそれほど日常的に流布してはいなかった。ではいったいいつ頃から世界のグローバル化は顕著なものとなったのだろう。政治的・経済的・社会的・文化的な活動が狭い平面的な局域を越え，広く地球的な規模で拡がっていくという事態は，実は何世紀も前から見られたことだ。1682年，フランスの探検家ラ・サールはミシシッピ川周辺の土地の全てがフランスの土地となると宣言し，そこをルイジアナと命名する（Vardaman, 2005: 49）。そのときのラ・サールの営みはまさしくグローバルなものであり，そして彼の前に拡がる広大な土地は丸く見えていたにちがいない。ちなみに，ある土地に囲いをしてこれは自分のものだと宣言した最初の人間の出現によって政治社会なるものが成立することになった，というのはフランスの思想家ルソーの有名な言葉だが，これが載った『人間不平等起源論』が刊行されたのは1755年のことである。ラ・サールの行動力はルソーの想像力に匹敵するほどのものであった。

　異なる文化同士がぶつかり合ったり，和解したり，再度葛藤を深めたりなどといったこともまた，昔からいくらでもある。1561年，フランスにおけるカトリックとプロテスタントの衝突に際し，この2つの間を調停しようというこ

とで、ポワシー会談が開催された。しかしこれによりかえって両者の対立は決定的となり、その後、凄惨極まりないユグノー戦争が勃発することになる。対話は必ずしも和平をもたらすとはかぎらない（Urbinati, 2014）。

　時代は下って1781年、ハプスブルク家のヨーゼフ2世は神聖ローマ帝国（オーストリア）で宗教寛容令を発布し、カトリック以外の信者の権利の拡大を認めた。ただしこれは本物の信教の自由と言うにはほど遠い。例えばユダヤ人の場合、服装や職業の自由は拡がったものの、居住地は厳しく制限され続けた（Brown, 2001: 101；Barkey, 2014: 224）。さらに、ハプスブルク帝国が不寛容から寛容へと舵を切ろうとしていたその時期、オスマン（トルコ）帝国の方はと言えばそれまでの寛容政策をやめ、不寛容な姿勢への大転換を遂げている。当時の似たようなグローバルな経済環境の変化を前にして、ハプスブルク帝国とオスマン帝国は全く逆の方向へと向かったのである（Barkey, 2014）。

　異なる文化、違った社会の人々がグローバルな出会いを果たすということは、何百年も前から続いてきた事態ではあるが、それにもかかわらず——あるいはだからこそと言うべきか——、世界中で紛争の種は尽きない。われわれ人類はいったい何をどれだけ学んできたのだろう。あるいはどういったことが今なお習得できずにいるのだろうか。多文化共生のありようは単線的に進化してきたわけでは必ずしもない。グローバル化がかつて以上の勢いで展開しつつある今、さまざまに異なる人たちとの関わり方について考究すべきことは数えきれないほど存在している。

(2)　なかなか確立しないグローバル社会

　こうしてグローバル化という動向は何もつい最近始まったものではないということがあらためて確認される。しかし今日でもなお、グローバル社会というものが一つの確固たる姿を現しているわけではけっしてない。ここで「社会」というものに関する社会学の古典的な考え方を見てみよう。パーソンズは「共通の価値パターンを分有することは、義務の履行に対する責任感を伴い、共通の価値へお互いに指向する人々の間に連帯を生み出している」と述べ（Parsons, 1951: 41＝訳1974: 47）、社会統合の要には共有価値があると主張した。そしてこれと同じ考えのマートンは、次のように説いている。「相互作

用を行う人々の共有する価値の沈殿物がなければ，社会関係——個々まちまちな相互作用がそう呼べるとすれば——はあっても，社会は存在しない。だから，現在のところでは，国際社会（Society of Nations）というのは，主として言葉のあやか，観念上の目標であって，社会学的現実ではない」。(Merton, 1957=訳 1961: 130)

　いくら国際的な交流が盛んになろうと，世界が一つの社会へと融合するわけではない。1936 年，作家の横光利一は新聞 2 紙の特派員としてヨーロッパを旅して廻り，その経験をもとに『旅愁』(1937-1946) を著した。この際の横光の体験はきわめて国際的なものであり，パリでは芸術家・岡本太郎の案内で芸術運動ダダイズムの創始者トリスタン・ツァラとの面会も果たしている（十重田，2016: 567；塚原，2018: 219-220）。そのツァラと言えば，ダダ運動に関する手紙を「ヨーロッパとアメリカの詩人や美術家，新聞社や出版社に無数に送りつけて」おり（塚原，2018: vi），1920 年代初めには『ダダグローブ』という名の国際雑誌の出版を企てていた（同: vi, 2 章）。1990 年代以降に一般化したグローバル化という言葉を遡っていけば，1930 年代にその使用が確認できるというが（内海，2018: 160），それよりもさらに前にグローブという言葉で世界をつなごうとしたツァラの試みは，まことにもって最先端のグローバル運動だったと言うことができよう。

　ただしこの時代，それぞれの国民国家，国民社会の力は強大で，横光の『旅愁』でも日本という国や日本人の国民性といったものが当時の国際関係の文脈の中で強烈に意識され続けている。そして日本が第二次世界大戦に敗れた後，1946 年に刊行された版の『旅愁』に対しては GHQ による強烈な検閲が入った（十重田，2016）。ヨーロッパの植民地主義を批判するくだりや，アメリカ人が東洋人をあからさまに排斥するシーンなどは，より穏やかな表現に書き換えられてしまっているのである（横光，2016: 上 553-9）。ここにおいて，上のマートンの言う意味での「価値の沈殿物」が共有されるのは，日本社会やアメリカ社会それぞれの内側に限られたままだ。そしてそれは今も同様だろう。GHQ による横光作品の検閲から 70 年以上が経ち，グローバル化が一層進展した今日の国際社会にあってもなお，共有価値によって支えられた一つの大きな地球社会が成立しているとはとても言い難い状態が続いているのである。

(3) グローバル化の今日的位相

　しかしながら，近年のグローバルな社会情勢には，かつてとは異なる特異なところももちろんある。ここでは次の3点に注目しておきたい。まず第1に，電子メディアならびにそれに基づくネットワークの急激な進展により，世界中の情報が瞬時にたやすく入手できるようになったということ。今から100年ほど前，当時の郵便制度を駆使して新しい芸術運動をグローバルに広めようとしたのは，天才トリスタン・ツァラならではの独自性に富んだ企てであった。しかし今では際立ったセンスがなくてもスマホ一つさえあれば，誰もが容易に時空を越えて自在に各種の情報を獲得したり，また発信したりすることが可能となっている。

　そして第2に，航空機技術の発展と空路の拡大にともなって，国境を越えた人々の移動がますます盛んになり，民族の異なる人たちがごく自然に身近な生活空間へと入り込んできたということ。横光利一がフランスまで辿り着くには，船旅で1か月以上の時間を要した。これに対し今やわれわれは，時差が肌身で感じられるほど，グローバルな移動をもの凄い速さで果たすことができる。

　最後に3番目として，一層容易になり，頻度も高まり，日常性を増した国際交流を背景として，人種・民族といった属性の違いを超えた平等がますます求められるようになり，その結果，かえって相対的不満が増しつつあるということ。かつてエスニシティに基づく差異的な処遇が当たり前のものとして制度化されていた時代において，人種差別や民族差別は今日よりもはるかに見過ごされがちであった。差別する側も差別される側も，それを比較的自然なものと思っていたのである。ところが人権をめぐる感覚や意識がグローバルに浸透するようになると，被差別側の不満は相当な高まりを見せることになるわけだが，その一方で差別側の態度はそう簡単に改まるはずもなく，また各種の法制度の改革のスピードも緩慢なままに留まる。たしかに劣位にある人々の状況は，客観的には随分と改善されてきた。しかし以前よりも自由と平等の理念を鋭く意識するようになった彼らは，優位にある人たちと自分たちとを見比べることで，相対的な剥奪感を強く覚えてしまうのである。このグローバル時代において人種的・民族的な対立や宗教的・文化的な衝突が絶えないのは——いや

それどころか，ときに激しさを増しているのは——，そういった事情によっている。

これを移民や難民の問題で考えてみよう。経済的な移民にせよ政治的な難民にせよ，以前であれば受け入れ先での二級市民的な扱いはそれなりに当然なものと見なされていた。完全に同等の存在として認められるには，移入先の文化に十二分に同化することが必要であり，しかも何代か経ってからというのが普通だったのである。ところが今日，移民や難民のうちの一定数の人々は，かつてよりも容易に国の境を越え，またインターネットを駆使して各種の情報を収集し，それに基づいてさまざまな権利の要求を行う。

それはある意味で当然のことだろう。難民の場合，多くは先進諸国が始めた戦争の犠牲者という色合いが強い（大津留，2016）。また収入を得るための移民にせよ，先進諸国が支配的な力を行使する国際経済システムの荒波にもまれて致し方なく，といったケースも少なくないのである。しかし受け入れ先の国民の中には，これを見て憤慨する人もかなりの数に上っている。いかなる理由で流入したのであれ，新しく来た人々は遠慮すべきだとか，そもそも自分たちや先祖たちも移民として入ってきたとき，かなりの辛苦に耐えたものだ，といった憤懣が沸き起こるのを阻止するのは相当に難しい。

(4) 新たな社会像の探求に向けて

では，この両者がともに住んでいる地域にはいかなる共有価値が沈殿し，どのような社会が成立していると言えるのだろうか。ここで注意しておきたいのは，電子的な情報が瞬時に国境を越え，物理的な移動もとても簡単になり，そして各種の文化的な集団や，あるいはさまざまに異なる文化的背景を持つ諸個人が多岐にわたる要求を掲げるようになった今日のグローバルな世界において，社会の多様化と流動化が激越に進み，その結果，ごく小さな地域に関してでさえ共有価値に基づいた確固たる社会というイメージが抱かれにくくなってしまった，ということである。

国際社会なるものはまだ現実化していないと20世紀の中盤にマートンが述べたとき，そこに含意されていたのは，いずれ一つのグローバルな社会が盤石なものとして立ち現れる可能性があるということ，また既に地域社会や国民

社会の水準では共有価値による裏打ちがかなりの程度なされているということであった。ところが今や，国民社会はもとより地域社会においても，ほぼ全員に分有された「価値の沈殿物」を認めるのは非常に難しい。グローバル化が進めば価値の共有範囲が拡大するだろうというアイディアは必ずしも間違いではなく，例えば人権思想が世界中に拡がっていくというのはその好例と言うことができる。しかしながらその一方，グローバル化がもたらす社会の多様化と流動化により，大きな社会から小さな社会に至るまでさまざまな亀裂が入ってしまうという事態を見過ごすわけにはいかない。絶えざる移民の流入に直面しているヨーロッパでは，多様なライフスタイルや活動への理解度が増した反面，自由民主主義的な基準に合わない人たちへの寛容度は減じつつあるという (Dobbernack and Modood, 2013: 1)。グローバル化にともなって社会はかなり混沌としたものになってきた。

　生活世界の多様化と流動化の要因としてはグローバル化だけでなく高度情報化なども考えられるが，いずれにせよ今日の社会関係に見られる多様性と流動性の高まりが共有価値に基づく社会統合という古典的な社会学の考え方を掘り崩しつつある，というのはたしかだろう。今，求められているのは，エスニシティ，ジェンダー，階層，宗教，準拠集団・組織などに関して社会的な意味空間が激烈なまでに多様性と流動性を増しているなか，それでも共有価値をもとにした社会というものが果たして可能なのかどうか，またもし可能だとして，その場合の価値の中身はどういったものになるのか，そしてそれが無理な場合，共有価値に依拠しない新たな社会のありようとしてはいかなるものが構想され得るのか，などといったことについての考えを深めていくことである。それは旧来型の社会学的な思考ではなかなか解き得ない，きわめて挑戦し甲斐のある課題と言うことができよう。

　この最先端の課題にすぐさま答えを出すわけにはもちろんいかない。しかし今日のグローバルな社会情勢に対してさまざまな角度からアプローチする営みを有意に積み重ねていけば，解答の糸口はつかめるかもしれない。本書はそうした試みの一つである。次節ではこの序章に続く各章の概要について見ていこう。

2. グローバル時代の現代社会論——本書の構成

(1) 身近な異文化

　第1部「身近な異文化」には次の4つの章が掲げられる。

　第1章「信頼の光と翳——麗しき装いの幻惑」（山田真茂留）が問題とするのは，一般的な信頼や隣人愛といった美辞が建前として謳われる一方で，本音として相当な排斥意識が浸透してしまっているのではないか，ということである。ヨーロッパでテロが起こる度に，政治的な指導者たちはひたすら連帯を説き，また民衆も同様の姿勢を示すが，そこで「われわれの生活様式」とか「真の宗教的信念」などといった言葉が躍ってしまえば，特定の民族文化や宗教文化が陰に陽に排除されることにもなりかねない。信頼に満ちたつながりを無邪気に唱道するのはいいが，それが単に気の合う同類との結束を賞揚しているだけだとするならば，実は人々の間には分断ばかりがもたらされてしまう。表面的な理念のレベルに留まらず，現実的な感覚にしっかりと裏打ちされた連帯の幅をどれだけ拡げていくことができるのかという問いが今，グローバル社会を生きる全ての人々に対して突きつけられている。

　第2章「イタリアの食とツーリズムからみるグローバル化——ローカル・ナショナル・グローバルな領域の交錯」（秦泉寺友紀）では，イタリアという国においてナショナルなものがローカルな力とグローバルな力の双方によってダイナミックに彫琢されてきた経緯が問題となっている。トマトソース・スパゲッティは本物の南イタリアの味だが，ミートボールを欠くということでアメリカ人にはなかなか受け入れられない。これを見てイタリア人はうんざりしたりもするわけだが，しかしそもそもパスタはイタリア全土で庶民が普通に食していたものではなかった。またアメリカ的なミートボール入りのスパゲッティは，何もイタリア移民がアメリカ人を意識して創作したものではなく，移民たち自身のために作り上げたものにほかならない。秦泉寺はこうした歴史的事実を丹念にひもときながら，ナショナリズムの構築過程に関する社会学的な洞察を深めている。

第3章「グローバル統合とローカル適応の相克――伝統産業としての日本酒の海外展開への示唆」（岸保行）が俎上に載せているのは，日本企業が海外へと進出する際，元々持っているシステムの現地への「適用」と，現地のやり方へのシステムの「適応」とをどのようにバランスさせていくか，という問題である。企業のグローバル展開というと，とかく標準化されたモデルが一般的・普遍的に流布していくというプロセスばかりが眼に浮かびがちだ。しかしマクドナルドですら，アメリカ以外の国々ではご当地ならではのメニューが生まれたり，また店舗における独特な過ごし方が広まったりする。マクドナルド化という言葉でサービスの画一性が揶揄されるこの有数のチェーンでさえも，世界各地である程度の多様性を呈している，という点には注意が必要だろう。そして，こうしたことを踏まえたうえで岸は，海外進出を遂げつつある日本酒について独自の事例研究を展開している。

　第4章「芸術家の海外経験が持つ意味――キャリア形成の観点から」（髙橋かおり）で描かれるのは，芸術の世界を生きる人たちの様子である。髙橋はベルリンを中心として聞き取り調査を行い，海外で生活する日本人芸術家たちの生の声を紹介しながら，彼らがどのような展望を持ち，またどういった気持ちでそれぞれのキャリアを積み上げていっているかについて探究した。芸術世界というのは一般に，日常生活からかけ離れたところに存在しているように見えるし，海外での経験というのもまた，かなり特殊なものとして捉えられがちだ。しかしこの章では，海外で暮らす日本人芸術家たちの生活世界が，いわゆる普通の人たちのそれと地続きになっているという事実にあらためて焦点が当てられる。

⑵　比較によるアプローチ

　続く第2部「比較によるアプローチ」は5つの章から成っている。

　第5章「教育機会の国際比較――学力に投影される社会経済的不平等」（宇野真弓）が焦点を当てるのは，教育機会の社会経済的不平等には国ごとにどのような違いが見られるのか，ということである。国際的な学習到達度調査PISAのデータを分析した宇野によれば，教育成果に現れる社会経済的な格差のありようには，国によって相当なばらつきが認められる。そして日本におけ

る社会経済的な教育格差は，OECD 加盟国の中では大きな方ではない。しかしこれは相対的な位置づけであって，どの国でも出身家庭の社会経済的背景によって学力に差が出てくるというのはデータによって裏づけられる厳然たる事実だ。また本章では他にも，学習機会の平等と教育達成の水準の関係の問題，早期のコース振分け制度が及ぼす影響の問題，教育の標準化が社会経済的な教育格差を縮小する可能性の問題など，挑戦し甲斐のある重要な課題が取り上げられている。

　第6章「労働生産性から考える働き方改革の行方——現場の意味世界の重要性」(黒澤壮史) では，人間にとって最も大事な活動の一つである労働がテーマとなる。日本人は働き過ぎだとよく言われるが，それは必ずしも効率性を強く志向しているということを意味しはしない。むしろ近年注目が集まっているのは，国際的に見て日本人の時間当たりの労働生産性が著しく低いという事実である。黒澤は，労働生産性を上げていくに際し，産業・組織フィールド内の新陳代謝を促すことで付加価値を増していくことの大切さについて触れるとともに，仕事のありようそれ自体の改革も心がけなければならないと説く。技術や組織構造といったハード面を変えるだけでなく，組織メンバーが日々構築している意味的な世界や現場での実践に根ざした身近な変革こそが大事になってくるというわけである。

　第7章「宗教世界の多様な展開——日本的な宗教意識の深奥」(永井美紀子) では，世界各国での宗教のありようとの比較を通じて，日本的な宗教意識が問われている。今やロンドン市長に南アジア系のムスリム移民の息子が選ばれるような時代になったが，そうした地ではマイノリティの民族文化と宗教文化が複雑に絡まり合い，それがマジョリティの文化との間に独特の緊張感を生んだりしている。日本社会ではそれほどまでに宗教性が露わになることはない。しかし永井が眼を向けるのは，信仰はないと自認しながらも宗教的な心は大切だとする日本人の比率の高さである。この章では他にも，ムスリムやユダヤ教徒の食物禁忌の実態や，明治期以降の神道と仏教との関係性など，宗教に関する多様な問題が扱われる。信仰はないとする多くの日本人も，各種の宗教文化がグローバルに交錯する現代社会にあっては，世界各地での宗教的な状況についてさまざまに考えを巡らすことが求められよう。

第8章「『それでも息子が欲しい』？——ネパールにみる過渡期的発展と男児選好の未来」（佐野麻由子）でまず焦点が当てられるのは，世界中で出生時の性比に偏りがあるという事実である。生物学的に考えられる性比以上に男児の出生が多いのは，中絶などによって失われる子どもの比率が女児の方で相対的に高くなっているからだ。その理由としては，祭儀などに関わる宗教文化的な背景，父系制社会という社会構造的な背景，働き手の確保を狙った家族の経済戦略的な背景などが考えられる。ここで重要なのは，経済発展が遂げられ近代化が進んでも男児偏重の傾向が減じるとはかぎらないということである。むしろ豊かになったことで産み分けができるようになり，男児への選好を強めるということも往々にして起こり得る。佐野は主としてネパールの動向に着目し，各種の調査データを駆使しながら，男児偏重の現状と今後という非常に微妙で難しい問題に挑んでいる。

　第9章「少子高齢化とダブルケア——育児と介護という二重のケア責任をめぐって」（相馬直子）が取り上げているのは，今日の日本社会において急激な勢いで進む少子化と高齢化にともなって，育児をしながら介護をするという層が増加している，ということである。この育児と介護の同時進行のことをダブルケアと呼んで分析している相馬によれば，ダブルケアが深刻化することで仕事の機会が失われるという大きな問題が発生する。しかも，そのケアの主体が女性に偏ってしまっているという事態も見過ごすわけにはいかない。本章ではダブルケア問題に関する日本と韓国の比較などもなされるが，そこではこの問題が東アジア世界に共通した大きな課題であることが確認される。未来世代のことを考えるならば，ダブルケア問題には早急な対処が求められよう。

(3) 多様性へのまなざし

　最後に第3部「多様性へのまなざし」を構成するのは次の4つの章である。
　第10章「私たちの『もうひとつの世界』のための試み——自治キャンプを通じてグローバルな相互理解を考える」（富永京子）は，いわゆる「反グローバリズム運動」において設営される自治キャンプに着目する。そこは世界各国から集まる異質で多様な人たちが営む共同生活の場にほかならない。自治キャンプには宗教上の食物禁忌を持つ人もいれば，性的マイノリティの人もおり，

さまざまな文化や習慣が持ち込まれるため，食べることに関しても，寝ることに関しても，各種の合意や折り合いが必要となってくる。そして，そこでは他者の尊重，ハラスメントの回避，熟議に基づいた意思決定といった共同生活の智慧が培われるわけだが，それらは自治キャンプ内での振る舞い方として大事なだけではない。富永の説くように，そこには働き方や生き方の個人化ならびに多様化が進んでいるグローバルな現代社会一般に通用するヒントが多々含まれているものと考えられる。

第11章「ロードサイドの幸福論——ファスト風土・無印都市・サステナビリティ」（畑山要介）が考究しているのは，ロードサイドにそびえるショッピングセンターの風景，ならびにその社会学的な意味についてである。日本社会でも居住の郊外化にともなって，都市の中心部から随分と離れたところに巨大なショッピングモールが次々に建てられるようになった。消費文化におけるこの新しい流れに関しては，これによって地域の様子が画一化し，またライフスタイルも均質化してしまうという批判が多々なされている。しかし畑山によれば，そこにはいい面もあるという。大きなショッピングセンターにはエスニシティや階層を問わず誰をも受け容れる包容力が伏在しているのである。たしかに古いタイプの商店街や，あるいは都会のお洒落な消費スポットなどとはちがって，そこがよそ者でも即座にくつろぐことができる開放的な空間になっている，という点には注意が必要だろう。

第12章「グローバルなつながりと市民権——雇用均等の法制度と社会意識」（篠原千佳）が扱うのは，男女平等の理念と制度が国境を越えてグローバルに制度化されていく過程である。日本国憲法には両性の平等が明確に謳われているが，その元を辿れば「赤とんぼ」の作曲家，山田耕筰にまで行き着く。山田耕筰が1929年に日本に招聘したピアニスト，レオ・シロタの娘は，後にGHQの民間人要員として憲法草案作成チームに加わり，その力もあって憲法には両性の平等が掲げられることとなった。篠原によれば，これにかぎらず市民権に関する法制度の整備には，グローバルな力が少なからず効いている。性別役割分業にせよ，セクハラにせよ，それらが日本国内で問題視されるようになった背景として，国境を越えた動向による影響を見落とすわけにはいかない。

第13章「文化的な包摂と排除――多文化社会における集合的アイデンティティ」（山田真茂留）では，自由を求めてアメリカに渡ったピューリタンたちによって相当に激しい宗教弾圧が行われたことや，今日でもカルトと名指しされる宗教団体に対して必要以上に排他的なまなざしが注がれることなどが事例として取り上げられる。そこで際立っているのは「われわれ」と「彼ら」の間の深い隔たりにほかならない。そして，こうした例にかぎらず一般的に内集団と外集団を差異化しようとする傾向は，必ずしも意味的・価値的な内実によって裏づけられることなく，異様な増殖を遂げてしまう可能性がある。民族的・階層的に多様な人たちが頻繁な出会いを果たす今日のグローバル社会において，民族文化や階層文化が過度に強調されることのないよう，また「われわれ」と「彼ら」の分断ばかりが目立つようになってしまわないよう，社会としても，また一人ひとりとしても工夫を凝らす必要があろう。

以上，われわれ12人の手になるそれぞれの章の概要について紹介してきた。これらの論考が読者の方々のグローバルな洞察を深めるのに少しでも益するようであれば幸いである。

【文献】
Barkey, Karen, 2014, "Empire and Toleration: A Comparative Sociology of Toleration Within Empire," Alfred Stepan and Charles Taylor (eds.), *Boundaries of Toleration*. Columbia University Press: 203-232.
Brown, Wendy, 2001, "Reflections on Tolerance in the Age of Identity," Aryeh Botwinick and William E. Connolly (eds.), *Democracy and Vision*. Princeton University Press: 99-117.
Dobbernack, Jan, and Tariq Modood, 2013, "The Acceptance of Cultural Diversity in Europe: Theoretical Perspectives and Contemporary Developments," Jan Dobbernack and Tariq Modood (eds.), *Tolerance, Intolerance and Respect: Hard to Accept?* Palgrave Macmillan: 1-20.
Merton, Robert K., 1957, *Social Theory and Social Structure* [revised and enlarged edition]. Free Press. (＝1961, 森東吾・森好夫・金沢実・中島竜太郎訳『社会理論と社会構造』みすず書房。)
大津留（北川）智恵子，2016，『アメリカが生む／受け入れる難民』関西大学出版部。
Parsons, Talcott, 1951, *The Social System*. Free Press. (＝1974, 佐藤勉訳『社会体系論』青木書店。)
十重田裕一，2016,「引き裂かれた『旅愁』の軌跡」横光利一『旅愁』（上）岩波書店：561-579。
塚原史，2018，『ダダイズム――世界をつなぐ芸術運動』岩波書店。
Urbinati, Nadia, 2014, "Half-Toleration: Concordia and the Limits of Dialogue," Alfred Stepan and Charles Taylor (eds.), *Boundaries of Toleration*. Columbia University Press: 130-169.
内海博文，2018,「社会のハイブリディティに関する理論的研究――グローバル化時代の社会変動論のために」北野雄士（編）『変化を生きながら変化を創る』法律文化社：160-174。

Vardaman, James M., 2005,『ミシシッピ＝アメリカを生んだ大河』(井出野浩貴訳) 講談社。
横光利一, 2016,『旅愁』(上・下) 岩波書店。

（山田　真茂留）

第1部

身近な異文化

第1章

信頼の光と翳
―― 麗しき装いの幻惑 ――

キーワード：信頼，普遍主義，個別主義

　「どうして自分の身近な者を愛することができるのか，僕にはどうしてもそれが理解できないのだよ。身近な者だからこそ，僕の考えでは，愛することができないので，愛することができるのは遠い者に限ると思うんだ。」（『カラマーゾフの兄弟』におけるイワンの言葉／Достоевский，1880＝訳1963: 1-263）
　「電車の中は公的な場であり，私的な空間ではない。……たとえ化粧をしている人がいようが，音楽を聴いている人がいようが，公的な場だから誰かによって妨げられる必要はない。」「車内はプライベートな空間じゃないから何をやってもかまわない。」（車内化粧に関する大学生2人の意見／山田，2009: 127）

1．一般的信頼の実相

(1) 信頼の程度

　「一般的に言って，人はだいたいにおいて信用できると思いますか，それとも人とつき合うには用心するにこしたことはないと思いますか」。こう訊かれたらどう答えるだろう。伝統社会であれば，主として血縁や地縁でつながる見知った人をのみ信用し，あとは用心のまなざしを向けるというのが普通の姿勢だったかもしれない。しかし近代化が進み，経済的にも社会的にもネットワークが伸張していけば，信頼し合う人々の範囲は大きく拡がることになる。近代社会においては一般的な信頼感はそれなりに浸透しているはずであり，「人はだいたいにおいて信用できる」と自信をもって答える人も相当数に上るものと

考えられる。

そこで実際の意識調査のデータを見てみよう。第6次世界価値観調査によれば、日本では信頼派：35.9％、用心派：56.8％であり、アメリカでは信頼派：34.8％、用心派：64.3％となっている（実査は日本が2010年、アメリカは2011年）。また第5次世界価値観調査（2005-2009年）における信頼派の比率を米英独仏日で比べてみれば、次のようになる。アメリカ：39.1％、イギリス：30.0％、ドイツ：33.8％、フランス：18.7％、日本：36.6％。日本人の一般的な信頼感は決して低い方ではない[1]。

一般的な信頼の度合いは日本よりもアメリカの方が高く、日本社会が狭い世間に閉じられた安心型の社会であるのに対して、欧米社会は広い社会に開かれた信頼型の社会であるとする研究がある（例えば山岸、1998）。これはそれ自体傾聴に値する重要な見解だが、こうした議論で賞揚されがちな当のアメリカにおいて一般的信頼度が低下しつつあるという点には注意が必要だろう（統計数理研究所、1998: 133；山田、2007: 28, 37）。第1次から第6次までの世界価値観調査の結果の推移を示した表1では、アメリカ人の中で信頼派が漸減することによって当初あった日米差がその後縮まり、ときに逆転さえ見せているのが確認される。一般的な信頼に関し、単純にアメリカ社会をお手本にしていればいいという時代では最早なくなっているようだ。

表1　信頼派の推移（日米比較）

	I 1981-1984年	II 1989-1993年	III 1994-1998年	IV 1999-2004年	V 2005-2009年	VI 2010-2014年
日本	37	38	40	40	37	36
アメリカ	42	50	35	36	39	35

註：「だいたい信用できる」と回答した人の比率。
出典：世界価値観調査（http://www.worldvaluessurvey.org/wvs.jsp）。

さらに、そもそもアメリカ社会では各種の属性を持つ人たちへの排除意識が根強く分け持たれている、という事実からも眼をそむけるわけにはいかない。アメリカ・モザイク調査には、諸々のグループがアメリカ社会のヴィジョンと合致しているかどうかについて尋ねた項目があるが、ここで「全く異なっている」とした回答者の比率を掲げると表2のようになる。2014年調査で最も高

率なのはムスリムと無神論者だが,他のいくつかのグループに対しても相当に厳しいまなざしが注がれている。さらに,同調査で自分の子どもを結婚させたくない相手グループについて尋ねると,その結果は高い方から順にムスリム:48.9%,無神論者:43.7%,アフリカ系:23.2%,ユダヤ人:17.8%,保守系キリスト教徒:17.2%,ヒスパニック:12.6%,アジア系:12.3%,白人:4.7%となった(2014年調査,Edgell et al., 2016: 619)。ここにもそれなりに強い排斥意識がうかがわれよう。

表2 アメリカ社会のヴィジョンと異なるグループ

	2003年	2014年
無神論者	39.6	41.9
ムスリム	26.3	45.5
同性愛者	22.6	29.4
保守系キリスト教徒	13.5	26.6
近年の移民	12.5	25.6
ヒスパニック	7.6	17.1
ユダヤ人	7.4	17.6
アジア系	7.0	16.4
アフリカ系	4.6	16.9
白人	2.2	10.2

註:アメリカ社会のヴィジョンと「全く異なっている」とする比率。
出典:Edgell et al. (2006: 218);Edgell et al. (2016: 619).

(2) 本音と建前――信頼感と排斥意識の併存

2003年のアメリカ・モザイク調査が電話調査に拠っていたのに対して,2014年の同調査はウェブ調査をベースにしている。アメリカ社会のヴィジョンに反しているとした意識は,いずれのグループに関しても2003年調査よりも2014年調査の方で強くなっているが,それは電話調査かウェブ調査かという手法の違いによるところが大きい,という解釈も成り立ち得よう。実際,調査の主宰者たちは,この2時点間の比率の違いを強調すべきではないと忠告している (Edgell et al., 2016: 613, 618)。対面調査よりも電話調査の方が,また

電話調査よりもウェブ調査の方が見栄えを気にする必要性が減り，同じような意識であっても本音が出やすくなるというわけである。

　ただし，子どもの結婚相手としてふさわしくないとするグループに関しては，2003年データと2014年データの間に大した差は認められず，むしろいくつかのグループでは忌避感が減じているということにも注意しなければなるまい[2]。これについては次のような2つの解釈があり得る。まずは，この10年の間で子どもの結婚相手を考える際の差別意識は増えなかったものの，アメリカのヴィジョンに関しては排他性が相当に増してしまったという解釈。もう1つは，子どもの結婚相手の方がアメリカのヴィジョンよりもはるかに具体的で切実感が増すため，2003年の電話調査でも十分に本音に近いところが表出されていたという解釈。この2つのどちらが適切かをここで即断するわけにはいかないが，いずれにせよ2014年の時点で，アメリカのヴィジョンならびに子どもの結婚相手に関して特定のグループを排する意識を持った人がアメリカ人の相当数に上るというのは直視しなければならない厳然たる事実である。付言するならば，このうちとくに無神論者に対する排斥意識はすさまじい。この調査を主宰した社会学者たちは，アメリカ人の成員性の決め手は宗教性にあると臆面もなく口にするありさまだ（Edgell *et al.*, 2016: 607, 632）。

　では同じ一つの社会において，あるいは一定数の人たちの心の中で，一般的な信頼感と特定グループの排斥というのはいかにして両立しているのであろうか。まず考えられるのは，とある属性カテゴリーを除いたところで一般的な見解が開陳される可能性があるということである。古代ギリシャでは実際に，大勢いる奴隷のことは見向きもしないまま，残りの自由民のみで民主制についての闊達な議論が繰り広げられていた。今日の社会調査においても，ある回答者が「人はだいたいにおいて信用できる」と答える際，実のところその「人」の中に，初めからムスリムや無神論者が，あるいは肌の色の異なる人間が含まれていないということも大いにあり得るだろう。次に，そもそも一般的・抽象的な形で「人」というものを想定するとき，そこからは個別的で具体的な人々の姿が全て抜け落ちてしまっているかもしれない。そうした際，一般的信頼，隣人愛，人類愛などといった美辞は非常に口にしやすくなる。そして口にしやすいということは制度化される可能性が高いということを意味し，それはしばし

ば建前として社会に広く流布することになろう。

　では本音はいったいどこにあるのか。もちろんそれは人によってさまざまだが，冒頭に掲げたイワンの言葉は非常に率直で，きわめて示唆に富んだものとなっている。イワンの考えでは，個別具体的な人間には醜悪な側面が多々あるわけだから，それを含めてそれぞれの人を愛するということなどとてもできない。相手のとてつもない醜さをも受容して情愛の限りを注ぐ聖者がいるとしたら，それは義務や苦行からしているのであって，真の隣人愛など神としてのキリストによる奇跡でしかあり得ない。普通の人は，相手の顔や姿が見えないところでこそ愛を語ることができる。「愛することができるのは遠い者に限る」とイワンが言うのはそういう意味だ。ニヒルなリアリストのイワンは，抽象的な人類愛であれば建前として可能ではあるものの，具体的な隣人愛を現実に貫くのは凡人としては難しいということを，きわめて正直な態度で，また深い洞察をもって説いているのである。

2．普遍主義を装う個別主義

(1)　強調される「われわれ」

　一般的信頼なるものが実のところ形式的な建前としてしか意味をなさないのではないか，というのがイワンの提起した問題だとすれば，冒頭でイワンの言葉に引き続いて紹介した学生たちの見解は，一般的信頼の存在と意味それ自体を無効化するようなものとなっている。これは車内での化粧について意見を書いてもらった465人の学生のレポートからの抜粋だ[3]。公的空間でこそ放縦が認められるとする彼らの見方は，一般的な信頼の公的な拡張を重視する近代社会の理念から遠く隔たっているばかりか，世間の眼を気にする伝統社会的な因習をも無視しきっている。その意味で，ここに顕われているのは独特な脱近代的態度なのかもしれない。ただしこれはこれで現代人の本音の一つにはちがいない。

　イワンの言葉も学生たちの言葉も，本音でもって一般的な信頼の難しさを物語っている。そこにはある種のニヒリズムが漂ってはいるものの（あるいはそ

うであればこそ），それとともに一般的信頼という美辞で現実社会の醜さを過剰に糊塗してしまわない潔さを認めることができよう。なるほど，一般的・広域的・抽象的・普遍的な信頼の方が特定的・局域的・具体的・個別的な信頼よりも，理論的にも経験科学的にも実践的にも倫理性・効率性双方において優っているというのはたしかだ（山岸，1998；数土，2013 などを参照）。しかしそうした一般的な了解を越えて，実社会の信頼のありようをつぶさに見据えれば，一般的・広域的・抽象的・普遍的なものとして賞揚された信頼の多くが，その実，特定的・局域的・具体的・個別的なものに過ぎないなどといったことが露わになってくる。本当は個別主義的な思惑が強く効いているのに，自身でもそれに気づかないまま，普遍主義的な麗しさばかりを謳ってしまうような自己欺瞞的な態度[4]。これに比べれば，イワンや学生たちのニヒリズムの方が事の本質に迫っている分，かえって未来に希望をつなぐ可能性を秘めているのかもしれない。

　ここで一つ例を見てみよう。ある国の首相が，われわれこそは真の宗教的信念や真の正当的政治を体現しており，われわれの共通価値や生活様式を守るために戦うと言い放っている状況があったとする。あるいはその国と同盟を結ぶ数か国の元首が寄り集まって，一国への攻撃はわれわれ全てへの攻撃だと見なすと息巻いていたとしたら……。そこにある種の傲岸さを見て取る人も少なくあるまい。が，これは狂信的な国家連合を思い描いた架空の話などではなく，21 世紀の歴とした文明国の実例である。

　2005 年 7 月 7 日，ロンドンで同時爆破事件が起こり，地下鉄とバスで 56 人が死亡した。この自爆テロは前日からスコットランドで開催されていた G8 サミットに合わせて実行されたものと考えられている。当時のイギリス首相トニー・ブレアは事件直後，サミット会場で次のように述べた。「ここが重要なのだが，このテロに関わった人々は，われわれの価値観やわれわれの生活様式を守ろうとする決意が，世界に過激思想を押しつける欲望に駆られて無辜な人々に死と破壊をもたらそうとする彼らの決意を凌駕しているということに気づくだろう。彼らが何をしようと，この国や，あるいは世界中の他の文明諸国でわれわれが大切にしているものを破壊するのに成功することなど決してない。それがわれわれの決意だ」[5]。また同日，G8 サミットの首脳たちは「われ

われは一国だけでなく全ての国ならびに文明を相手にしたこのテロを打倒すべく共同で立ち向かう」と高らかに宣言している[6]。

　テロに屈せず断固としてこれと戦うと述べるのは，一国のトップとして当然のことだ。しかし「われわれの価値観」や「われわれの生活様式」をことさらに強調してしまうのはどうだろう。あるいは当時の G8 サミットの首脳陣のように，自分たちこそ文明国の盟主であるかのように振る舞ってしまうと，世界の一定比率の人たちはそこから排除されている感覚に見舞われるにちがいない。本来ならば武装集団やテロリスト組織をのみ敵に回していればいいのだが，これでは自ら不必要に敵の数を増やしてしまっているようなものだ。

(2)　狭量な本心とその隠蔽

　トニー・ブレアに配慮が欠けているわけでは決してない。テロ事件の翌週末に開かれた労働党の全国大会において彼は，これは文明の衝突などではないこと，イスラムの中でも逸脱的な過激派だけが問題だということ，キリスト教内部でも殺し合いはあるということ，多様性を認めることこそが大事であることなどを説き，ムスリムや他の文化圏の人たちへの気遣いを見せている。しかし彼はあまりにも饒舌に過ぎた。

> 「問題なのは彼らがしていることだけではなく，考えていること，そして他者に押しつけようと思っていることだ。……西洋ならびにわれわれの生活様式への憎悪を唱導する少数派の過激分子が，今やヨーロッパのどこの都市にも根を張っている。これこそわれわれが対立している相手だ。これと対峙することなく打ち負かすことなどできない。原因と兆候に真剣に立ち向かおう，妥協も迷いも要らない。……原因は不正にあるのではない。信念こそが基盤にあるのであって，その過激な狂信を和らげることなどできない。矯正することもかなわない。断固立ち向かうだけだ。……最終的にこの種の脅威を打ち負かすのは，議論，討議，真の宗教的信念，真の正当的政治ということになろう。」[7]

　せっかく多文化への配慮を持ち合わせていながら，結局のところ「西洋ならびにわれわれの生活様式」に焦点を当て，「真の宗教的信念，真の正当的政治」を持ち出してしまうところに，トニー・ブレアの本音が垣間見られる。ブ

レアをはじめとする G8 サミットの首脳たちは，おそらく一般的信頼について語り，皆がそれをもって結束できるということを強調したかっただけにちがいない。しかし彼らは無意識のうちに，一般的な信頼を寄せ合う範囲を文明諸国に，しかも西洋的な国々に，さらに独特の生活様式を共有する人たちに限定してしまった。この本音としての個別主義に自ら気づかないまま普遍主義的な形で連帯を謳っているところにこそ，今日まで続く世界的な混迷状況の淵源の一つを認めることができよう。ブレアたちは「われわれ」という言葉を連発することで，多くの人々を普遍主義的に包含したつもりでいた。しかし，そこに潜む個別主義的な排他性を見抜いた人たちや，あるいはもっと単純に「西洋」と言われて違うなと思った人々は，「彼ら」の方へと去っていってしまう。この「彼ら」を作り，そしてそこに巨大なエネルギーを補給し続けているのは，ほかならぬ「われわれ」自身だ。しかし「われわれ」がそれを自覚することはほとんどない。

　普遍主義的な正義を唱導しながら，その実，個別主義的な狭隘さが洩れ出てしまっている例として，他に「ジュ・スィ・シャルリ（私はシャルリ）」というスローガンを挙げることができる。フランスの風刺週刊誌シャルリ・エブドがイスラム過激派を揶揄する漫画を掲載したことがきっかけとなり，2015 年 1 月 7 日，パリの本社事務所がテロリストたちの襲撃に遭い，そこで編集長をはじめとする 12 人が殺害された。その後，犠牲者との連帯を示し，表現の自由を訴えるスローガンとして「ジュ・スィ・シャルリ」という言葉が掲げられ，1 月 11 日にはフランス各地で大行進が実施される。この日のパリでの大行進にはフランスのオランド大統領，イギリスのキャメロン首相，ドイツのメルケル首相，イスラエルのネタニヤフ首相，パレスチナのアッバス議長らが率先して参加した。

　イスラエルとパレスチナのトップが同じ活動に参加するというのはきわめて稀であり，表現の自由を擁護するこの一大デモ行進は民族を超えた世界的な連帯を誇示するものとなった。しかし，シャルリ・エブドによる自由な表現とはいったい何だったのか。彼らはあらゆる権威を嘲笑の対象としており，その点で同社の姿勢を評価する向きは少なくない。けれどもその風刺のありようはあまりにも差別的で，同誌は品のないヘイト表現で溢れかえっている。実際この

事件の後も「ジュ・スィ・シャルリ」の声に後押しされた同社は，問題含みの漫画を掲載し続けることになった。例えば同年9月には溺死したシリア難民を揶揄する風刺画を掲載，そこには「キリスト教徒は水上を歩けるが，ムスリムの子どもは沈んでしまう」という言葉が記されている。これはさすがにヘイト表現以外の何ものでもない。

　「ジュ・スィ・シャルリ」の大行進は，表向きにはもちろん基本的人権としての表現の自由を普遍主義的に訴えていたわけだが，一目瞭然，それは「私は差別表現大好き人間」と言っているにほぼ等しく，初めからこれに違和感を覚えていた人も少なくなかったはずだ。特定の集合的カテゴリーをからかう場合，その対象が権力者であれば——つまりは弱者が強者を嗤うときには——，それは有意な対抗的表現となる。また皆が皆を平等に揶揄するというのも問題ない。これらは普遍主義的に擁護されるべき表現の自由の枠内に入るだろう。しかし強い立場の者たちがマイノリティ集団を過度に嘲れば，それは個別主義的な偏りに満ちた差別表現と言わざるを得ない。これは規制されて然るべきであろう。トッドが言うように，表現の自由や寛容の精神を説いた「ヴォルテールが糾弾したのは他者たちの宗教ではなかった。彼は，自分の宗教と，自分の宗教の源である宗教を冒瀆したのである」(Todd, 2015= 訳 2016: 114)。トッドはまた，フランス中でシャルリ支持のデモに参加した人たちは平等主義者ではない層に偏っているということを，各種データを用いながら詳細に論じている（2章）。

　ヴォルテールが説いたのは，たしかに普遍主義的な自由だった。しかしブレアとその仲間たちにせよ，シャルリとその支持者たちにせよ，彼らの場合は，心と身体の奥底に潜む個別主義を覆い隠す普遍主義の装いを凝らしている。その装いはあまりにも麗しく，また精巧なため，見る人たちだけでなく着ている者たち自身をも欺くほどだ。彼らは自分たちが普遍主義的だと信じて疑わない。これは単純に個別主義的な思想よりもさらに問題のある危うい姿勢と言わなければなるまい。

3. 多文化のせめぎ合いの彼方に

(1) 多文化主義の実状

「ジュ・スィ・シャルリと言って表現の自由の権利の擁護を唱えながら，一方で人々を侮辱し攻撃することを違法としてしまう検閲的な法を認めている，などというのは偽善者だ」（Healy, 2016: 76）。これはオーストラリアの現行の人権法が検閲的に過ぎることを懸念する一人の人権委員による発言の一部である[8]。オーストラリアはカナダと並んで多文化主義政策が最も進んだ国だと考えられるが，そこにおいても多文化共生の考え方はさまざまだ。

ヒーリーの研究を概観すれば，① オーストラリアにおける多文化主義は自然に生成・展開してきたものではなく，各種エリートによるロビー活動の力が大きく効いているということ，② リベラル左翼とネオリベラル右翼の結託により移民労働力の流入が賞揚された，という事情があること，③ 多文化主義に反対する政治勢力はずっと存在し，政権によっては多文化主義への懐疑的な立場が表明される場合もあったということ，④ 緩い意味での多文化主義であれば大抵の人が支持するものの，マイノリティ文化の保護のための財政支出には反対の声が多いということなどがあらためて確認される（Healy, 2016）。

またマーカスによれば，オーストラリアで多文化主義政策が大方の理解を得てきたのは，政府がボートでやってくる亡命希望者を上手に追い返し，国境管理を効果的に行っているからだという（Markus, 2016a: 83；2016b: 4）。オーストラリアは全てのマイノリティを無条件に温かく迎え入れるような理想郷ではもちろんない。マーカスはオーストラリアの多文化主義のポジティブな側面を専ら強調する論者だが，その彼にしても，移民たちの多くが「彼らが出会ったオーストラリア人は友好的でも受容的でもない」という感覚を抱いていることを認めている（Markus, 2016b: 7）。

ちなみにオーストラリアのスキャンロン財団による 2017 年の調査によると，移民受け入れ数の現状に関し，これを少な過ぎると考える人が 16%，適切だと考える人が 40%いる一方で，多過ぎると考える人も 37%に上っている

(Markus, 2017: 47)。また，過去1年の間に肌の色，民族的出自，宗教によって差別された経験のある人が20％に及んでいることも見落とすわけにはいかない（p. 59）[9]。これが多文化主義の最先進国の実状である。一般的信頼の程度はオーストラリアではかなり高く，同調査で「人はだいたいにおいて信用できる」と答えた人は49％に上っている（p. 62）。世界価値観調査のデータを見ても，オーストラリアにおける信頼派の比率は各調査年次で非常に高く（2012年調査で51.4％），その意味で同国は稀に見る高信頼社会にはちがいない。だがそのようなオーストラリアでも，人種差別や民族差別は日常的に見られるということに注意を払っておこう。

　さて，再び多文化主義ならぬ同化主義・統合主義を標榜するフランスでの出来事。2016年の夏，南仏のリゾート地の多くの自治体においてブルキニ（burkini：肌の露出を最小限に抑えたムスリム女性用の水着）の着用が禁止され，何人もの人が罰金を払わされたり官憲に追われたりし，これが大きな論争を呼んだ[10]。フランス的な共和主義は，民族的・宗教的・文化的な属性の如何を問わず全国民を単にフランス人として扱い，普遍主義的な形で彼らの自由と平等を認めている。また同国では政教分離が徹底しており，私的な信教の自由が認められるとともに，公的な場におけるその誇示が厳しく禁じられることになる（ライシテ［laïcité］の原理）。ではムスリム独自の装いは，果たして信仰の自由の範囲に入るのか，それとも自らの宗教を個別主義的にひけらかしているということになってしまうのか。生徒や教員のスカーフをめぐり主として学校という場において展開されてきたこの論争的事態は，とうとうビーチ・リゾートにまで飛び火することになった。

　そしてこれは多文化主義の地，カナダのケベック州でもすぐさま議論の的となる。ブルキニ禁止派からは，これは女性抑圧の象徴であり，これを放置してしまえば女性差別を容認したことになるなどといった意見も聞かれた[11]。素朴な多文化主義者なら，諸々の民族文化を全て等しく認めるべきと一般的に考えるわけだが——そこには単純な個別主義と単純な普遍主義の併存が見受けられる——，いずれかの文化に差別的ないし暴力的な要素があった場合，いったいどのように対処すればいいのだろう。また，当該の文化が差別的に過ぎるかどうかの判断は，そもそも誰がどのような形で行えば適切ということになるの

か。さらに，特定の文化を差別的だと糾弾する振る舞いはそれ自体深甚な差別をもたらす可能性があるが，それが許されざる差別に当たるかどうかに関する検討は，誰によりいかにして行われるべきなのだろうか。こうした事柄について考えを深めるにあたっては，個別主義の側も普遍主義の側も，素朴に自らのみを正当化するロジックに安住してばかりはいられなくなってこよう。

(2) 論理・倫理から現実へ

　表面的には，個別主義にせよ普遍主義にせよ，多文化主義にせよ同化主義・統合主義にせよ，コミュニタリアニズムにせよリベラリズムにせよ，いずれもそれなりに論理的で，また倫理的な思想に映じる。しかしそれは，どの場合も一般的・抽象的に思いを巡らしているかぎりにおいてのことかもしれない。そうではなく実際に，居を構えて数年になる住区に移民が多数入ってきて，夜中頻繁に大騒ぎを繰り広げたりしたらどうだろう。思わずトニー・ブレアのように価値観とか生活様式といった言葉を口にしたくなっても致し方あるまい。あるいは反対に，自分が移民の立場だったとしたら……。隣人愛や人類愛を軽々しく説く人は，こうした具体的な状況の数々を真剣に思い浮かべる必要がある。

　実際，マイノリティの比率の高い地域のイメージは他と比べてかなり違ったものになりがちだ。例えば，オーストラリアのスキャンロン財団による2012年調査における第3世代の移民の意識を，全国平均と移民集住地区とで比べた場合，夜一人で歩いていて安全だと感じるのは，前者が66％であるのに対して後者は38％に留まった。また，近所の人たちは率先して助け合っていると思うと答えた比率は，全国平均では88％に上るが移民集住地区だと57％に過ぎない（Markus, 2016b: 7）[12]。

　さらに，アメリカでは人種別・階級別の居住隔離が常態化しているが（Putnam, 2015: 38-39, 218＝訳2017: 49-50, 245；山田，2013；2017: 171-4），そうしたところでは，日々の暮らしを人種的・階級的に等質な空間で送ることでそれなりの一般的信頼感を育みつつ，他方でマイノリティに対する差別意識を保持し続ける（ただしそれをあからさまに表明することは控える）などといった芸当がごく普通に可能となる。差別的な住宅販売を規制する法が出来て

も，自分たち自身で主体的に好きな人同士だけの住区を作り上げればよく，そこに気に入らない他者が入ってくれば，またどこかへ出ていくだけだ。トッドは「アメリカの白人の100家族が，彼らの住む通りに一家族か二家族の黒人が住みついたとたんに大挙して余所へ引っ越すなどということが起こる」と言って揶揄しているが（Todd, 2015= 訳 2016: 296），そうした状況ではいったい誰が誰を心から信じているというのだろう。

　一般的・抽象的な形で普遍主義的な信頼を説いたり，個別主義的な配慮を語ったりするのはたやすい。しかしそれを現実に貫くのはなかなかに難しい。アメリカのユートピア文学・SF 小説における人種の表象に関する研究を行っているチャンは，自由民主主義が成熟すれば人種的な差異は重要性を失うという考えについて触れたうえで，それは人種化された主体が有する身体性を閑却した見方だと批判する（Chan, 2016: 38）。彼は人種なるものを何らかの本質を伴った実体とは決して見ていない（p. 67）。しかしそれでもなお人種が身体性と結びつき，社会的に意味あるものとして存在し続けている現実を直視すべき，というのが彼の主張だ（pp. 113-4, 177）。チャンは人種などによる社会的差異を固定的に捉えるのではなく，かと言ってこれを普遍主義的な観点から簡単に消し去ろうとするのでもなく，その存在と意味を子細に検討しつつ差別的な事態を有意に克服していく方途を探っているわけだが（例えば p. 121），この現実主義的な見方は文学研究を超え，社会科学的にもきわめて示唆に富むものと言うことができよう[13]。

(3) 信頼の光の翳に

　近年巷では，つながりが大事だとか信頼が重要といったことが声高に唱えられている。また社会諸科学でも社会関係資本なる概念が脚光を浴び，その絡みでネットワーク・互酬性・信頼といったものが議論されることが少なくない。しかしそれらの多くは単に，つながりが豊富で信頼に満ちた人，関係，集団，組織，地域は素敵だと言っているに過ぎない。そこでは，つながりや信頼を持ちたくても持てないような人たちへの配慮が稀薄になりがちだ。また，およそつながりたくないような相手やあまり信頼できそうにない人たちとの関係の持ち方の問題もほとんど無視されてしまう。

さらに，等質性の目立つ結束型の社会関係資本はもとより，異質性を含む橋渡し型の社会関係資本の場合も，そこにはウチとソトの明確な境界が認められる。また，一般的な信頼や橋渡し型の社会関係資本がいかに大きな拡がりを見せるとは言え，それは遠くにいる便利な人々と数多く緩やかにつながる（つまりはコネを持つ）ということを含意するだけかもしれない。そうした場合，普遍主義的な装いをいかに凝らそうとも，それは虚妄に過ぎないということになろう。

　社会関係資本論を強力に推進してきたパットナムは，アメリカにおける階級分断・貧困問題をテーマにした2015年の著書の中で，「社会科学者たちは社会的なつながりを記述するのに，よく社会関係資本という言葉を用いている」が，とやや距離を置いたような前置きをしたうえで，社会関係資本が財的資本や人的資本と同様，不平等に分配されており，それが機会の格差に直結していることに眼を向ける（Putnam, 2015: 207＝訳2017: 234）。また彼は，地域によっては近隣ネットワークが解決の糸口ではなく問題の根源だったりすることに関しても注意を怠らない（例えばp. 206＝訳p. 233）。一般的信頼や社会関係資本を普遍的な善として無条件に賞揚するわけにはいかないのである。

　ただし，ここで過度の相対主義に陥るのも問題だろう。たしかに素朴で表面的な普遍主義には限界がある。西洋的な普遍主義が現実的に見てかなり個別主義的であったことを喝破し，これについて集中的に論じたのはウォーラーステインであった（Wallerstein, 2006＝訳2008）。また西洋的な普遍主義をどちらかと言うと単純に信奉していそうなハーバーマスですら「普遍的な権利要求の背後には，いつも，一定の集団が押し通そうとする特殊な意志が身を隠している」という事態や，「個別的な利害関心を普遍主義の名の下に覆い隠すための恥知らずな人権の道具化」が伏在しているという問題に言及している（Habermas, 1999＝訳2015: 209, 217）。しかしながら，彼らは真の普遍主義への希望を失ってはいない。また「ジュ・スィ・シャルリ」の運動を鋭く批判するトッドにしても，フランス的な同化主義には今なお概ね賛成している（Todd, 2015＝訳2016: 286-8）[14]。全人類への配慮という思想に関してシニシズムやニヒリズムを気取ってしまうのは，まだ早そうだ。

　信頼の光の翳には必ず不信という闇が存在しているということ，社会という

ものはそもそも信頼と不信のセットによって構成されているということ，政治的・社会的な理念には本音を隠したまま建前ばかりが制度化されたものが少なくないということ，倫理的な美辞の数々は現実には差別的・暴力的な事態に転化する危険性がいくらでもあるということ……。こうしたことについて十分に配慮し，具体的な社会状況を一つひとつ丁寧にひもといていく作業を怠らないかぎり，一般的な信頼や普遍主義的な志向の可能性を探る営みは今後も大きな意義を持ち続けるものと考えられよう。

【註】
1 本章において世界価値観調査のデータはホームページで公開されているものを用いる。http://www.worldvaluessurvey.org/wvs.jsp
2 データに関しては，Edgell et al. (2016: 619) を参照。ただしこの論文では，子どもの結婚相手の属性をめぐる排除意識の低減の問題はさして論じられていない。
3 2006年から2008年にかけて首都圏の3つの大学の学生たちに見解を記してもらった。この2人の意見は決して代表的なものではないものの，何人かに共通して見られた態度ではある。山田 (2009: 4章) を参照。
4 普遍主義と個別主義の概念セットならびにそれをめぐる今日的な諸問題については，山田 (1998) で詳しく論じている。パーソンズによる古典的な定義に関しては，本書第13章第2節 (p. 228) を参照。
5 当時の報道をもとにしたウェブ情報による。https://en.wikinews.org/wiki/British_Prime_Minister_Tony_Blair_speaks_about_London_bombings
6 外務省のホームページの該当箇所を参照。http://www.mofa.go.jp/policy/economy/summit/2005/terro-2.pdf
7 BBC Newsのホームページの該当箇所を参照。http://news.bbc.co.uk/2/hi/uk_news/4689363.stm
8 ABC News（オーストラリア）のホームページの該当箇所を参照。http://www.abc.net.au/news/2015-01-13/wilson-calls-for-discrimination-law-changes/6013946
9 なお，この比率を調査年次別に示すと，2007年：9％，2009年：10％，2010年：14％，2011年：14％，2012年：12％，2013年：19％，2014年：18％，2015年：15％，2016年：20％，2017年：20％となっており (Markus, 2017: 59)，近年の上昇ぶりが気になるところである。
10 「毎日新聞」2016年8月19日，The New York Times紙，2016年8月24日など。
11 National Post紙，2016年8月19日。よくある意見ではある。
12 またヒーリーは，メルボルン郊外での調査データをもとにしながら，移民の多い地区では，とくに経済状況が悪い時期に多文化主義への否定的な評価が高まるということについて論じている (Healy, 2016: 65)。
13 ちなみに文学ならびに文学研究には，きわめて良質な思考実験を通じて社会諸科学に鋭い洞察をもたらしてくれるものが少なくない。本稿では扱っていないジェンダー，セクシュアリティの問題に関しては，文学作品の中に従来型の男女関係を超えた愛のありようを探る草野 (2016) の研究などがある。
14 トッドは，フランス的な普遍主義が元々生真面目過ぎることなく，柔軟性に富むところに期待を

かけている（Todd, 2015= 訳 2016: 294-8）。ちなみに大須賀（2016）によれば，フランスは元々開かれた国で，外国文化を数多く受容しつつそれなりの統一性を作り上げてきた伝統があり，それゆえカトリックの世界でも，ローマ式典礼への統一という中央集権的な力学が強く働く一方，地方聖歌のいくつかが今日まで生き残ることになった。こうしたことに鑑みれば，諸々の宗教の間にも，あるいは宗教と世俗主義との間にも，今よりもずっと穏健な形で折り合いをつける余地はあるのかもしれない。

【文献】

Chan, Edward K., 2016, *The Racial Horizon of Utopia: Unthinking the Future of Race in Late Twentieth-Century American Utopian Novels*. Peter Lang.

Достоевский, Фёдор Михайлович, 1880, *Братья Карамазовы*. (= 1963, 小沼文彦訳『カラマーゾフ兄弟』筑摩書房,〈ドストエフスキー全集〉版。)

Edgell, Penny, Joseph Gerteis, and Douglas Hartmann, 2006, "Atheists as "Other": Moral Boundaries and Cultural Membership in American Society," *American Sociological Review*, 71 (2): 211-234.

Edgell, Penny, Douglas Hartmann, Evan Stewart, and Joseph Gerteis, 2016, "Atheists and Other Cultural Outsiders: Moral Boundaries and the Non-Religious in the United States," *Social Forces*, 95 (2): 607-638.

Habermas, Jürgen, 1999, "Der interkulturelle Diskurs über Menschenrechte," Hauke Brunkhorst, Wolfgang R. Köhler, und Matthias Lutz-Bachmann (hrsg.), *Recht auf Menschenrechte: Menschenrechte, Demokratie und internationale Politik*. Suhrkamp: 216-227. (= 2015, 米田恵訳「人権についての異文化横断的ディスクルス」舟場保之・御子柴善之〔監訳〕『人権への権利——人権，民主主義そして国際政治』大阪大学出版会 : 203-218。)

Healy, Ernest, 2016, "Australian Multiculturalism: "Natural Transition" or Social Coercion?" Ernest Healy, Dharma Arunachalam, and Tetsuo Mizukami (eds.), *Creating Social Cohesion in an Interdependent World: Experiences of Australia and Japan*. Palgrave Macmillan: 47-80.

草野慶子, 2016, 「ジナイーダ・ギッピウスの『聖なる血』再考」『早稲田大学大学院文学研究科紀要』61, II: 87-100。

Markus, Andrew, 2016a, "Contemporary Australian Attitude to Immigration," Ernest Healy, Dharma Arunachalam, and Tetsuo Mizukami (eds.), *Creating Social Cohesion in an Interdependent World: Experiences of Australia and Japan*. Palgrave Macmillan: 81-93.

Markus, Andrew, 2016b, "Australian Attitude to Immigration and Multiculturalism,"『年報社会学論集』29: 1-8。

Markus, Andrew, 2017, *Mapping Social Cohesion, The Scanlon Foundation Surveys 2017*. ACJC, Faculty of Arts, Monash University. Available at Internet site, http://scanlonfoundation.org.au/research/surveys/

大須賀沙織, 2016, 「ガリア聖歌——フランスで生まれた聖歌の源流を求めて」『早稲田大学大学院文学研究科紀要』61, II: 21-37。

Putnam, Robert D., 2015, *Our Kids: The American Dream in Crisis*. Simon & Schuster. (= 2017, 柴内康文訳『われらの子ども——米国における機会格差の拡大』創元社。)

数土直紀, 2013, 『信頼にいたらない世界——権威主義から公正へ』勁草書房。

Todd, Emmanuel, 2015, *Qui est Charlie?: Sociologie d'une crise religieuse*. Seuil. (= 2016, 堀茂樹訳『シャルリとは誰か？——人種差別と没落する西欧』文春新書。)

統計数理研究所, 1998, 『国民性七か国比較』出光書店。

Wallerstein, Immanuel, 2006, *European Universalism: The Rhetoric of Power*, The New Press. (= 2008, 山下範久訳『ヨーロッパ的普遍主義——近代世界システムにおける構造的暴力と権力の修辞学』明石書店。)
山田真茂留, 1998, 「個別主義の現代的位相——普遍主義的ニヒリズムの彼方に」田中宏（編）『社会学の視線——探究の諸相』八千代出版：61-90。
山田真茂留, 2007, 「日本的価値の諸相」ロバート・キサラ, 永井美紀子, 山田真茂留（編）『信頼社会のゆくえ——価値観調査に見る日本人の自画像』ハーベスト社：9-39。
山田真茂留, 2009, 『〈普通〉という希望』青弓社。
山田真茂留, 2013, 「モダニティの理想と現実——グローバル時代のコミュニティとアイデンティティ」宮島喬・舩橋晴俊・友枝敏雄・遠藤薫（編）『グローバリゼーションと社会学』ミネルヴァ書房：205-224。
山田真茂留, 2017, 『集団と組織の社会学——集合的アイデンティティのダイナミクス』世界思想社。
山岸俊男, 1998, 『信頼の構造——こころと社会の進化ゲーム』東京大学出版会。

（山田 真茂留）

第2章
イタリアの食とツーリズムからみるグローバル化
―― ローカル・ナショナル・グローバルな領域の交錯 ――

キーワード：イタリア，グローバル化，ツーリズム，移民，真正性

1．はじめに

　1950年代のアメリカ東海岸北西部ニュージャージー州の田舎町でイタリア料理店を営むイタリア移民の兄弟を描いたアメリカ映画「リストランテの夜」（原題 Big Night／1997年公開）に，店の料理が客にとがめられるシーンがある。兄弟の出身地の南イタリア由来のトマトソース・スパゲッティは，客から「ミートボールがない」と不評で，店には閑古鳥が鳴いている。その一方，ミートボール入りのスパゲッティをはじめ，「客の食べたいもの」を提供する近隣のイタリア料理店は繁盛しており，その店のオーナーもまた，南欧からの移民をルーツとするとおぼしき人物として描かれている。
　このシーンは，「本場」の料理，食文化はそれが育まれた土地でいかに愛されていても他所で受け入れられるとは限らず，現地の嗜好に合わせた適応を要することを物語っているようにもみえる。近年はイタリアさながらの料理が食べられるようになった日本も，かつてはスパゲッティといえばケチャップ味のナポリタンという時代があった。ナポリタンはもはや懐かしの味という風格さえ備えて日本に根づいている一方，ケチャップが必ずしも好まれないイタリアにはこうした料理は存在しない。食もそこに含まれる文化，とりわけ巨大資本を背景としないそれのグローバルな展開をめぐっては，日本におけるナポリタンのような現地へ適応，現地化の局面が注目される。
　他方，「リストランテの夜」のスパゲッティをめぐるエピソードは，その背

景も視野に入れると，グローバル化におけるイタリア料理の現地化という切り口だけでは読み解くことができない奥行をもつ。それはまず，南イタリアの伝統料理と前提されているトマトソース・スパゲッティが，そもそも実はグローバル化の産物——スパゲッティをその都度こねる手間なしにゆでれば食べられる乾麺に加工した技術は中世に中東のアラブ世界から伝わり，トマトも近代にアメリカ大陸からもたらされたというアジア的・アメリカ的ルーツをもつ（Montanari, 2009: 197）——であることによる。また，映画のなかでシェフの兄が邪道と退けるミートボール・スパゲッティは，19 世紀末から 20 世紀初頭にアメリカにわたった，郷里では年に数回口にできるかどうかのぜいたく品であった肉類を日常的に食べられるようになったイタリア移民によって作り出された（Dickie, 2008: 225-6）——現地で受け入れられるためのやむを得ない戦略だったわけではない——ものでもある。

　こうした現象からは，一見ローカルな産物とみえるものがグローバルな背景を潜ませていたり，グローバルな展開においてイタリアというナショナルな枠組みで提供されている料理が，実際にはナポリというローカルな土地に由来するものであったりといった，ローカル，ナショナル，グローバルな各領域の交錯が浮かび上がる。加えて，比較的直近の現象として論じられることの多いグローバル化が，中世という段階ですでに生じていることもみてとれる。またローカル，ナショナル，グローバルな各領域の交錯は，ナショナルなアイデンティティの普及の「失敗」例——2011 年の統一 150 周年の折も，自国のナショナル・アイデンティティの不確かさが議論の的となった——としてしばしば語られるイタリアという文脈に引き付けると，わたしたちをその「失敗」の問い直しへと導くものでもある。本章では，イタリアの食を手がかりとして，特に第二次世界大戦後のその展開において大きな役割を果たした観光にも注目しながら，ナショナル化がともなうローカルな領域との，またグローバル化がともなうナショナルな領域との交錯に光を当てるとともに，イタリアをめぐるナショナルなアイデンティティの「失敗」が内包する意味について検証していきたい。

2. 「イタリア料理」と「地方料理」の誕生
――ローカル，ナショナルな領域の交錯

(1) 消費社会とマス・ツーリズムの展開

　ローカルな個性の豊かさはイタリアの特徴としてしばしばあげられ，食はそうしたローカルな多様性を反映した現象として語られる。英語の老舗ガイドブック『ロンリープラネット』（2016 年版）は，イタリアの魅力として，地域ごとに異なる個性豊かな食を紹介している。そこでは伝統に根差した彩り豊かな地域色がイタリア料理の魅力とされ，中世を起源とする土地への誇りとされる「カンパニリズモ」（「カンパニーレ」は鐘楼の意）は，現在，その土地ならではの食やワインを競う「フォルマッジズモ」（「フォルマッジョ」はチーズの意）に取って代わられたとユーモラスに解説している。

　その一方，現代のイタリアでは，かつては特定の地域と結びついていた食品がその地を離れ全国に流通，消費されるようになり，食のローカルな多様性が希薄化しているという現象もみられる。たとえばイタリア中部モデナのバルサミコ酢やボローニャのハムのモルタデッラ，エミリア・ロマーニャ地方のチーズのパルミジャーノ・レッジャーノといった，もともとは特定の地域のものであった食品は，今やイタリア国内の全域で手に入る。南部ナポリ名物のピッツァを出す北部の店や北部ミラノ名物のコトレッタ（カツレツ）を出す南部の店は珍しくない。むしろ，その土地の郷土料理だけでなく，全国区となった元・郷土料理もあわせて提供するイタリア料理店は一般的であり，地域によるレストランのメニューの差は，先の『ロンリープラネット』の解説からイメージされるほど大きくないのが現状である。

　こうした食の平準化の傾向は，「経済の奇跡」とイタリアでは呼ばれる 1950 年代半ばから 60 年代初頭にかけての経済成長期に端を発する[1]。この時期の食品加工産業の急速な発展を背景に，先のバルサミコ酢のようなローカルな食品が工場で大量生産され全国に流通することで，イタリアの食は平準化していった。たとえば国民 1 人当たりのパスタの年間消費量が 1936 年の 14 キロか

ら 1954 年の 28 キロへと倍増したことは，従来パスタに無関心であった北部の人々が，第二次世界大戦後の高度経済成長期に南部の「ナポリ風」パスタを食するようになったことの反映でもある（Serventi and Sabban, 2001＝訳 2012: 203）。現在はイタリアを代表する食品となっているパスタだが，もともとは南部を中心に消費されており，17 世紀にはシチリア人を，19 世紀にはナポリ人を指した「マカロニ食い」という呼称が存在した（Montanari, 2010: 50-51）。パスタ躍進の裏では，トウモロコシなど穀類の粉末を水かスープで練り上げたポレンタが，ロンバルディアやヴェネトといったそれを主食としていた北部の食卓から退場し，国民 1 人当たりのトウモロコシの年間消費量が 22.2 キロ（1951-55 年）から 7.7 キロ（1965-69 年），約 3 分の 1 に減少した（Helstosky, 2004: 139）。

　また，特定の土地との結びつきをもたない新たな加工食品の普及も，イタリアの食を平準化へと導いた。この時期，紙パック入りの牛乳（パルマラット社／1961 年）やトマトと肉をベースとしたイタリア風の固形ブイヨン（スター社／1962 年），リオマーレブランドのマグロの油漬け（トリニティ社・現ボルトン社／1964 年），チョコレート風味のスプレッドの「ヌテッラ」（フェッレーロ社／1964 年）といった新たな加工食品が次々に登場，工場で大量生産され，当時広がりつつあったテレビによる広告の手法も用いて大々的に売り出された（Padovani and Padovani, 2011: 241-4）。たとえばヌテッラは，当時まだぜいたくだった間食ではなく，馴染み深い「パンに塗れば手軽に用意できる素晴らしい朝食になる」と提案する広告キャンペーンで成功をおさめ，甘いものを朝食として摂取するという新たな食習慣をイタリアに定着させていった（Padovani, 2014: 31-32, 191）。

　国民 1 人当たりの所得水準は，1950 年を 100 とすると 1970 年には 234 に上昇し，イタリアの庶民の生活にはかつてない潤沢な質量の食品があふれた（Ginsborg, 1990: 33）。こうした状況は，食品の製造業者に対し，自らの製品を豊富な選択肢のなかから消費者に選ばせるという課題を生じさせた。こうした条件下で，ひとつには先のような広告キャンペーンがあらわれ，また別の方向性としては自らの生産物を他の地域とは異なる特産品として提示する戦略が生じた。この時期，サンダニエーレハム（フリウリ・ヴェネツィア・ジュ

リア州／1961年), パルマハム (エミリア・ロマーニャ州／1963年) などが相次いで自らの産品に関する各種の基準を設け, 「サンダニエーレ」の, あるいは「パルマ」のハムとして自製品をブランド化し, 独自の認定マークを付して市場に送り出し始めた (Padovani and Padovani, 2011: 36, 241-2)。国の制度としても, 1963年にはワインに関するDOC (統制原産地呼称) 制度が始まり, ぶどうの産地や品種, 醸造方法, 熟成期間などの基準を設けることで, 生産者が自らの産地のワインの名称を守る仕組みが整えられた (Padovani and Padovani, 2011: 242-3)。

加えて, 農業社会から工業社会へと本格的に離陸した当時のイタリアでは, 労働と区別される余暇の習慣が拡大し始め, フィアット600 (1955年発売), 500 (1957年発売) の爆発的ヒットによる自動車の普及——自家用車数は1950年の34万2000台から1964年には467万台に急増した (Ginsborg, 1989: 325) ——や高速道路網の整備を背景に, マス・ツーリズムの時代を迎えた。やがてイタリアの主要産業へと成長する観光において, 日常とは異なる何ものかを眺めること, 体験することはその柱であり, 余暇に出かけた先のレストランや食堂でその土地ならではの食事を楽しむことは, その中核を担う要素となった (Dickie, 2008: 271)。こうした流れのなかで, 1950年代からは, ぶどうや栗などの地域の特産物の収穫, ワインの新酒の完成を祝う祭りも各地で開催され始めた (Helstosky, 2004: 146)。こうした新たな祭りは, ローカルな伝統という含みを持たせて打ち出され, 観光客を集めた。

食の全国的な平準化が進行中であった一方, むしろそれだからこそ, 観光地にとっては, 自らのローカルな食の個性を押し出すことが観光客をひきつけるための戦略となった。観光を通して発見された, ローカルな個性の豊かさというイタリアの食文化の特色は, 全国的な市場の確立にともなって各産地がそれぞれの風土で培われてきた食品を他と異なる特産品として打ち出し, 産地の名称を冠するようになったという先の現象と軌を一にした動きといえるだろう。「地方料理」をめぐっては, 「政治的, 商業的, 観光的要請に対応した発明品であって, 文化的なものではない」との見解もある (Montanari, 2010: 80)。ローカルな食の個性は必ずしも完全に本質的なものとして備わっていたわけではなく, ナショナルな水準での食の平準化とともに, それと同時進行で展開, 構築

されたものといえるだろう。

(2) アルトゥージと「イタリア料理」の生成

これまで1960年代を中心とする「イタリア料理」の形成についてみてきたが，それ以前の「イタリア料理」はどのような輪郭を描いていたのだろうか。歴史的には16世紀のイタリアの料理人がフランス料理にもたらした「革新」やその時々の領主や宮廷の饗宴の豪華さが伝えられる一方，政治的には諸邦が林立し，そもそも「イタリア」というナショナルな共同性が想定されてこなかったイタリア半島では，その全域で幅広い社会層に食されるという意味での「イタリア料理」は存在しなかった。19世紀後半からの大規模な移民送り出しが物語るように，庶民の間では飢えが蔓延してもいた。

そうしたなかで，「イタリア料理」構築の根拠とされるのは，1891年の刊行以来版を重ね，今なお書店に並ぶアルトゥージ（1820-1911）の著書『料理の科学と美味しく食べる技法』である。イタリア中部ロマーニャ地方の商家出身のアルトゥージは，イタリア統一をめざしたマッツィーニ（1805-1872）の結社「青年イタリア」のメンバーでもあった人物で，共通語としてのイタリア語を編み出した文学者マンゾーニの『許嫁』以上に，料理を通してナショナルな統一を成し遂げたと評される（Montanari, 2010: 56, 62）。各地の料理のレシピを収集し，新しい時代にふさわしい修正を加えて世に送り出したこの本は，各地方の伝統料理を平準化するとともに，方言でまちまちだった食にかかる呼称を標準的なイタリア語に訳し，料理における言語の合理化，平準化，統一化を達成しようとしたものだった（池上, 2003: 194-7）。

平準化や統一化といった方向性の一方，アルトゥージが各地のレシピ収集の過程で見出したのは，イタリア半島におけるローカルな食の個性の豊かさでもあった。1891年の初版ではアルトゥージの郷里である中部のロマーニャや，後年暮らしたトスカーナ地方を中心に475だったレシピは，鉄道網の発展を背景に収集の範囲を全国に拡大し，1909年の13版では790に増加した（Montanari, 2010: 57-58）。そうしたなかで見出されたのは，油脂に関しても，トスカーナはオイルを，ロンバルディアはバターを，エミリアはラードを好むといった土地ごとの環境や資源，伝統に根差した食の多様性であった

(Montanari, 2010: 58-59)。そこからアルトゥージによって導き出されたのは，食のローカルな特徴を尊重し，そうした多様性を土台とするナショナルな食としてのイタリア料理であった。ナショナルな水準での食の平準化とともにローカルな食の特徴が浮き彫りになり，同時に，そのローカルな食の多様性がナショナルな食の性格をかたちづくるものとして位置づけられていく，そうした相補的な姿がここから見て取れよう。

3.「イタリア料理」とグローバル化
―― ナショナル，グローバルな領域の交錯

(1) 移民と「イタリア料理」

　現在は移民受け入れ国としての性格を強めているイタリアだが，過去には19世紀半ばの統一からの約100年間で約2600万人もの移民を海外に送り出したヨーロッパ最大の労働力輸出国であった[2]。移民送り出しそれ自体もグローバルな現象ではあるが，その引き金となったのは，それと前後する時期のグローバル化――大西洋航路の所要時間短縮や大型船舶導入にともなう輸送量の増大によるアメリカ大陸の安価な農産物の流入――であった。丘陵地が多く農業の生産性に限界があったイタリア半島では，もともと庶民を中心に慢性的な飢えが蔓延していた。安価な農産物の流入は競争力の低いイタリア農業に深刻な打撃を与え，庶民の食糧事情はひっ迫した。移民送り出しの最盛期は20世紀初頭で，1920年には国内人口の4分の1相当の900万人が外国に居を移していた (Helstosky, 2004: 28)。

　一見したところ逆説的にもみえるが，外国にわたった移民のグローバルな経験は，「イタリア」というナショナルなまとまりが意味をもつ契機となった。イタリアの19世紀の児童文学『クオーレ（「心」の意）』（1886年刊）のエピソード，「アペニン山脈からアンデス山脈へ」に，南米アルゼンチン，ブエノスアイレスに働きに出て後，音信不通になった母を探すため大西洋を越えアンデスまでたどり着いた北部の港町ジェノヴァ出身の主人公の少年を，現地で働くイタリア半島出身の大人たちが「おれたちの国の子」と助け励ますシーン

がある (De Amicis, [1886] 1972= 訳 1999)。この本が世に出た 19 世紀末当時は，イタリア半島をひとつのネーション，しかもそれを「おれたちの」と捉える感覚が普及していたとは言い難い。イタリア半島の大半がひとつの国となったのは日本の明治維新と同時期の 1861 年で，当時のイタリアでは「イタリア人」よりも「ジェノヴァ人」や「ナポリ人」といった地域的なまとまりのほうが意味をもっていた。他方，移民として郷里を離れた人々は，イタリアの外部に広がるグローバルな世界と出会い，移民先で「イタリア人」とまなざされたり，ローカルな出身地の違いを越えて助け合う経験を重ねていった。そうした経験の蓄積は，イタリアというナショナルな共同性の輪郭をかたちづくり，その枠組みは次第に意味あるカテゴリーと捉えられるようになっていった。

　食は「イタリア」というナショナルな共同性を喚起する有力な装置となった。おもに南部出身者の目的地となったアメリカ合衆国では，イタリア移民をめぐって，日々家族で食卓を囲み，シリアルのような馴染みのない現地の食品は好まず，「必需品」として高価な輸入オリーブ油を購入するような嗜好の保守性や，金銭的余裕がなくとも三食欠かさず，肉類も頻繁に消費するという食習慣が指摘された（Diner, 2011: 51-53, 57-59）。こうした食にかかる嗜好は，移民やその子孫が自らを「イタリア」というナショナルな共同性において捉える根拠となった（Montanari, 2010: 55）。

　その一方，当時のイタリアの庶民の食事の形態は，仕事の合間などに各々で，しばしば立ったままいくばくかの食料を口に入れるというのが通常で，クリスマスなど年に数回の特別な祝祭を除けば，家族皆で食事をするという習慣はなかった（Helstosky, 2004: 31）。また，彼らが移民先で好んで購入したパスタや小麦の白パン，肉類などは，郷里では彼らが雇い主のために加工・調理しながらも，自分たちが食べることはほとんどない高級品だった。郷里では手の届かなかった食材を家族で囲む日々の食卓に取り入れたり，出身地の異なる者同士で互いの郷里のレシピを交換したりすることでかたちづくられていった食は，郷里のそれとは異なる，いわば新たな「イタリア料理」であった（Dickie, 2008: 225）。ミートボール・スパゲッティはその代表である（Dickie, 2008: 225-6）。加えて，移民の経営するレストランを通し，イタリアの特定の地域の料理が，「イタリア」料理として外国で知られるようにもなっていった。19 世

紀後半に移民によりアメリカに伝えられた南部由来のピッツァはその典型といえよう。

また，イタリアを代表する食品加工メーカーとして，今日の「イタリア料理」のグローバルな展開を支えるチリオ社（青果の保存食），ブイトーニ社（乾燥パスタ），バリッラ社（同左）などの 19 世紀末から 20 世紀にかけての輸出拡大による成長を支えたのは移民であった（Helstosky, 2004: 31-32, 35）。イタリア国内の庶民の食糧事情は，1930 年代半ばの時点でも，いわゆる中流下層に属する人々のあいだでさえ「いつまでも満たされることのない空腹感をいつも抱えていた」と回想されるものだった（Venè, 1988= 訳 1996: 126）。その帰結として未発達だった国内市場に対し，移民が形成した購買力に富んだ海外市場は，イタリア国内の食品加工メーカーの成長に大いに貢献した。メーカーの成長によって展望が開けた大量生産とそれにともなう商品価格の低下は，のちのパスタのナショナルな展開への道を準備した。こうした現象は，グローバル化がナショナルな食の発展に貢献したと言い換えることもできるだろう。

(2) グローバルなイタリア料理へ

19 世紀末から 20 世紀初頭にかけての海外市場の展開による成長，20 世紀半ばの国内市場の発展といった一連の動きを経て，パスタは今やイタリアを代表する食となり，今やグローバルに展開している。イタリアの 1 人当たりのパスタ消費量は世界で最も多く，年間 23.5 キロ（2015 年／ 1 人前 100 グラムとすると 235 人前）にのぼる。同時に，イタリアの文学者プレッツォリーニ（1882-1982）の言葉，「ダンテ（筆者注：叙事詩『神曲』で知られる 13 ～ 14 世紀のフィレンツェ出身の詩人）の栄光はパスタの栄光の傍らでどれほどのものだろうか」が物語るように，パスタはイタリアの外でも広く親しまれてもいる（Prezzolini, 1957: 15）。イタリアの消費量が群を抜いてはいるが，1 人当たりの年間消費量 2 位のチュニジアは 16 キロ，3 位のベネズエラは 12 キロと続き，日本の消費量も 1.7 キロ（49 位）である。パスタは国境を越えて普及しているといえるだろう〔図 1〕。

パスタのグローバル化は，その幅広い生産地からもみてとれる。イタリアの

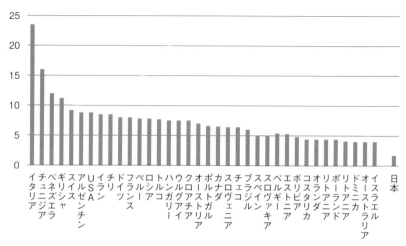

図1　1人当たりの年間パスタ消費量（kg）
註：欧州パスタ製造協会団体（Union of Organizations of Manufactures of Pasta Products of the E.U.）のデータをもとに筆者作成（2015年12月データにもとづく）。

　年間パスタ生産量は324.6万トン，世界最大かつEU全体の年間生産量の約7割を占めるが，パスタの生産国は多岐にわたる。世界2位のアメリカは200万トン，3位のトルコは131万5960トンを生産しており，以下，4位のブラジルは120万4900トン，5位のロシアは108万3000トンと続き，日本の生産量も14万4500トン（18位）にのぼる〔図2〕。また，乾燥パスタの原料に関する法律を備え，生産量の点でも世界有数のイタリアも，その原料となる小麦については約半分を外国からの輸入に頼っている。
　長期保存が可能で輸送に適した形状や調理の容易さに後押しされ，グローバルに生産，消費されているパスタだが，パスタのグローバル化は，イタリアのパスタ料理の世界的な普及を意味するわけではない。先にふれたナポリタンもそうだが，他にも日本の「冷製パスタ」のような調理法は，通常イタリアではみられない。イタリアで夏に出回るパスタフレッド（「冷やしパスタ」）は，茹で上がったパスタを具材と和える，熱くはないという意味で「冷たい」料理で，麺や具材の冷たさを味わう日本の「冷製パスタ」とは異なる。コチュジャンで味付けした韓国のパスタや，トムヤムクンをパスタにアレンジしたタイのパスタも同様，イタリアではみられない。つまり，パスタのグローバル化は，

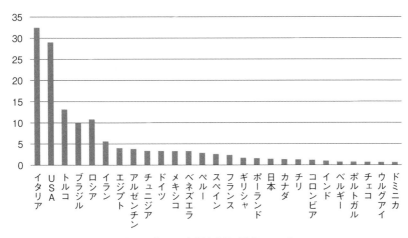

図2　パスタの年間生産量（単位 10 万 t）
註：欧州パスタ製造協会団体（Union of Organizations of Manufactures of Pasta Products of the E.U.）のデータをもとに筆者作成（2015 年 12 月データにもとづく）。

その土地ごとのローカルな食文化との出会いを通し，現地仕様に変化しながら展開しているといえる。

　このように多様に現地化したかたちも含め，イタリア料理がグローバルに親しまれるようになることで，本場でその「本物」の味を体験することがイタリアへの観光の動機づけにもなっている。イタリアは年間 5000 万人以上の観光客を迎える観光大国であり（2015 年／ちなみに日本は 2016 年のデータで 2404 万人），イタリア商工会議所の全国観光調査局（Isnart）によれば，外国人観光客が旅行先としてイタリアを選ぶ理由は，上位より文化，料理，歴史，自然の順に並び，料理の重要性は上から 2 番目に位置する。観光においては，いささか逆説的ではあるが，観光客向けではない「本物」すなわち真正性が求められる傾向も指摘される。近年注目を集めている食を主軸とした観光，フード・ツーリズムの分野では，その一種であるワイン・ツーリズム——ワインの産地をたずね，生産現場にふれながらワインを楽しむ——も含め，その地域のものを「地元民のように食べる」経験の提供が，そうした真正性に関わるニーズに応えている。先にみた「ナポリタン」のように本場とは全く異なったかたちでも消費されているイタリア料理は，まさにそうした変幻自在の現地化によっ

て，真正性に関わる欲望をかきたてる誘因としてグローバルに展開，機能しているともいえるだろう。

　その一方，観光も含めた外国からのまなざしによって，イタリアの食にも変化の兆しがみられる。ローマの中央駅であるテルミニ駅の一画に 2016 年にオープンしたフードコート，「ローマ中央市場（Mercato centrale di Roma）」はその一例といえよう。場所柄多くの観光客が利用するこの施設は，パスタやピッツァといったイタリア料理を中心に 21 のコーナーからなり，従業員の制服や呼び込みなども含め生鮮食料品の市場を想起させる空間にまとめられている。またこの施設は，イタリアのレストランでは通常みられるランチとディナーの間の閉店時間抜きのノンストップ営業で，セルフサービスも一部取り入れ，短時間で料理を提供している。さながら食のテーマパークのような空間——実際の生鮮食料品市場の営業は一般的には正午過ぎに終わり，座席付きで食事を提供する店はまれである——で提供されるこうした料理，またこのような提供のあり方は，グローバル化を背景に増大する外国からの観光客のニーズ——イタリアらしい空間で，イタリアらしいものを手軽に効率的に食べたい——に応えるものといえる。

　ただし，このフードコートの客は必ずしも観光客ばかりではない。近隣で働いているとおぼしき勤め人や買い物途中に立ち寄ったとみられるイタリア人の姿も目立ち，とりわけ昼食時には多くの客で賑わっている。「キアニーナ牛（トスカーナ地方のブランド牛）のローストビーフハンバーガー」といった外国風にアレンジされた料理や，近年流行のクラフトビール——イタリアでは，とくにレストランではワインが好まれ，ビールの品ぞろえは手薄なことも多い——なども提供されているこの施設は，目先の変わった料理や飲物，サンドウィッチや切り売りピッツァなどではない温かい食事を短時間で手軽に座って食べたい——通常，サンドウィッチや切り売りピッツァを扱う店は，わずかなイートインスペースで立って食べるか，持ち帰るかであることが多い——というイタリア人のニーズにも応えるものとなっている。

4．アイデンティティをめぐる相克とその多層性

(1) 問われるイタリア料理の真正性

　これまでみてきたようなグローバル化にともなうイタリア料理の変容をめぐっては，葛藤や軋轢が生じることもある。たとえば2001年のジェノヴァ・サミットの際，理由は定かでないものの，おそらくは臭気が懸念され，晩餐会で使用される食材リストからニンニクが外されたことがイタリアでは話題になった（Dickie, 2008: 306-7）。ジェノヴァ名産のジェノヴェーゼ・ペーストは，結局「バジル・ソース」の名称で提供された。すなわちバジルの葉の緑色や風味を備えていても，ニンニクを欠いたそれは，真正なジェノヴェーゼ・ペーストとは異なるという判断がそこに働いたわけである。

　イタリア料理のグローバルな展開の過程で生じる，こうした真正性に関わる葛藤は，イタリア料理に関わる保守の動きにつながることもある。たとえばナポリに本部をおく「真のナポリピッツァ協会」(1984年創立) の活動はその一例としてあげられよう[3]。この協会は，ピッツァやその調理法に関する詳細な基準を設け，申請のあった専門店について，その店のピッツァが「真のナポリピッツァ」に該当するかの認定を行っている。この協会は，外国のものについても基準を満たせば「真のナポリピッツァ」に認定するというグローバルな開放性——協会のホームページによれば，ヨーロッパやアメリカ，中東，アジアなど世界各地で400以上の店舗が認定されている——と同時に，ナポリの「真の」ピッツァの伝統を守り継承するという保守性をもつ。こうした姿勢の背景には，彼らの想定する「真のナポリピッツァ」とは異なるピッツァ——たとえば四角形であったり，具材がパイナップルであったりといった，協会の規定からは外れたそれ——の世界的な流布がある。冒頭でふれた映画「リストランテの夜」におけるミートボール・スパゲッティのエピソード——シェフである兄がこれを店で出すことを拒否——もそうした保守に連なる振る舞いといえよう。

　ナポリピッツァをめぐっては，2017年12月，「ナポリのピッツァイオーロ

の技」——ピッツァイオーロ（ピッツァ職人）が空気を混ぜ込むために空中で生地を回し投げしながらかたちを整える技術——がユネスコの無形文化遺産リスト入りしたことが記憶に新しい。無形文化遺産は，その性格上，ピッツァそのものではなく，それを作る技術を「遺産」として登録したもので，リスト入りしたのはナポリのそれに関わるものであった。その一方，この出来事はナポリのみならず，イタリアという広がりにおいても歓迎された。マルティーナ農林政策相（1978-）のツイッターでのつぶやき——「勝利！イタリアのワインと食のアイデンティティは世界でますます保護される」——は，ナポリという一地域の食品作りの技術に関わる事柄がイタリアの食そのものに重ねられ，かつナショナルな誇りが喚起されていることを端的に物語る。また，遺産リスト入りへの歓迎は，グローバル化のもとにあって変わらず護持されたと認識されているナポリのピッツァイオーロの技術やそれに派生するピッツァの真正性が，ユネスコというグローバルなまなざしによって価値を認められることでより堅固なものと理解され，それがローカル，またナショナルな誇りをかきたてているという，いささか逆説的な現象ともいえよう。

(2) ナショナル・アイデンティティ形成の失敗例？

　ナショナルな共同性をふりかえる議論において，イタリアではナショナル・アイデンティティの不確かさや，その形成の「失敗」がしばしば取り上げられ，問題視されてきた。統一100周年の1961年前後に関しても，「イタリア人の支配的価値観の星座において，ネーションの神話の位置はますます周辺的なものとなった」と指摘されている。(Gentile，[1997] 2006: 407)。また，21世紀を迎えようとする時点でも，ユーロバロメーターによるEU 15か国の比較調査——「ヨーロッパ」や「ナショナリティ」に関わるアイデンティティについて，「ヨーロッパのみ」，「ヨーロッパとナショナリティ」，「ナショナリティとヨーロッパ」，「ナショナリティ」の4つの選択肢から1つを選ばせる——において，みずからのアイデンティティにつき「ナショナリティのみ」と回答したイタリア人の割合は，15か国中最下位の25%にとどまった (European Commission, 2000: 82)。「ナショナリティのみ」という限定が付されている点に留保が必要であるとしても，イタリアも含む15か国の平均が41%，最高は

イギリスの 64% であることに照らすと，ナショナル・アイデンティティ形成の「失敗」というイタリアをめぐる理解は妥当であるようにみえる。

しかしそれと同時に，同じ調査の別の質問項目である「ナショナルな誇り」についてのイタリア人の回答は，「非常にある」，「いくらかある」とした者の割合が 87% という値を示した。それは 15 か国中 10 位ではあるものの，15 か国平均の 83% を上回り，この点で最低の値となったドイツの 66% と比較するとその割合は高い（European Commission, 2000: 83）。これらの結果から浮かび上がるのは，ナショナルな帰属意識は低いにもかかわらず，ナショナルな誇りについてはむしろ強いという一見矛盾したイタリアの姿である。イタリアのこの奇妙な現象は，どのように読み解くことができるだろうか。

この現象を考える上で注目すべきは，ナショナルな帰属意識は希薄な一方，ローカルなそれは強いというイタリアをめぐって人口に膾炙した現象——先に触れたガイドブック『ロンリープラネット』におけるカンパニリズモとフォルマッジズモのくだりもそれと関わるものといえる——である。本章でイタリアにおける食やツーリズムの展開に光を当てることで描き出したのは，イタリアのローカルな領域はそれ単体で成り立っているわけではなく，ナショナルな領域に織り込まれつつ，またナショナルな領域それ自体を内に織り込みつつ存立してきたこと，そしてナショナルな領域もまた，とりわけ 19 世紀末以降の移民現象を通して遭遇したグローバルな領域と，そうした相互的な関係をかたちづくりながら存立してきたことであった。

このようなローカル，ナショナル，グローバルな各領域の交錯に照らして考えると，ローカルな領域がナショナルな共同性，ナショナルな領域の外部に広がるグローバルな社会を前提に存立しているなかにあっては，それらは相互に排他的なものではあり得ないということになろう。すなわちローカルな帰属意識はナショナルなそれを前提として含みこんだ上で存立しているのであり，ナショナルな誇りが強いという現象と矛盾するものではない。イタリアのケースに関しては，ナショナル・アイデンティティの不在が広く認識されているからといって，ナショナルな共同性が実態として欠如しているとは限らず，それはローカルな共同性にいわば溶け込みながら存在しているということになる。ナショナルな帰属意識は低いにもかかわらず，ナショナルな誇りについてはむし

ろ強いというイタリアの現象は、ローカル、ナショナル、グローバルな各領域の緊密な交錯ゆえに導き出されたものといえよう。

【註】
1 1960年代を中心とするイタリアの食文化の変容については、拙稿（秦泉寺、2018: 2-11）で論じた。
2 イタリア国立統計局のデータによれば、2017年1月1日現在、イタリア在住の外国籍市民は504万7000人で、全人口の約8.3％に相当する。ISTAT, 2017, Demografia in Cifre.（2018年2月10日取得、http://demo.istat.it/index.html）
3 「真のナポリピッツァ協会」に関しては、以下のホームページを参照した。真のナポリピッツァ協会日本、「真のナポリピッツァ協会について」（2018年2月10日取得、http://japan.pizzanapoletana.org/index.php）。

【文献】
De Amicis, Edmondo, [1886] 1972, *Cuore*. Einaudi.（=1999、和田忠彦訳『クオーレ』新潮文庫。）
Dickie, John, 2008, *Delizia!: The Epic History of the Italians and Their Food*. Free Press/Sceptre.
Diner, Hasia, R., 2011, *Hungering for America: Italian, Irish, and Jewish Foodways in the Age of Migration*. Harvard University Press.
European Commission, 2000, "Eurobarometer: Public Opinion in the European Union, Report Number 53". http://ec.europa.eu/commfrontoffice/publicopinion/archives/eb/eb53/eb53_en.pdf
Gentile, Emilio, [1997] 2006, *La grande Italia: Ascesa e declino del mito della nazione nel XX secolo*. Einaudi.
Ginsborg, Paul, 1989, *Storia d'Italia dal dopoguerra a oggi*. Einaudi.
Ginsborg, Paul, 1990, "Family, Culture and Politics in Contemporary Italy, in Barański," G. Zygmunt, and Robert Lumley (eds.), *Culture and Conflict in Postwar Italy*. Palgrave Macmillan.
Helstosky, Carol, H., 2004, *Garlic & Oil: Politics and Food in Italy*. Bloomsbury.
池上俊一、2003、『世界の食文化⑮ イタリア』農文協。
Montanari, Massimo, 2009, *Il riposo della polpetta e altre storie intorno al cibo*. Laterza.
Montanari, Massimo, 2010, *L'identità italiana in cucina*. Laterza.
Padovani, Clara, and Gigi Padovani, 2011, *Italia buonpaese: Gusti, cibi e bevande in 150 anni di storia*. Blu Edizioni.
Padovani, Gigi, 2014, *Nutella World: 50 Years of Innovation*. Rizzoli ex libris.
Prezzolini, Giuseppe, 1957, *Maccheroni & C*. Longanesi & C.
Serventi, Silvano, and Françoise Sabban, 2001, *Les pâtes: Histoire d'une culture universelle*. Actes Sud.（=2012、飯塚茂雄・小矢島聡〔監修〕・清水由貴子訳『パスタの歴史』原書房。）
秦泉寺友紀、2018、「食文化の変容にみる戦後イタリア社会――一九六〇年代を中心として」『日伊文化研究』56: 2-11。
Venè, Gian Franco, 1988, *Mille lire al mese: la vita quotidiana della famiglia nell'Italia fascista*. Mondadori.（=1996、柴野均訳『ファシスト体制下のイタリア人の暮らし』白水社。）

（秦泉寺 友紀）

第3章

グローバル統合とローカル適応の相克
——伝統産業としての日本酒の海外展開への示唆——

キーワード：グローバル統合，ローカル適応，伝統産業，日本酒の海外展開，グローバル・パラドックス

1．グローバリゼーション——"地球化"という現象の表と裏

(1) グローバリゼーションの二面性

「グローバリゼーション（globalization）」という言葉が日常的で一般的な用語として用いられるようになって久しい。グローバリゼーションとは，字のごとく「地球化」を意味する用語である。類似概念に「国際化（internationalization）」という言葉があるが，「国際化」が，国家（nation state）の存在を前提とするのに対して，「グローバリゼーション」はそもそも国家の存在を前提としない。すなわち，国という概念を所与とする国際化に対して，グローバリゼーションはそもそも国境を意識しない概念である。グローバリゼーションは，世界が「混ざり合うこと（融合）」，「理解し合うこと（相互理解）」，「区別をなくすこと（脱国籍化）」をもたらす現象であると考えられる一方で，グローバリゼーションによって逆説的に国境が過度に強調され，文化的・制度的な摩擦・対立が発生してきている点も指摘されてきた（Held and McGrew, 2002＝訳2003: 5）。サミュエル・ハンチントンによれば，冷戦後のグローバルなヒトの移動により，これまで可視化されてこなかった宗教的な対立が生じるとされる（Huntington, 1996＝訳1998）。

地球化という名のグローバリゼーションの流れのなかで，ヒト・モノ・カネ・情報が国境を容易に越えることで，これまで決して出会うことのなかっ

た異なる価値観をもつ人々が出会い，地球の裏側の情報を同時的に得ることが可能になったのである。このように考えると，グローバリゼーションは単に融合・相互理解・脱国籍化といったキーワードで理解されるだけではなく，グローバリゼーションにより引き起こされる摩擦や対立，さらにはローカリティ（地域性）が強調されるといった側面からも理解することができる二面性をもつ概念として考えられるのである。

(2) 合理化された仕組みのグローバル展開

1990年代以降に世界的に大規模な多国籍企業が数多く生まれるようになる。企業の海外展開により，世界中に生産や販売拠点を持つ企業が生まれた。多国籍企業は，国境をまたいだ多様な環境のもとで活動することになる。その際，多国籍企業は効率的なオペレーションをグローバルに展開するために，グローバル規模で標準化する必要に迫られることになった。グローバルに標準化を行うことで，規模の経済が働き，コストを最小限に抑えることが可能となり，効率的・合理的なオペレーションを実現できるというものである。

たとえば，多国籍企業として代表的な存在であるマクドナルドは，徹底的に合理化したシステムを構築し，それをグローバルな形で画一的に展開してきた。マクドナルドに代表されるファーストフード・レストラン（fast-food restaurant）の合理性が世界の隅々にまで広がっていく現象を批判的に考察したのが，ジョージ・リッツアである。リッツアは，ファーストフード・レストランの諸原理がアメリカ社会のみならず世界の国々の，ますます多くの部門で優勢を占めるようになる過程を「マクドナルド化」と呼び，マクドナルド化の影響は，レストラン業界にかぎらず，社会のすべての側面に及んでいるとした（Ritzer, 1996＝訳1999: 17-18）。リッツアは，マクドナルド化の4つの次元（効率性・計算可能性・予測可能性・制御）が人々を惹きつけて離さないことが成功の中心にあるとした[1]。その4つの次元の1つである予測可能性では，マクドナルドが提供する商品とサービスがいつでもどこでも同一であるという保証が重要であり，どこで食べてもまったく同じものを購入し消費できるところに大きな快適性があるとした（Ritzer, 1996＝訳1999: 30-35）。

このリッツアの議論は，まさに企業のグローバリゼーションの一つの側面を

指摘している。それは，グローバルに展開する多国籍企業にとっては，効率的で合理的なオペレーションを実現するために，画一化し標準化された商品・サービスやビジネスモデルを展開することで，経済合理性を働かせ，効率的なグローバルオペレーションを実現しようとする側面である。マクドナルドであれば，画一化されたファーストフードの仕組みや味をグローバルに展開することで，マクドナルドが多国籍企業としてグローバルに統合を図ることにつながっている側面もある。

(3) 国境を越えた「意味の読み換え」

多国籍企業がグローバル展開をし，ある製品が国境をまたいで広く浸透していく過程のなかで，単に経済合理性にもとづく画一化だけが起きているのであろうか。マクドナルドやコカ・コーラ，スターバックスなどの，広くグローバルに普及しているファーストフード・食品企業は，しばしば文化帝国主義の象徴としてやり玉に挙げられる。しかし，単にそれらの多国籍企業の「画一化」の側面のみを見ることは，グローバリゼーションの実態を見誤る危険性もある。リッツアが主にマクドナルドの生産システムの面に焦点を当ててそのグローバルな画一性を見たのに対して，人類学者であるジェームス・ワトソンは，東アジア——北京・香港・台北・ソウル・東京——のマクドナルドを，主に消費の観点から見て「ファーストフードの世界的な拡がりは，各地の料理がもつ本来の姿を侵食してゆくのだろうか。食べ物のチェーン店は，資本主義的世界秩序の欲求にうまく合致する，単一のグローバルな文化をつくりだすのに役立っているのだろうか」(Watson ed., 1997＝訳 2003: 28) という問いのもとで，各地域のマクドナルドの民族誌的研究を行っている。

その結果，東アジアのマクドナルドでは，生産者が必然的にその消費をコントロールすることになるという前提では理解されないという (Watson ed., 1997＝訳 2003: 34)。消費の側面では，マクドナルドがグローバルに展開していくなかで，世界中の人々がマクドナルドに入ったときどんな食べ物が出てくるのかを知っていることになるのであるが（予測可能性），同時に，それがそれぞれの地域において，現地の習慣によって柔軟性が要求される際に変化を拒んだり，適応を拒否したりしてきたことを意味するわけではないという。アメ

リカ式オリジナルメニューを変形したものは，世界中どこでも見られる。たとえば，日本のテリヤキバーガーやオランダのベジタリアンバーガーなど世界中のマクドナルドで，アメリカ式のオリジナルメニューには存在しないメニューが現地に適した形で追加されているという。マクドナルドの東アジアへのグローバリゼーションで生じたことは双方向のプロセスを志向するグローバリゼーションであり，マクドナルド化によって，現地の文化を変容させるとともに，アメリカで行われるマクドナルドの標準的な事業のやり方を修正させてきたという (Watson ed., 1997= 訳 2003: 63)。さらに，東アジアの多くの地域で，消費者は現地のマクドナルドをレジャーセンターや放課後のクラブのようにしてしまい，本来の「ファースト」の意味を覆してしまった。本来のファーストフードの「ファースト」は，手軽に素早く消費できるという「消費の速さ」を意味していたが，東アジア地域に入って，食べ物を「提供する速さ」を意味するように変容し，本来の「消費の速さ」といった概念から変化してきたという (Watson ed., 1997= 訳 2003: 64)。

このように，ワトソンらの研究チームは，文化帝国主義の象徴として考えられてきたマクドナルドが，東アジア地域で消費される際に，それぞれの地域に合わせた形で消費が行われ，単なる画一的なマクドナルのグローバリゼーションという現象のみではなく，消費現場における「意味の読み換え」が起こり，東アジアのそれぞれの地域でローカル適応が起きていたという，非常に興味深い指摘を行ったわけである。

2．適用と適応——競争優位性の移転と海外市場

(1) 競争優位性の移転とハイブリッド化

多国籍企業がグローバル展開を行う上で，ローカル適応が起きてくるという話は，企業の海外展開を取り扱う国際経営論の領域でも古くから議論されてきたテーマである。

たとえば，安保哲夫らの研究グループは，日本の多国籍製造企業の競争優位を支える日本的生産システムの国際移転可能性をテーマに，アメリカに工場を

もつ日本の製造企業の子会社を対象とし，日本の親工場とアメリカの現地子会社との比較調査を実施した。そして，親工場にみられる生産方式の諸要素が，現地工場にどの程度もちこまれているのかを明らかにした。工場の生産システムにおける日本的モデルとアメリカ的モデルを構成し，日本企業の現地工場が，この2つのモデルの間のどこに位置するかを24項目・7グループに分け5段階得点法で評価した[2]。それぞれの項目について，日本的モデルに近いものが，得点が高くなり，（元のシステムの）適用度が高いということになる。反対に，アメリカ的モデルに近いものは得点が低くなり，（現地への）適応度合いが高いということになる（安保，1991: 27）。安保らの研究グループは，この適応の度合いが高いモデルを日本的モデルとアメリカ的モデルの融合が起きたモデルとして「適用・適応のハイブリッドモデル」と名づけ，調査対象となった企業の特徴をまとめている。

　一般的に，本国で強みとなる経営資源は，海外でも強みを生み，優位性があると考えられ，海外展開の初期には，本国の優位性が積極的に現地子会社に移植されることになる（Baranson, 1966；1970；Quinn, 1969）。しかし，文化・社会的背景の大きく異なる海外での事業展開では，本国での競争優位性をすべて移植することが難しい状況が生まれるため，実際には，現地の文化・社会的特徴に規定された本国とは異なる環境要因に合わせて，現地のやり方に適応することになる。

(2) **新興市場での破壊的技術のパワー**

　これまで中国をはじめとした新興国の市場で日本企業が成功を収めてきたとは必ずしも言えない。それは，マーケティング部門が弱く，技術開発機能が本国に集約しており，現地のニーズを掴み，現地に合わせた製品開発が遅れてきた傾向にあったためであると言われる。反対に，欧米系企業はグローバル展開の早い段階からマーケティングや技術開発の機能を進出先国に分散させ，現地に適応した製品開発やマーケティング活動を日本企業に先立ち行ってきた。さらには，台頭してきた新興企業は，自らの市場の状況や顧客のニーズに上手に適応しやすいために，技術的な遅れをとっていたとしても，その市場でのシェアを席巻することができる。

クリステンセンは，技術的に先を走る巨大企業が，新興企業に新しい市場を奪われ，力を失ってしまうことを「イノベーションのジレンマ」として理論化した。クリステンセンによれば，技術的革新を続けて来た大企業にとっては，新興企業の技術や事業は，その力が低く規模が小さく映るため，競争相手とみなさない。技術的革新を続け，その業界の先頭を走る巨大企業は，自らの技術に磨きをかけ，製品の性能を高めることに注力する。これを「持続的技術」と呼ぶが，あらゆる持続的技術に共通するのは，主要市場のメインの顧客がこれまで評価してきた性能指標にしたがって，既存製品の性能を向上させる点である。しかし，クリステンセンによれば，時として新興企業によって「持続的な技術」とはまったく異なるイノベーションが起こされるという。それが「破壊的技術」と呼ばれるイノベーションである。これは，少なくとも短期的には，製品の性能を引き下げる効果をもつイノベーションで，従来とはまったく異なる価値基準を市場にもたらす（Christensen, 1997＝訳2001: 9）。さらに，技術的革新を続ける大企業は，一般的に要求度の高い既存の顧客のニーズに応えるため，より高機能な商品の開発に力を入れる。しかし，その技術的革新のペースがときに市場の需要のペースを上回るため，企業が競争相手よりすぐれた製品を供給し，価格と利益率を高めようと努力すると，市場を追い抜いてしまうことが起きる（Christensen, 1997＝訳2001: 10）。
　技術的革新を続け，既存の商品が優れた特色を持つがゆえに，その特色を改良することのみに目を奪われ，顧客の別の需要に目が届かなくなる。そのため，大企業は，新興市場への参入が遅れる傾向にあり，その結果，既存の商品より技術や性能は劣るが，新たな特色を持つ商品を売り出し始めた新興企業に，大きく後れを取り，技術的には先を走っていたにもかかわらず，最終的にはその市場でのシェアを大きく奪われることになるのである。
　クリステンセンの「イノベーションのジレンマ」はとりわけグローバリゼーションが加速化するなかで，主にいち早く海外展開を行ってきた多国籍製造企業に焦点を当て，新興市場のなかで巨大多国籍企業がなぜ技術的・事業的に後発である新興企業に負かされてしまうことが起きるのかを理論化したが，現地の事業環境への適応という点からは大変に示唆に富む。たとえば，海外市場という新しい市場に直面した際に，巨大企業の多くが，既存市場・既存顧客にば

かり目を奪われ，品質や性能の伸長という既存顧客の要求に応えることにばかり注力してしまうことで（持続的技術），性能や品質に劣ったとしても新しい特色をもった商品を売り出し始めた新興企業に負けてしまう（破壊的技術）。それは，異なる環境下で，異なる市場の顧客に対して，適した価値を提供するという現地への「適応」ができずに，既存のある市場，ある顧客で評価されてきた強みを新興市場へと「適用」しようとすることに起因するのである。

3．サービス産業のグローバル展開

(1) サービス産業の海外展開の困難性

これまで，日本の産業の海外展開といえば，製造業が中心であった。自動車の輸出や海外生産がその典型で，安保らの研究チームも日本の自動車産業をはじめとする製造企業が海外で生産を行う際に，どの程度日本の仕組みを現地に移管し，どのような要素が現地のやり方に合わせたハイブリッド型となるのかを実証的に明らかにしてきたし，クリステンセンも多国籍製造企業が新興市場で「イノベーションのジレンマ」に陥ることを理論化した。

他方で，伊丹敬之らの研究グループは，昨今注目を集めているサービス産業のグローバル展開に焦点を当て，日本の成功モデルの解明を行っている。かつての日本企業のサービス展開は，製造業のグローバル展開が進展していくなかで，海外における日系サービス需要（日本人および日本企業が海外で必要とするサービス）を日本企業が進出する現地で供給するものが中心であった。しかし，近年のサービス産業のグローバル展開は，これまでのものとは特徴が異なってきているという。それは，最近の日本のサービス産業が，海外に生まれる日系需要を求めての海外進出ではなく，現地市場での現地需要を獲得するための海外進出になってきたという点である（伊丹他，2017: 9）。そういった意味で，真の海外需要を求めてのグローバル展開になっているという点がこれまでのサービス産業のグローバル展開との大きな違いとなるという。現地需要を獲得するための海外進出の場合，現地の事情に合わせて適応させなければ，海外進出が進まない状況が生まれる。日本国内で構築した革新的でユニークな

サービスを現地に移植しながらも，同時に現地のやり方に合わせて適応していく必要が生じるのである。

　しかも，サービス業のグローバル展開においては，サービス業が取り扱うサービス財特有の難しさが伴う。それは，サービスの場合には，その生産と消費が同時であるという点である。そのため，サービスを事前に潜在顧客が観察することや経験することが難しく，いったん供給されるとその場限りで消費されてしまう。さらに，サービス財の良し悪しの判断が，進出先国の文化的な受容性に規定される。たとえば，伊丹らの研究グループでは，公文教育研究会の提供する教育サービスのグローバル展開を調査しているが，イギリスでは公文に子どもを入れる親の民族的背景がアジア系に偏っていたが，それは，「子どもの学習を早期に始める」という公文の理念に抵抗を示す文化的背景が欧米諸国の一部にあるからであるという点を示唆している（伊丹他, 2017: 16-17）。

(2) **サービス産業の現地適応**

　公文式のグローバル展開は，この公文式の理念に共感し，自身でやってみたいという人たちを支援する形で，フランチャイズ化を進めて，グローバルに拡大してきた。そして，公文の最大の特徴である「自ら学ぶ力を育てる」というコンセプトの現地への移植を大切にしながらも，進出先国の事情に合わせてフランチャイズ展開を支援してきた。たとえば，教室の開設場所については，各国の事情に合わせている。アメリカでは昔は教会や集会場が多かったが，現在では商業施設で行われるケースが多いという。イギリスでは，教会か放課後の学校の教室が多いが，賃貸店舗で開設したケースもあり，スペインでは，学校内で公文の教室が開かれるケースが多かったが，バルセロナのある女性の教員が公文式を広めたいと思い立ち，学校以外の施設で教室を立ち上げたことをきっかけに商業施設での展開が加速したという。さらに，公文はグローバル展開にあたり，日本では全国一律であった固定会費制をその国の所得水準などを考慮し，基準会費を国ごとに設けている。そのため，経営者の裁量で会費を自由に設定できる仕組みになっている国があったり，低所得者の子どもにも教育を受けさせたいという声に応えるために，同じ国でも複数の会費が設定されていたりする場合もあるという（伊丹他, 2017: 127）。

公文式のグローバル展開では、「自ら学ぶ力を育てる」というコンセプトを現地に移植しながらも、教室開設場所や会費については、現地の事情にあわせて柔軟に適応させる形で、海外でのフランチャイズ展開を支援してきた。他にも、伊丹らの研究グループは、現地の法規制に影響を受け、本国の革新的でユニークなサービスをそのまま移植することができず、現地の法規制に合わせてサービス網を供給した警備サービス会社のセコムの事例を挙げている。セコムは、契約先で侵入などの異常事態が発生すると、セットされたセキュリティ機器から異常信号が、通信回線を通じて遠隔地にあるセコムのコントロールセンターに送信される。そして、センターにいる管制員が信号を確認し、現場への急行を指示する。この際、現場に急行するのは、緊急発信拠点に待機するセコムの緊急対処員である（伊丹他，2017: 91）。しかし、セコムが英国に進出した際には、この日本の仕組みを移植することが出来なかった。なぜならば、英国では、現場対応を警察または顧客自身で行う慣行が普及していたためである。英国では、民間会社の警備員の武装が法律で一切禁止されていたため、現場対応を警察が担うことになる（伊丹他，2017: 92-93）。

　このような進出先国の環境の違いにより、セコムは日本でのサービスシステムを一部修正することで、日本でのサービスと同等の仕組みを移植した。それは、異常信号を受けた後のプロセスをセコムがすべて単独で行う仕組みから、顧客企業の担当者が駆けつける部分のみを代行する仕組みへと修正したのである。英国では、異常信号が誤作動ではないと確認された場合には、基本的には警察に通報することになっている。しかし、顧客企業の担当者に通報する代わりに、セコムの緊急対処員が顧客から預かっている鍵をもって現場に駆けつけ、警察と協力して適切な処置をとり、顧客企業の担当者にも通報する。護身は、武器の代わりに鋼鉄の懐中時計を身に付けるという形で対処したという。このように、日本とは異なる現地の環境に合わせる形でサービスシステムを一部修正し、日本でのシステムの根幹（自社の対処員による現場急行）を移植したのである。

4. 伝統産業のグローバル展開
―― 「地酒のグローバル展開」というジレンマ

(1) 日本酒のグルーバル展開

　サービス産業のグローバル展開では，サービス財の良し悪しの判断が，進出先国の文化的な受容性に規定されることになっていたが，文化的な受容性により強く規定される財が文化製品である。文化製品とは，ある国や地域に深く根ざした財のことである。文化製品の典型的な製品の一つが日本酒であると言えるであろう。日本国内での日本酒消費は，ピークだった1970年代初頭から右肩下がりで減少してきた。伝統行事や儀式で用いられることが多かった日本酒が，生活スタイルの西洋化の進展により，儀式が西洋化してきたり，そもそも伝統行事を行わなくなってきたりするなど，日本酒を消費する場面が大幅に縮小してきた。さらには，人口減少が進んだことや，ワインやビールなどの他のアルコール製品の消費が増えたことに加えて，消費者が益々健康に気を遣う時代へと変わり，アルコール自体の消費量が減っていき，日本酒の国内消費は大幅に減少してきたのである。ピークである1970年代初頭と今日を比べると，その消費量は，半分以下となった[3]。他方で，海外への輸出は拡大している。まだまだ国内生産量に占める輸出割合は4％程度に留まるものの，日本からの輸出はこの10年間で，その量はおよそ1.9倍，金額は2.6倍までに増加している[4]。多様な地酒メーカーが輸出を行っており，灘伏見の白鶴・大関・月桂冠といったナショナルブランドだけでなく，それぞれの都道府県にある比較的規模の小さい地酒メーカーも輸出を積極的に行うようになってきた。

　その背景は，海外の日本食レストランの増加にある。日本酒が海外市場で飲まれる場面は，一般的に言って2通り考えられる。一つが，消費者が小売店で購入し，主に自宅で飲む場合と，もう一つがレストランで飲む場合である。現在の海外市場では，9割以上がレストランでの消費となり，この10年間の日本酒輸出の伸びは，海外における日本食レストランの増加と深い関わりがある。海外の日本食レストランは，2006年の段階では約2.4万店であったのが，

2013年には約5.5万店, そして2015年には約8.9万店にまで増加している[5]。とりわけ, 2013年12月に,「和食（日本人の伝統的な食文化）」がユネスコ無形文化遺産に登録されたことで, 世界的に和食が注目され, 日本食レストランが増加した。この日本食レストランの増加に合わせて日本酒の輸出も伸びをみせてきている[6]。

(2) 料理とのマッチング

　和食が無形文化遺産に登録される前までは, 海外での日本酒とりわけ日本から輸出される地酒と呼ばれる高品質の日本酒の消費は, 海外における日系サービス需要を見込んだものが主流であったが, 和食が世界的に注目されることで, 現地市場での現地需要が増えてきている。海外で日本酒が消費される際には, その消費の在り方が国内とは異なる形で展開している。日本国内で日本酒が消費される際には, これまで料理との食べ合わせということがあまり強調されてこなかった。そもそも日本の國酒として位置づけられてきた日本酒は, 日本のどんな料理とも相性が良く, 特段「この料理にはこの銘柄の日本酒が合う」といった形で消費される傾向にはなかった。ところが, 海外では, 日本食レストランの増加にともない, レストラン間での競争が激化し, 差別化した日本酒への需要が高まってきた。他店との差別化を図るためにラインナップが増加されるということが起きてきている。さらには, 料理とのマッチングを重視した需要も高まりをみせており, 日本食とのマッチングはもとより, 近年では, 中華やイタリアン, フレンチなどとのマッチングが重視されるようになってきている。同時に, フュージョン料理に代表される新しいジャンルの料理スタイルが発展し, 単に和食に限定せずに, それらの料理に日本酒をマッチングさせる動きがでてきている。

　このような日本酒の消費スタイルは, ワインの消費スタイルから影響を受けている。それは料理とアルコール飲料をペアリングするという消費文化（マリアージュ）と同列にあり, このような流れのなかで, 海外でのレストランにおいて, 異なるメニューに応じた多様な種類の商品需要を生み出している。ワインの消費スタイルに慣れている海外市場では, 日本酒の消費スタイルもそのワインの消費スタイルに合わせて展開する動きが起きている。

図1　料理とのマッチングを考慮したパッケージデザイン
出典：塩川酒造提供。

　たとえば，従来，国内から海外への輸出の場合には，日本で販売している日本酒をそのまま海外へと輸出することが多かった。それが，近年では，料理との食べ合わせを考えた海外向けの日本酒を造る酒蔵が増えてきている。たとえば，新潟県西区の塩川酒造では，海外向けの日本酒としてCOWBOY YAMAHAIとFISHERMAN SOKUJOという銘柄の製品を開発した。これらの銘柄のラベルには，図1にあるように，それぞれ牛と蟹の絵が描かれているのである。当然，前者はお肉料理（とりわけステーキ）と合うこと，後者は海鮮系の料理（とりわけ甲殻類の料理）と合うことが一目瞭然となっており，料理とのマッチングの相性がラベルを見るだけで分かるように商品開発が行われている（岸・浜松，2017: 124-5）。

　他にも，ワインの消費に合わせる形で，容器としてワインと同じ形状のボトルを使用する製品を開発した酒蔵もある。新潟県五泉市の近藤酒造では，フランスでの販路開拓を目指して，MIROKU，KAROKUというワインボトルに瓶詰された製品を開発している。それぞれ，前者は特に鹿や鴨など芳醇なうまみと高貴な香りをもつジビエとのペアリングを勧めており，後者はエスカルゴやムール貝，牡蠣などの世界中の貝料理によく合うことを売りにして，宣伝活動を行っている〔図2〕。

図2　ワインボトルに詰められた日本酒
出典：近藤酒造提供。

(3) 地酒のグローバル展開というジレンマ

近年，日本酒の輸出が伸びる中で，多くの地酒メーカーが輸出を開始し，海外市場での販路拡大に乗り出している。各地域で，地元のコメ，水で醸した日本酒が国境を越えて消費されるようになってきた。すなわち「地酒のグローバルな消費」といった現象が起こり始めたのである。現在では，海外でいち早く普及したアルコール飲料の一つであるワインを念頭に，その消費スタイルに合わせた販売戦略がとられているが，「地酒のグローバル展開」にはある意味での文化製品としてのジレンマが内在している。

そもそも，日本酒とは日本の文化に深く埋め込まれた製品である。日本全国どこにでも日本酒を醸す酒蔵があり，それぞれの地域でその地域の水やコメを使ってつくられている。そのようにして醸された日本酒が一般的に地酒と呼ばれる。「地酒」の厳密な定義は難しいが，英語に訳せば，"local sake"であったり"premium sake"といった表現になるであろう[7]。いずれにしても，地域性に埋め込まれ，日本文化に根ざして醸される日本酒（地酒）が，海外で普及をスタートさせる。当初は，現地の人々は，日本食レストランでの文化的な体験の一環として日本酒のユニークさや目新しさに魅かれて消費する。しかし，ある一定規模の消費を望んだ場合，そこに文化の壁が立ちはだかる。それ

は，「目新しさや単なる文化的体験としての次元の消費」を越えた消費が行われなければいけないからである。そういった意味で，海外の現地市場で，現地需要を大きく見込んだ日本酒の展開では「文化からのアンバンドリング」が起こる。つまり，塩川酒造のパッケージデザインのように，従来の古典的なパッケージから，国内では従来ほとんど考慮されてこなかった料理との食べ合わせを前面に出したパッケージがつくられたり，近藤酒造のワインボトルに日本酒を詰めて，外観をワインと変わらない商品に作り上げたりすることは，従来の日本酒の在り方を変更していく過程であり，ある意味での従来の伝統的な文化性を弱め，進出先の現地市場に適応していく過程となる。日本文化や地域性に埋め込まれてきた地酒の場合であれば，これらの展開は文化性の稀釈を意味し，「文化からのアンバンドリング」が起きていることに他ならない。このように考えると，地酒のグローバル展開が進展すると，そこにグローバル展開のパラドックスが生じてくる。元来，ある文化に深く根ざした文化製品が，国境を越えて広く普及していく中で，その文化性が弱まり，変化していく。今後，地酒メーカーが輸出を拡大させ，次の段階の海外生産へと進むと，そのジレンマはさらに大きく顔を出してくることになるであろう。

5．グローバル統合とローカル適応
――グローバル・パラドックスを越えて

(1) グローバル統合とローカル適応

　企業が国境を越えてグローバルに自社の製品やサービスを展開していく場合に，2つの重要な問題にぶつかる。それが，グローバル統合とローカル適応の問題である。前者はオペレーションや製品・サービスをグローバル基準で標準化し，規模の経済を追求するといった効率性の恩恵を重視する「適用の論理」であるのに対して，後者は，進出先国の法的規制やローカルマーケットのニーズなど現地特有の環境に対する「適応の論理」に基づく。これら適応と適用の論理は，どちらか一方を優先しなければならないというトレードオフの関係になっているわけではない。当然，グローバルに展開する企業は，グローバル競

争にさらされながらも,同時にローカルマーケットにおいても熾烈な戦いを強いられており,両者に上手に対応していくことが求められる。

　本章で取り扱ってきたマクドナルドは,ゴールデンアーチの記号を全世界に広げて,予測可能性を担保するというグローバル統合を果たしながら,同時に各国の事情に合わせてメニューを追加したり,消費者自身がファーストフードの意味を読み換えたりすることでローカル適応が起こっていた。安保らの研究チームは,日本の多国籍製造企業がどのようにグローバル統合とローカル適応を行っているかについて,本国の競争優位性の移転度合い（適用度合い）と現地のやり方とのハイブリッド度合い（適応度合い）を数値化し実証的に調査を行った。クリステンセンは,技術的に先頭を走る巨大多国籍企業が,技術を磨き,製品の性能を向上させることばかりに目を向けるあまり（持続的技術）,新興の市場での異なる価値の創出ができなくなる点,すなわち新興市場への適応が遅れる点を指摘し,グローバル展開における新興市場でのローカル適応とグローバル統合の間の巨大多国籍企業のもつジレンマを理論化した。さらに,近年,海外展開が著しい日本のサービス産業でもグローバル統合とローカル適応が重要な問題となっていた。日本で作り上げてきたユニークで革新的なサービスのコンセプトは,忠実に海外市場へと移植しながらも（グローバル統合）,現地の事情に合わせて変更すべき点は柔軟に変更することで（ローカル適応）,日本初の革新的でイノベーティブなサービスの海外展開に成功していたのである。日本の伝統産業である日本酒のグローバル展開でも,地酒メーカーの海外輸出が進むなかで,現地でのアルコールの消費スタイルに合わせる形で新たな商品開発が起こっていた。しかし,同時に,日本文化や地域性に強く埋め込まれた伝統産業であるため,地酒としてのグローバル統合の問題が出てくる可能性を指摘した。

(2)　**グローバル・パラドックスを越えて**

　本章で取り扱ったいずれのケースでも,企業が国境を越えてグローバルに自社の製品やサービスを展開し,ローカル適応を果たしていた。ローカル適応は,進出先での事業や製品販売をスムーズに行うために必要不可欠なことであったが,同時に企業は,世界中に広がる事業活動や製品を統合する必要にも

迫られる。マクドナルドが進出先国でどんなにローカル適応を果たしたとしても，マクドナルドはマクドナルドとして，一つの統合された価値を供給しなければならないのである。日本酒という日本文化に根ざした伝統産業の場合も，進出先の消費スタイルに合わせ，適応を果たしていきながらも日本酒としてのアイデンティティを保持して，日本酒として統合された価値の提供が必要となってくる。そこに，グローバルに自社の製品やサービスを展開することの難しさが内在している。ネスビッツは，グローバリゼーションが進展するなかで，システムが世界大に巨大になり，それを構成する要素が反対にますます細分化されるとともに，その細分化された微小要素の機能が全体に対してますます影響力を拡大させる現象を「グローバル・パラドックス」と名づけた（Naisbitt, 1994= 訳 1994: 18-19；小笠原・重久, 2009: 1）。グローバリゼーションが進展する企業や製品は，グローバル・パラドックスのジレンマに陥りながらも，最適な解を求めて奮闘している。そこにはまさに，企業のグローバル展開の帰結として，グローバル統合とローカル適応の相克が生じている実態が垣間見えるのである。

【註】
1　効率性はある地点から別の地点に移動するための最適な方法である。消費者にとって，マクドナルドは空腹から満腹へ移動するために利用できる最良の方法を提供している。また，マクドナルド・システムで働く従業員，経営者も効率的に機能することができる。計算可能性は，販売商品の量的側面（分量と費用），および提供されるサービス（商品を手にするまでにかかる時間）をもっとも重視する。量は質に等しいものとなった。何かがたくさんあること，もしくは商品の手渡しが迅速であることは，質がよいものに違いないということをさしている。人間技能の人間によらない技術体系への置き換えという制御であり，マクドナルドの世界に足を踏み入れる人々にその制御が作用している（Ritzer, 1996= 訳 1999: 30-35）。
2　(1) 作業組織とその管理運営：① 職務区分，② 賃金体系，③ ジョブローテーション，④ 教育・訓練，⑤ 昇進，⑥ 作業長，(2) 生産管理：⑦ 生産設備，⑧ 品質管理，⑨ メンテナンス，⑩ 操業管理，(3) 部品調達：⑪ ローカル・コンテント，⑫ 部品調達先，⑬ 部品調達方法，(4) 参画意識：⑭ 小集団活動，⑮ 情報共有化，⑯ 一体感，(5) 労使関係：⑰ 雇用政策，⑱ 雇用保障，⑲ 労働組合，⑳ 苦情処理，(6) 親－子会社関係：㉑ 日本人従業員の比率，㉒ 現地会社の権限，㉓ 現地人経営者の地位，(7) 地域社会との関係：㉔ 寄付ボランティア活動　である。ただし，(7) の第 24 項目は，意義が異なるため実質的には 6 グループ 23 項目で分析を行っている。
3　清酒の国内生産量（既成数量）の詳細は，国税庁課税部酒税課「酒のしおり」を参照のこと。
4　主要な輸出先は，米国，香港，韓国，中国，台湾である。輸出額の約 7 割が上位 4 つ（米国・香港・韓国・中国）に集中している。なお，清酒の輸出入数量については，財務省貿易統計を参照のこと。

5 数値の出所は，農林水産省「海外の日本食レストランの数」(http://www.maff.go.jp/j/press/shokusan/service/pdf/150828-01.pdf)
6 日本酒の輸出の実態に関する詳細は，浜松・岸（2018）を参照。
7 地域に根ざした酒と言う意味では，local sake になるし，現在の輸出は特定名称酒と言われる高価格帯の日本酒が主流であるため，精米度合いの高い高品質な日本酒という意味で premium sake と表記されることもある。

【文献】

安保哲夫・板垣博・上山邦雄・河村哲二・公文溥，1991，『アメリカに生きる日本的生産システム』東洋経済新報社。

Baranson, Jack, 1966, "Transfer of Technical Knowledge by International Corporations to Developing Economies," *The American Economic Review*, 56 (1/2): 59-267.

Baranson, Jack, 1970, "Technology Transfer Through the International Firm," *The American Economic Review*, 60 (2): 435-440.

Christensen, Clayton, 1997, *The Innovator's Dilemma*. President and Fellows of Harvard College. (= 2001, 玉田俊平太〔監修〕，伊豆原弓訳『イノベーションのジレンマ——技術革新が巨大企業を滅ぼすとき』翔泳社。)

浜松翔平・岸保行，2018，「海外清酒市場とその特徴——清酒輸出と海外生産の実態把握」『Discussion Paper Series, Faculty of Economics SEIKEI University』145, January 2018: 1-21。

Held, David, and Anthony McGrew, 2002, *Globalization/Anti-Globalization*. Polity Press in association with Blackwell Publishing. (= 2003, 中谷義和・柿原克行訳『グローバル化と反グローバル化』日本経済評論社。)

Huntington, Samuel, 1996, *The Clash of Civilizations and The Remaking of World Order*. Georges Bourchardt. (= 1998, 鈴木主税訳『文明の衝突』集英社。)

伊丹敬之・高橋克徳・西野和美・藤原雅俊・岸本太一，2017，『サービスイノベーションの海外展開』東洋経済新報社。

岸保行・浜松翔平，2017，「日本酒産業における情報の生成・流通モデル——価値創造のための生産・分類・適合情報」『新潟大学経済論集』103: 115-129。

Naisbitt, John, 1994, *Global Paradox: The Bigger the World Economy, the More Powerful Its Smallest Players*. William Morrow & Company. (= 1994, 佐和隆光訳『大逆転潮流〔グローバル・パラドックス〕——これからの社会・経済・企業の盛衰を決める一大法則』三笠書房。)

小笠原泰・重久朋子，2009，『日本型イノベーションのすすめ』日本経済新聞出版社。

Quinn, James B., 1969, "Technology Transfer by Multinational Companies," *Harvard Business Review*, 47 (6): 147-161.

Ritzer, George, 1996, *The Mcdonaldization of Society, Revised Edition*. Fine Forge Press.(= 1999, 正岡寛司〔監訳〕『マクドナルド化する社会』早稲田大学出版部。)

Watson, James (ed.), 1997, *Golden Arches East: McDonald's in East Asia*. Stanford University Press. (= 2003, 前川啓治・竹内惠行・岡部曜子訳『マクドナルドはグローバルか——東アジアのファーストフード』新曜社。)

（岸　　保行）

第 4 章

芸術家の海外経験が持つ意味
──キャリア形成の観点から──

キーワード：芸術家，職業，キャリア，移動

1．芸術家の表象──「天才」と描くメディア

　芸術家（アーティスト）はどのように「普通」とは違うのか。人々のこの好奇心は現代においても健在である。例えば2016年に発売された二宮敦人『最後の秘境　東京藝大──天才たちのカオスな日常（傍点筆者）』というノンフィクションは10万部を超えるベストセラーになった。センセーショナルなタイトルとは裏腹に，二宮は丁寧にそれぞれの藝大生（芸術家の卵）たちを描く。その根底にあるのは，自分とは違う人たちへの関心である。
　他方芸術家はフィクションの題材にもしばしば取りあげられてきた。美術では『ハチミツとクローバー』（羽海野チカ作，2000～2006年連載・全10巻），音楽では『のだめカンタービレ』（二ノ宮知子作，2001～2010年連載，全25巻）など──内実とのズレはさておき──，芸術家，とりわけその卵は物語の題材になりやすい[1]。
　あるいは2016年，史上初めて直木賞と本屋大賞を受賞した恩田陸『蜜蜂と遠雷』は，日本の地方都市で開催された国際ピアノコンクールを題材にした作品である。ここでは，国際的に活躍する，あるいはしようとしている，才能の豊かな若者たちが，交流を深めながら切磋琢磨し成長する様子が描かれている。
　芸術家として国際的に活躍することは確かに「超一流」のなしうることかもしれない。実際，恩田の作品もそのような理由から「異世界の話」としてとら

えられる可能性も持っている。とはいえ恩田の作品で注目したいのは，超一流ではない音楽家——楽器店に勤めながらも最後のチャンスだとしてエントリーした20代後半の男性，音楽家の父を持ちヴァイオリンではなくヴィオラに転向しようとしている女性——の姿も同時に描いていることである。確かに，物語の焦点は天才たちに当てられているが，その周辺にいる芸術家たちの姿もとらえている。

しかし，芸術家たちにとっての「普通」とは何だろうか。全員が天才なのだろうか。芸術家の天才性を構築されたものととらえる見方は，社会学においてもしばしば取られてきた（例えば Heinich, 1991＝訳 2005；Elias, 1991＝訳 1991）。実際，芸術家を職業として考えるのであれば，このような職業を選んだからこそ生まれる困難もそこにはあるはずである。そこで本章では，芸術家の社会的世界に着目し，特に彼らの進路選択，とりわけ「海外で活動すること」を選んだ人たちのキャリアを取りあげ，考察したい。

芸術家として生きることを望んだ人たちはどのようなキャリアを歩むのだろうか。そして現代社会において創造的（クリエイティブ）である人たちは，いかなる存在であるのかということをみていきたい。

2．実現困難な職業としての芸術家

2017年3月にソニー生命保険株式会社が中学生・高校生を対象に行った「中高生が思い描く将来についての意識調査」によれば，中学生女子のなりたい職業第1位が「歌手・俳優・声優などの芸能人」，第2位が「絵を描く職業（漫画家・イラストレーター・アニメーター）」と文化や芸術を仕事にする人たちが上位を占めた。高校生では「公務員」が第1位となるが，「芸能人」は依然として第3位に位置する。他方男子中高生は，上位に「IT エンジニア・プログラマー」，「ゲームクリエイター」，「ものづくりエンジニア（自動車の設計や開発など）」などが位置し，何かを作る仕事へのあこがれが強い[2]。女子は文化や芸術に関する仕事，男子はものづくりと質は異なるが，いずれにしてもリチャード・フロリダが「クリエイティブ・クラス（創造階級）」と名付けた職

業を希望する 10 代の若者が多いことがうかがえる。クリエイティブ・クラスとは,「科学,テクノロジー,アート,メディア,カルチャーの各分野で働く人々の他に,従来の知識労働者,専門職労働者などから構成される」(Florida,[2002] 2012= 訳 2014: 1) 職業の人々であり,近年台頭している職業分野である。

芸術を仕事にすることは「やりたいこと」を仕事に選んだ結果である。ただし,芸術に関わる仕事は,望んだとしてもその実現率が低い。相澤真一 (2008) は 15 歳当時に「なりたかった仕事」と,実際についた仕事との関係(実現率)を論じた。「彫刻家・画家・イラストレーター」でこそ実現率が 33.3%と相対的に高い割合を示すが,「音楽家」は 18.2%であり,「俳優・舞踊家・演芸家」はより低く 14.3%である。例えば俳優の実現率が低いことは,首都圏の小劇場劇団を調査した田村公人 (2015) が示した,俳優の多くが 30 代に入ると辞めていく状況とも重なる。

表 1 より,芸術分野の大学の学科を卒業した学生の進路状況を確認したい。音楽での就職者は 48.6%と半分を割る一方,進学者は専修学校・留学(外国の学校)等を含めると 20.6%である。美術で就職者は 51.4%と音楽より多いものの,約半数にとどまる。そして音楽・美術ではともに,5 人に 1 人は(就職も進学もしない)その他に属する。これは大学生全体 (8.7%) と比べても高い割合である。他方デザイン系の就職率は大学全体により近い。

芸術と労働の先行研究によれば,芸術活動を仕事とし,それのみによって身

表 1 芸術系学科出身者の卒業後進路

	(人)	(%)							
	計	進学者	就職者		臨床研修医(予定者を含む)	専修学校・外国の学校等入学者	一時的な仕事に就いた者	左記以外の者	不詳・死亡の者
			正規の職員等	正規の職員等でない者					
大学生全体	559,678	11.0	71.3	3.4	1.7	1.1	1.8	8.7	1.0
美術	2,468	16.2	45.0	6.4	0.0	2.2	5.6	20.9	3.8
デザイン	3,474	5.0	61.9	6.3	0.0	1.6	3.8	17.5	3.9
音楽	3,843	15.4	36.1	12.5	0.0	5.2	7.8	19.8	3.4
その他	5,535	5.5	55.3	8.1	0.0	2.3	7.0	18.2	3.6

出典:2016 年度学校基本調査より筆者作成。

を立てることは困難であるだけではなく（Abbing, 2002=訳2007），芸術を仕事にする場合，不安定さを覚悟のうえで複数の仕事を持ちながら生活しなければならない[3]（Menger, 1999）。他方，芸術系大学出身者の場合，就職することは逆に芸術によって身を立てることを諦める選択だということも考えられる。就職も進学もせず，独立して活動することが，芸術家としての目指すべき道の一つである。いずれにせよ，一般大学における就職状況やキャリア形成とは異なる道が存在する。

　ここで本章が注目するのは，大学を経た後でも学びの場を求める人の割合が多いことである。それはひとえに，美大生の場合はアトリエ，音大生の場合は練習場所の確保という面も大きい。とはいえ，国内での修士・博士への進学のほかに，海外に留学する人も一定数おり，その数は一般大学卒業者よりも多い[4]。

　それでは芸術家はなぜ海外を目指すのだろうか。2つの先行研究を検討したうえで，ライフスタイルとして芸術を選ぶ人々でも，天才として戦い続ける人々でもない，両者のすきまにある本章の射程を確認したい。

3．海外で文化的な活動をすること——夢追い人か，天才か

(1) 文化移民という生き方

　グローバル化する世界の中で，夢を叶えるために日本にとどまる必要はない。藤田結子は1999年から2001年にかけてニューヨークに住んでいたとき「アーティストになって成功したい」という日本人の若者に多く会ったという（藤田, 2008: 9）。そのような人々との出会いから藤田は「文化移民（cultural migrants）」という言葉を生み出し，文化的な活動をするために海外にわたる若者の様子を描き出した。藤田（2008）は，文化や芸術へのあこがれといったプル要因に加え，2000年代の日本の若者を取り巻く困難な状況（フリーター，ロスジェネなど）といったプッシュ要因，あるいは企業や政府による海外移住のシステム化，そして情報通信技術の発展やメディアの影響によって情報格差がなくなりつつある状況などを踏まえて考察を進めている。興味深いことに，

藤田が調査対象とした多くの若者は「成功」を夢見て海外移住したものの，半数は渡航5年以内に帰国している。帰国理由は家族要因，経済要因等様々である。さらに，帰国した人々が渡航先の国に良いイメージを持っている一方で，依然として海外にとどまっている人々は「日本人」であると意識せざるを得ないこと，日本人コミュニティから抜け出すことが難しいことなど，困難な状況について多くを語っている。その最中においては困難の多い海外経験は，過ぎた後は美化され，むしろ日本国内における卓越化の素材にもなるのだ。

ただし，藤田の議論には疑問も残る。それは，対象者の多くがキャリアのごく初歩として，すなわちそれまでの自分を変えるチャンスとして海外移住を選択していることである（藤田，2008: 33）。中には，芸術系大学や専門学校での教育経験，あるいは実践経験を持つ者もいるが，それでも対象者たちの職能はまだ初期の段階であった。

しかし，日本である程度経験を積んだ状態でキャリアアップとして海外経験を位置付ける人も存在する。例えば，芸術系大学出身者の留学はそのような面が強い。あるいは，何らかの助成金や奨学金を得ている人も，将来を期待されての受給となっている。

文化や芸術の活動の場合，とりわけ非言語的な活動においては，国内だけではなく海外で活動する選択肢も取りやすい。そのような中で，自身の転機ととらえ，海外へ文化移民をする人も確かにいよう。しかしその一方で，数ある選択肢の一つとして，つまり，国内での生活と連続したキャリアアップの機会として海外経験をとらえることも可能ではないだろうか。

(2) 国際的競争を生き抜く——アジア人音楽家であること

他方，海外で活動することは，国際的にハイレベルで活躍することを意味する。音楽でいえば小澤征爾（指揮者），五嶋みどり（ヴァイオリン），辻井伸行（ピアノ）など，美術でいえば草間彌生や村上隆，あるいは日本独自の舞踏でいえば山海塾（天児牛大），演劇でありながらダンスの文脈からも評価が高いチェルフィッチュ（岡田利規）など，海外で活躍する芸術家，芸術団体は数多く存在する。

ことクラシック音楽においては20世紀末からアジア人の活躍が目覚まし

い。日本のみならず，むしろ近年では日本を追い抜く勢いで，韓国・中国・台湾等の演奏家の活躍が目立つ。アジア人，あるいはアジア系移民が，西洋由来のクラシック音楽においていかに国際的にトップレベルで活躍しているのかは，吉原真里（2013）の研究に詳しい。彼女はアメリカ合衆国を中心に，アジア系演奏家の活躍や，彼らの生育環境，ジェンダーやエスニシティに関わる問題を考察している。演奏家たちは自身のエスニシティや人種を考える前に1人の「音楽家」としてのアイデンティティを持っているが，それでも活動していくうえでアジア人（アジア系）であることは意識せざるを得ない（吉原，2013: 91, 134-5）。というのも，もともと西洋出自のクラシック音楽において，アジア人という非西洋系の人々が独自性を見出すには，単に「西洋対東洋」という単純な二項対立では不十分だからである。西洋的な文脈を踏まえたうえで，自身の成育歴や教育歴，演奏歴を重ね合わせることで，オリジナルの真正性へと届くことができると吉原は論じる（吉原，2013: 275）。

　吉原の議論は，国際的に第一線で活躍する音楽家に焦点を置いているため，冒頭の恩田の作品同様，「異世界の話」と受け取られる可能性を持っている。しかし，その実践は海外で活動するために必須のことでもある。藤田が対象とした文化移民たちは，多くが日本人コミュニティに閉じこもっていたため，結局自身を「西洋対東洋」の図式の中でしか位置付けられなかった。しかし，国際的に活躍するためには，西洋的なものに迎合するだけではなく，自身の出自（アジアや日本）をうまく西洋の文脈に乗せる必要がある。あるいは，そのような差異化戦略を図りながら，実際の技術や芸術性を磨く必要もまた出てくる。その点からいえば，吉原の研究は他の文化や芸術の活動，あるいは国際的に活躍することの指針として解釈することができよう。

(3) **本章の射程**

　藤田が文化移民として描き出すのは，特にスキルを持たず訓練を受けていなくても「なんとなく」海外に行ってしまえる気軽な若者であり，吉原が対象としたのは，海外で生き残るために非常に厳しい競争に挑み勝ち残った天才たちである。しかし，その中間領域の人もいるのではないか。つまり，日本国内である程度の訓練や教育を受けながら，自身の活動の幅を広げるために海外に行

く人たちである。芸術家たちにとって，このように海外に行くことは，単なる変化の機会としてだけでも，戦い続けるためだけでもない。芸術家として生きていくための選択肢の一つとして，日本国内の活動と地続きのものとして，「海外に行く」ということが選ばれているのではないだろうか。

　以下本章では，自己を変えようと別のキャリアを歩み出す文化移民としてでも，国際競争を勝ち進む天才としてでもなく，「普通」の芸術家たちの動向に焦点を当てる。というのも，芸術家はその特異性や異質性が強調される一方で，社会人，あるいは職業人としての面が捨象されがちだからである。どんなに技術を持っていても，日々稼ぎ，活動しなければ生きていくことはできない。ここではそんな芸術家の「普通」の営みを取りあげたい。ただし，それでも海外経験には卓越化の作用がある。そこで，① どのような点で海外経験は卓越化の作用を果たすのか，② 卓越化した先にある芸術家としてのキャリアはどのようなものなのか，という点を中心に議論を進める。最後に，グローバル化する時代における芸術家の行く末について，みていきたい。

4．芸術家が集う都市，ベルリン

(1) "Poor but Sexy"
　本章では，2017年8〜12月にかけて東京，ベルリンならびに北欧某都市にて行った聞き取りを分析素材とする。対象者はベルリンを中心としたドイツでの活動経験を持つ芸術家11名である〔表2〕[5]。

　"Poor but Sexy" これは2003年に当時のベルリン市長クラウス・ヴォーヴェライトがベルリンを形容した言葉である。貧しいが魅力的，という言葉そのままに，東西統一後の開発が進むなかでベルリンは文化的に非常に魅力的な都市となった。そして2010年代後半時点で若干ブームの陰りはみえるものの，（ここ数年で上昇しているとはいえ）相対的な生活費の安さから多くの芸術家が集い，様々な文化が生み出されている[6]。例えばジャネット・スチュワートは，建築の視点から統一後のベルリンのダイナミズムを読み解いている (Stewart, 2005)。

表2 インタビュー対象者一覧

	性別	年代	ドイツ渡航年	2017年末時点の拠点	ドイツでの学位取得	専門
A（羽鳥さん）	男性	20代	2011	ベルリン	学士卒業	指揮・トロンボーン
B（渡辺さん）	女性	30代	2013	日本（東京以外）	なし	絵画・デザイン
C	男性	20代	2015	日本（東京）	なし	ヴァイオリン
D	女性	30代	2009	ベルリン	なし	パフォーマンス・写真モデル
E	女性	20代	2015	ベルリン	なし	打楽器
F	男性	20代	2016	ベルリン	在学中（修士）	トロンボーン
G	男性	30代	2012	ベルリン	なし	絵画
H	男性	30代	2012	ベルリン	なし	写真（料理専門）
I	女性	20代	2015	ベルリン	在学中（修士）	ヴァイオリン
J	女性	20代	2013	ドイツ（ベルリン以外）	在学中（修士）	打楽器
K	男性	20代	2016	ベルリン	在学中（修士）	声楽
L	男性	20代	2014	日本（東京）	修士修了	チューバ

　ベルリンは，いわゆるクラブなどのアンダーグラウンドカルチャーが栄える一方，ドイツ伝統のクラシック音楽を学ぶことができる大学（ベルリン芸術大学，ハンス・アイスラー音楽大学ベルリンなど）も位置しており，サブカルチャーと高級芸術の両方が交錯し，非常に混迷した中から新しい文化が生み出され続け，活力あふれる場所となっている[7]。さらに，大学の学費が無料，もしくはかなり低額であり，その点も魅力である[8]。

　インフォーマントは，クラシック音楽の演奏家が3分の2，残りは絵画やパフォーマンスアート，あるいは写真など現代美術分野に関わる者であった。クラシック音楽を行っていた人たちは大学・大学院への入学の機会を求めてドイツで暮らしていた。学位をとり，現地で仕事を得ている者がいた一方，大学に入れずに帰国する者もいた。他方，美術やパフォーマンスアートの場合は特に学歴にこだわらず，人々のつながりから職縁をつなぎ，表現の場を求めて活動

を続けていた。日本人（アジア系・非西洋人）であることは，不利になる場合も確かにあるが，特に美術やパフォーマンスアートにおいては有利に働くこともあるという。

以下では，調査対象者のうち音楽と美術の分野からそれぞれ1人に焦点を当て分析を行いたい。日本でのキャリアを踏まえてドイツ行きを再出発ととらえた音楽家の例と，ドイツでの経験を経て日本での仕事を選んだ美術家の例をあげ，海外経験がキャリアに及ぼした影響を考えていきたい[9]。

⑵ 再出発としてのベルリン留学――視野を広げる，チャンスは作る

羽鳥さん（20代男性・仮名）は，中学時代から音楽に夢中であった。最初に出会った楽器は吹奏楽部のユーフォニアムである。その後ユーフォニアムのみならず，学外のオーケストラでトロンボーンも吹き始めてみたり，オーケストラの演奏を聞くことにも興味をもち始めたりし，音楽の道を順調に進んでいた[10]。結局，演奏機会の絶対的な少なさから，大学受験の頃に主たる楽器をトロンボーンに変更し，一浪の末音大に進学した。

音大進学後，多くはないが音楽面で話の合う仲間に出会え，学内外で演奏の機会を企画するなど充実した大学生活を過ごしていた。しかし，羽鳥さんは人間関係や環境の面を理由に3年生になってすぐに音大を中退することとなった。その時は音楽そのものも辞めようとしていた。しかし，中退する直前に受けたオーディションに合格しており，断ることができないままある国際的な企画オーケストラに参加したことで，彼の人生は変わっていった。それは，アジア圏の若手演奏家を集めたオーケストラであり，彼はそこで，自分自身がごく狭い世界で生きていたことに気づく。

「その中の会話で，ヨーロッパにいる子もいっぱいいるんですけど。その中の会話は卒業したら，どこの国行く？だったんです。学部を出て，さあマスター（修士号）どこに取りに行くって。アメリカかなぁ，英語できるしみたいな。俺もうジュリアード（音楽院，アメリカにある国際的に一流の音大：引用者註）決まってるよとか（笑）。だし，お金が，なんかオーケストラやりたいな，ドイツかな，みたいな。そういう会話が。でお前はどうなんのみたいな話する。全部英語なんですけれども。で，そういう時に何も考えたことなかったなぁと思って。よく考

えたら日本で悲観してたことよりも，ぱぱっと，外に行った方が。」[11]（羽鳥さん）

　それ以前にも海外という選択肢は羽鳥さんの中にあった。しかし日本で経験を積んだ後の気づきだからこそ，その選択肢はより現実的なものになっていた。そのオーケストラ参加後彼は留学の準備を始める。留学先をドイツに定めた後は，ドイツ国内の教員を調べ，実際にレッスンを受けに行き自身との相性を確認したうえで，ベルリンの音大の入試を受験し，合格した。そして，2011年春からベルリンでの生活を始めた。

　しかし，それも一筋縄ではいかなかった。トロンボーン専攻に入学したものの，トロンボーンを吹くことに関しては優等生ではなかったと羽鳥さんは振り返る。加えて，日本の大学在学時からの現代音楽への関心なども相まって，彼は指揮の道を歩みだす。懇意にしている教授のアシスタントの仕事を重ねる中で，徐々に技術や現場での振る舞いを覚えていった。そして，大学卒業後は，まれにトロンボーンを吹く機会があるものの，基本的には指揮や演奏会の企画の仕事によって生計を立てている。拠点はベルリンではあるが，師事する指揮者のアシスタントなどで欧州各地にも赴く日々である[12]。

　羽鳥さんのキャリアを振り返れば，音楽には常に関わっているものの，その手段は何度か見直しがされている。演奏する楽器や役割，関わる立場などを迷いながら見定めていき，現在は指揮という立場がもっとも自分に適しているという結論に至っている。そして，それは場所も日本に限定しなかったこととつながっていよう。仮に羽鳥さんが，日本から出ることに躊躇いを覚えていたならば，現在のように音楽を続けることはなかっただろう。

　羽鳥さんは，自分の適性や，やりたい音楽の方向性を模索しながら，現在の在り方にたどり着いている。確かに，海外に留学することはリセットの意味もあったといえるが，羽鳥さんの場合は日本での素地や基礎があったからこそドイツでの活動につながっている。それは彼がかつてのユーフォニアムの先生から「海外にはいつでも出られるから，日本の音大も知っていたほうがいい」と言われたことも踏まえられている。日本の音大に2年通ったことは本当に良かった，高校卒業後すぐに留学していたら馬鹿な学生になってしまっていた，と羽鳥さんは事後的に振り返る。成長を実感しながらも，まだまだ先は長いと

語る羽鳥さんは，今後も音楽の道を進み続けるのであろう。

(3) 「ベルリンを去ります」——やりたかった仕事との出会い

他方，ベルリンでの経験を経て最終的に日本国内で仕事をみつけたのは渡辺さん（30代女性・仮名）である。美大でプロダクトデザイン（製品などのデザイン）を学んだ後，グラフィック系の仕事を経て，2013年からベルリンに住んでいる。ベルリンではある美術作家のアシスタントをしたり，グラフィックデザインの仕事をしたりしながら，家具製作のアウスビルドゥング（Ausbildung・職業訓練）ができる場所を探していた。ベルリンに来た当初は旅行ビザ，その後ワーキングホリデービザに切り替え，語学学校ビザを経てプロダクトデザインとグラフィックデザインの分野でフリーランスビザ（アーティストビザ）を取得している。

ベルリンでは様々な仕事を請けながら，就職先，あるいは訓練（プラクティウム）の受入先を探していた。しかし求人の倍率は高く，加えて女性であること，日本人（アジア系）であること，比較的小柄であること，そして日本ですでに大学を卒業していること——ドイツでは，大卒の後に技術的な専門教育や訓練を受けることは一般的ではない——から，なかなか受入先がみつからなかった。

ベルリンでの生活で渡辺さんは，多くの知り合いができ，イベントのチラシ作成や作品出品など，表現を生かした活動を行っていた。そのような中で，オランダのアムステルダムで行われた工芸に関する展示を手伝った際に，日本の工房の人と知りあう。そしてその縁から彼女は2017年秋よりその工房で働くことになった。

海外経験を経て結局は日本で就職したことは，一見すると遠回りにみえるかもしれない。しかし彼女にとって，これは遠回りをしなければ得られなかった縁である。工房への就職の際に海外経験が加味されたか，という質問に対して彼女は以下のように答えている。

「ちょっと加味されていると思いますね。その工房も，いずれかは，海外にでていきたいっていうのがあるらしくて。で，私ドイツ語も英語もできるし，ってい

うはあると思います。あと，なんかいろんな工房見に行ってますから，イベントとかあったらお知らせできるし，安いフライトチケット取ることもできるし。そうそうそう。友達も海外にもいっぱいいるから。」(渡辺さん)

　渡辺さんがインタビューの終盤でも話していたが，海外経験は履歴書における「箔付け」の作用も持つ。彼女は，実際に海外経験を経ながらも，何も得ることなく帰ってきた人たちに対する否定的な意味合いでこの語を用いていた。ここで渡辺さんが否定している人こそが，藤田が文化移民と定義する人たち，あるいは加藤恵津子（加藤・久木元，2016）が「自分探し移民」と名付ける，ワーキングホリデーや短期留学によって海外で「やりたいこと」を模索する若者たちなのかもしれない[13]。しかし渡辺さんの場合は，海外経験を単なるライフスタイルや自分自身のやりたいことを希求する機会とするだけではなく，海外経験があるということ――語学ができること，海外で暮らす際の手続きに長けていること，知人や友人が海外にいることなど――によって，他の人々と自身を差異化することができたのではないだろうか。現時点での工芸的なスキルや意欲だけではなく，そのような付加価値が日本での就職に有利に働いていたのだろう。彼女は，海外で経験を重ねたからこそ，最終的には自身のつきたかった職業への一歩を踏み出したのである。

5．グローバルに生きる芸術家たち

(1)　「箔付け」の内実――自分探しに留まらない経験として

　羽鳥さんと渡辺さんの例からは，海外経験を経ることにより，自身のやりたかったことにたどり着く過程を見出すことができる。ここで，本章の2つの問いを踏まえながら，彼らの経験を解釈していきたい。
　第1に「どのような点で海外経験は卓越化の作用を果たすのか」という点では，海外経験は結果としてやりたかった仕事にたどり着くために必要な要素であったと考えられよう。羽鳥さんの場合は，音楽を辞めずに済んだということが大きい。彼は日本の音大を辞めた時期，音楽そのものも辞めようと考えてい

た。しかし，別の環境（オーケストラ）での出会いにより，音楽への熱意を再び取り戻すことになる。その時にやり直す場所として海外が選択された。渡辺さんの場合も，家具づくりの国としても有名なドイツで学ぶことで，自身のやりたいことをかなえようとしていた。実際，両者ともベルリン渡航当時の語学力は十分に高いわけではなかったが，芸術的な技術（楽器演奏，デザインができること）などがあり，コミュニケーションへの障壁は相対的に低かったと推測できる。視野を広げてベルリンを拠点にヨーロッパで活動する羽鳥さん，視野を広げたものの，自身のやりたいことができる場所が日本にあったから帰国することを選んだ渡辺さんと，選択自体は異なるが，両者の現在は海外経験を経たから得られた地点である。

第2に，「卓越化した先にある芸術家としてのキャリアはどのようなものなのか」という点を考えれば，特に日本に戻る場合，海外での経験が「箔付け」の意味合いを持つことは確かであろう。その際，例えば海外での学位などはわかりやすい目印となる。しかし実際に仕事をする場合，その内実が問われる。本章であげた2名については，羽鳥さんはまだ指揮で学位を持っておらず，渡辺さんもドイツで学位を取得していない。それでも，仕事をするだけの人脈や自身の技術向上の経験の場が得られたことで，彼らは芸術に関わる仕事を続けることができている。これは，ベルリンという都市の特性とも関わるが，芸術家が一定数集住していることから，ジャンルを問わず芸術家同士のつながりが生まれたり，切磋琢磨する環境が生じたりしているのだとも考えられる。そしてそのような環境は日本では得られない，と彼らは語る。

あるいは別のインフォーマントが「日本ではフリーターだが，こちらではアーティストと名乗れる」と話したことにも象徴されるように，ベルリンを含めた海外，特に欧米圏では，芸術に関わってそれを仕事にしようとしている人は学生であっても芸術家として尊重される。このような海外と日本の芸術を取り巻く社会的・環境的差異――芸術家への公的支援，市場規模，社会における芸術家の寛容度――などについては，個人の努力では超えられないものでもある。海外経験は，自身の内面のみならず，それまで生まれ育ってきた日本も相対化してみることのできる機会にもなりえる。そこでうまく芸術家としての自己を保ち，あるいは芸術に関わって生きていくことへの覚悟を得ることができ

るかが，その後のキャリア形成にも関わってこよう。

(2) 芸術家の社会的位置付け

本章では，音楽家と美術家の海外経験を例に，彼らのキャリア形成の一端をみてきた。最後に芸術家個人のキャリア形成の問題から，その背後にある社会背景あるいは社会における芸術家の位置づけについて，特にグローバルな流れを踏まえて考えていきたい。日本の芸術を取り巻く環境の相対的な悪さなどから，よりよい環境を求めて海外に活動拠点を移す人は一定数いる。また，情報通信環境の進展が海外移住を促進することは藤田も述べていたが，それから20年近くたち，状況はさらに発展している。

本章で見た羽鳥さんと渡辺さんは，藤田のいう文化移民ほどライフスタイルを求めていたわけではなく，専門の芸術活動と海外での経験をより直結させようとしていた。彼らは，日本の芸術を取り巻く環境に何らかの不自由を感じ，経験を積むために海外に渡航した。それは自分を変えるというよりもごく自然に，日本の活動の延長線上に海外でのキャリアを位置付けていた。そして，羽鳥さんが仕事上の出会いからベルリンを拠点に欧州各地に行っているように，あるいは渡辺さんがしたかった仕事を偶然日本でみつけたように，自身の技術や能力が生かせる場所であれば国内外問わずどこにでも移動しうるのである。その意味で，芸術家の活動はグローバル化する社会で可能性を持っている。

こうした芸術家個人のキャリア形成は単に個人の問題だけではなくなっているのが昨今の流れである。地域社会や都市における芸術家の活躍は，芸術家のあり方のみならず，その地域の活路を考えるうえでも重要な論点になりうる。芸術家が地域や都市の文脈で注目される議論としては例えば，芸術家，あるいは芸術に関連する仕事をする人々が，創造的な活動を行うことにより，その地域や社会がより豊かに，より活発になるという，創造都市の議論がある（Landry, 2000＝訳 2003）。ただし，このような論理には注意が必要である。第1に，芸術家たちの活動は地域や社会の活性化だけが目的ではない。これはあくまで副産物であり，芸術を地域振興や社会のために過度に道具化することは，結果的に芸術の創造性を細らせることになる[14]。第2に，芸術家たちの働きに過度に期待することにより，彼らを搾取する可能性がある。これは，イ

ギリスを中心とした創造的労働者の議論にもつながる（例えば McKinley and Smith eds., 2009；Hesmondhalgh and Baker eds., 2011）。確かに芸術に関わる仕事を通じて自己表現や自己実現をしている人はいる。しかしだからといって正当な対価が支払われていなかったり，搾取が行われていたりするようでは，これもまた芸術家を疲弊させることにつながる。ベルリンの場合，文化的に華やかであるが経済的に貧しいため芸術に投資する人が少ないという現実も，創造的労働者だけが集住しすぎた負の現状といえる[15]。

　芸術家にとってよりよい状況は，自身の活動の方針や方向性，性質に応じて，自由に居住する場所や活動する場所を選べることであろう。移動しながら作品を作り続ける芸術家もいれば，ある場所にとどまり活動することを選ぶ人もいる。そして，その場所も国内外問わず選びやすいのが，芸術家の持つ強みである。このような流動性の高さから，社会や地域，会社や組織に新しさをもたらしうる重要なアクターが芸術家なのである。

　芸術家も社会の一員である。芸術家が生きにくい社会は，他の人にとっても生きにくい可能性がある。芸術家や芸術家コミュニティを「天才（たち）」や「奇人（たち）」ととらえ「自分たちとは違う人々」として接するのではなく，同じ社会の一員として考えること，そして社会において彼らの能力を生かすことが，現代社会においては必要なのではないか。本章で行ってきたのはその試みの一つである。彼らもそれぞれに悩み，選択した結果，現在の場所に位置している。様々な芸術家の軌跡をみていくことは，彼らの偉大さや特異さを称揚することが目的なのではない。それは，社会の一員としての芸術家像を描く取り組みだといえよう。

【註】
1　両作とも，アニメ，テレビドラマ，実写映画化がなされている。
2　ソニー生命保険株式会社「中高生が思い描く将来についての意識調査 2017（2017 年 4 月 25 日）」http://www.sonylife.co.jp/company/news/29/nr_170425.html（2017 年 11 月 19 日確認）
3　日本の芸術業界の労働状況については吉澤弥生（例えば 2015）の研究に詳しい。ただし吉澤の研究は特にアートマネージャーの働き方に焦点を当てている。
4　本章では，音楽を専門に学べる大学やその学科を「音楽大学（音大）」，美術のそれを「美術大学（美大）」と表記する。音楽と美術が両方ある芸術大学（例えば東京藝術大学など）も国内にはあるが，プライバシー保護の観点を含め，専門に応じて「音楽大学」「美術大学」とし，そこの学生は「音大生」「美大生」と表記する。なお，美大生は 2009 〜 2010 年に筆者が行った美大生への聞き取

り調査より。音大生は，2013年に実施した音大出身者への聞き取り調査と，後述する2017年の聞き取り調査より。
5　本章は中京大学特定研究「グローバル化時代の高度専門技術職のキャリア形成研究プロジェクト」の成果の一部である。本調査の協力者，並びに代表者の相澤真一氏，共同研究者の坂本光太氏，輪湖里奈氏には記して感謝したい。
6　その他に芸術家集住によって地域が変容した例として，ニューヨーク市ソーホー地区があげられる（笹島，2016）。
7　ドイツは2000年からワーキングホリデーの対象国となっている。ワーキングホリデー協会のブログによる「渡航先人気ランキング」によれば，上位を英語圏の国が占める中で，非英語圏では6位のフランスに次ぐ第7位である（2016年5月24日「ワーホリ渡航先人気ランキング！」https://www.jawhm.or.jp/blog/tokyoblog/海外お役立ち情報/3644/，2017年11月27日確認）。インフォーマントの中には，抽選にならず申請すれば確実にいけることからドイツを選んだ人もいた。
8　通常の学生ビザの他に，学生準備ビザ，語学学校ビザなどがあり，インフォーマントたちはその都度に再申請をしたり，区分を変えたりしながら，滞在生活を送っていた。
9　羽鳥さんは2017年9月8日，10日インタビュー，その後2017年12月22日に追加インタビューを行った。渡辺さんは，2017年8月12日インタビューを行った。
10　トロンボーンとユーフォニアムはマウスピースが共通であるため，ユーフォニアム経験者がトロンボーンを吹くことは比較的容易である。
11　インフォーマントの発言における（　）は引用者補足。
12　羽鳥さんは自身の肩書を「指揮者／マネージャー」と表現している。なお，2018年よりドイツで指揮の修士課程に在籍することになった。
13　加藤・久木元の議論で特に興味深い点は，渡航者の多くが比較的学歴が低く，かつ女性であるということに注目している点である。
14　このことは例えば藤田（2016）や吉澤（2011）など，現代美術や地域における芸術活動を巡る言説において議論されている。
15　ベルリンに住みながらも他都市や他国に出稼ぎに行く（あるいはそのことを考えている）インフォーマントは複数いた。

【文献】
Abbing, Hans, 2002, *Why are Artist Poor?: The Exceptional Economy of the Arts*. Amsterdam University Press.（＝2007, 山本和弘訳『金と芸術――なぜアーティストは貧乏なのか?』grambooks。）
相澤真一, 2008,「日本人の『なりたかった職業』の形成要因とその行方――JGSS-2006データの分析から」大阪商業大学比較地域研究所・東京大学社会科学研究所（編）『日本版 General Social Surveys 研究論文集［7］――JGSSで見た日本人の意識と行動 JGSS Research Series』4: 81-92。
Elias, Norbert, 1991, *Mozart: Zur Soziologie eines Genius*. Suhrkamp.（＝1991, 青木隆嘉訳『モーツァルト』法政大学出版局。）
Florida, Richard, [2002] 2012, *The Rise of the Creative Class, Revisited*. Basic Book.（＝2014, 井口典夫訳『新クリエイティブ資本論――才能が経済と都市の主役となる』ダイヤモンド社。）
藤田直哉（編）, 2016,『地域アート――美学・制度・日本』堀之内出版。
藤田結子, 2008,『文化移民――越境する日本の若者とメディア』新曜社。
Heinich, Nathalie, 1991, *La Gloire de Van Gogh: Essai d'anthropologie de l'admiration*. Minuit.（＝2005, 三浦篤訳『ゴッホはなぜゴッホになったのか――芸術の社会学的考察』藤原書店。）

Hesmondhalgh, David and Sarah Baker (eds.), 2011, *Creative Labour: Media Work in Three Cultural Industries*. Routledge.

加藤恵津子・久木元真吾，2016，『グローバル人材とは誰か——若者の海外経験の意味を問う』青弓社。

Landry, Charles, 2000, *The Creative City: A Toolkit for Urban Innovators*. COMEDIA.（＝2003，後藤和子〔監訳〕『創造的都市——都市再生のための道具箱』日本評論社。）

McKinlay, Alan and Chris Smith (eds.), 2009, *Creative Labour: Working in the Creative Industries*. Palgrave.

Menger, Pierre-Michel, 1999, "Artistic Labor Markets and Careers," *Annual Review of Sociology*, 25: 541-574.

笹島秀晃，2016，「ニューヨーク市 SoHo 地区における芸術家街を契機としたジェントリフィケーション——1965～1971 年における画廊の集積過程に着目して」『社会学評論』67 (1): 106-121.

Stewart, Janet, 2005, "Reconstructing the Centre: Sociological Approaches to the Rebuilding of Berlin," D. Inglis and J. Hughson (eds.), *The Sociology of Art: Ways of Seeing*. Palgrave: 183-195.

田村公人，2015，『都市の舞台俳優たち——アーバニズムの下位文化理論の検証に向かって』ハーベスト社。

吉原真里，2013，『「アジア人」はいかにしてクラシック音楽家になったのか？——人種・ジェンダー・文化資本』アルテスパブリッシング。

吉澤弥生，2011，『芸術は社会を変えるか——文化生産の社会学からの接近』青弓社。

吉澤弥生，2015，「労働者としての芸術家たち——アートプロジェクトの現場から」『文化経済学』12 (2): 1-5。

（髙橋 かおり）

第2部

比較によるアプローチ

第 5 章

教育機会の国際比較
―― 学力に投影される社会経済的不平等 ――

キーワード：家庭環境と学力，PISA（国際学力調査），初等・中等教育制度，
　　　　　　社会階層の再生産，教育成果と不平等

1．国際比較の試み――教育における社会経済的不平等

(1) 国や時代が変わってもなかなかなくならない教育機会の不平等

　教育格差という言葉が日本で市民権を得たのはいつ頃だろう？

　1990年以降，日本では経済不況や雇用の不安定化，さらには学習指導要領の改訂に伴う学習内容や授業時間の削減（いわゆる「ゆとり教育」の本格的導入）など，様々な社会変化のなかで，貧困や学力低下に対する社会的関心が高まった。そして，2000年代前半には塾に子どもを通わすことのできる家庭とそうでない家庭など，出身家庭の経済状況によって生じる教育機会の不平等・学力差への懸念がゆとり教育の余波として新聞などでも報じられるようになった（例えば「数学・論述，弱い日本　OECD国際学習到達度調査」『朝日新聞』2004.12.7夕刊；「学力低下「できる子」「できない子」の二極化が進んでいる（解説）」『読売新聞』2002.3.22東京朝刊）。

　結局，ゆとり教育に関しては，一度削減された指導要領外の内容を発展的内容として授業で取り扱うことが程なくして認められ，実質的に打ち切られたが，教育機会の不平等がその後解消されたという話は聞かない。

　というよりも，以前から教育機会の不平等が存在しなかったわけではなく，第二次世界大戦後の教育機会の量的拡大や中流意識の広まり，大衆教育社会成立という流れのなかで，日本の学校教育が育んだ平等観が人びとに学業と

出身階層の結びつきを意識させにくくしていたという（苅谷，1995）。そのため，教育格差が公には話題に上りづらい土壌が日本にはあったと考えられる。だが，そうした日本を含め，多くの国々において社会経済的な教育機会の不平等はなかなか解消しない現象として報告されている（Shavit and Blossfeld, 1993；Van de Werfhorst and Mijs, 2010；OECD, 2016a）。つまり，不平等は是正されるべき問題ではあるのだが，一時的なものでも特殊な状態でもないらしい。

とはいえ，ゆとり教育のように教育政策は時代によって変わるものであり，また，教育制度や子どもの日常生活を取り巻く社会・経済・文化的な環境も，国によって異なる。そのため，機会の不平等の深刻さや引き金となる条件・要因がどこでも同じとは考えづらい。国の違いによって教育機会の社会経済的不平等・学力差にはどれくらいの差があるのか。その差は何が原因で起こるのか。こうした疑問を持ったことはないだろうか。本章では，教育機会の形成について国際的視点から考えてみたい。

教育に関する国際比較といえば，専ら大学の世界ランキングや国際的な学力調査（例えば TIMSS や PISA など）における日本のランキングなど教育成果，特に競争的順位にスポットが当たることがいまだ多いが，国際的な学力調査のデータなどは各国の教育機会の不平等の実態を知る上でも研究者の間では貴重なデータソースになっており，それらを用いた研究が近年，増加している[1]。

社会生活の基盤となる社会制度のあり方（institutional arrangements）が人びとのライフチャンスにどのような影響を与えているのか。それは社会学的に重要な問いではあるが，一般的に社会制度は国家や地域など大きな組織レベルで管理・統制されていることが多く，比較対象なしにその影響を分析することは難しい。教育制度のような大きな社会（国）の枠組みの違いが教育機会に及ぼす影響に焦点を当てられることが国際比較の強みと言える。

なお，もともと社会的関心が高い問題であるだけに，教育社会学や社会階層研究の分野において教育機会の平等・不平等を扱う研究は多い。しかし，一概に「教育機会の平等・不平等の研究」といっても，研究内容やアプローチは様々である。本章では近年の国際比較研究の傾向も踏まえ，前述の

大規模な国際学力調査の出現により研究が加速した「学業達成（academic achievement）」における「社会経済的不平等（socioeconomic inequality）」に主に焦点をあてたいと思うが，では，この種の研究が注目する教育機会の不平等とは具体的に何を指すのか。まず次項では，これらの概念について簡単に整理してから，その後，本題である国の違いによる教育機会の不平等へと話を進める[2]。

(2) 教育機会の不平等をどう測るか――学業達成における社会経済的不平等

　さて第1に，中心概念となる「社会経済的不平等」であるが，これは出身階層や家庭の経済・文化的環境が教育成果に及ぼす影響のことを指す。研究においては，親の職業的地位や最終学歴，家庭の収入や所有財（勉強部屋の有無や蔵書の数など），あるいはこれらを合わせた合成指標（社会経済指標）を用いて出身家庭の社会経済的地位（socioeconomic status, SES）を計測することが一般的で，これら指標が学力や学歴に及ぼす影響が大きい国ほど，子どもの学校教育における成功や失敗が家庭背景に依存する度合いが高い不平等な国と解釈できる。すなわち，裕福な家庭とそうでない家庭の間に生じる子どもの学力差や進学差が国によってどれくらい異なるのかが焦点となる。

　第2に，「学業達成（academic achievement）」についてであるが，そもそも実証的な教育機会の不平等の研究は，その研究対象となる教育成果が「学力」か「学歴」かで，大きく2つに分けることができる。高卒や大卒など，人びとが最終的に到達する学位レベル，いわゆる「学歴」が一般的に「教育達成（educational attainment）」と表されるのに対して，「学業達成」は学力調査の結果や学校の成績（GPA）などで計測される「学力」の総称として用いられることが多い。つまり，本章でフォーカスするのは「学力に投影される社会経済的不平等」である[3]。

　もちろん「学業達成における不平等」の研究も「教育達成における不平等」の研究も，出身家庭と教育の関係性に着目して不平等を論じる点は共通している。さらに，原則的に学業達成が教育達成を説明する主要因であるから，これら2つの研究アプローチの違いを強調し過ぎることには注意が必要である。しかし，苅谷（2008）が以下の文章で指摘しているように，この2種類の不平等

には見過ごせない違いが存在してる。

　仮に，奨学金制度や授業料の無償化などの経済的支援によって，高等教育を受ける際の直接的な経済的障壁が取りのぞかれたとしよう。たとえこのような政策がとられても，依然として，高等教育に入学できるチャンスを決める学業達成（日本の教育界での慣例にならい，「学力」，あるいはやや皮肉を込めて「受験学力」と呼んでもいいだろう）に階層差が見られるとしたら，経済的な障壁を取りのぞくだけでは高等教育機会の平等化は実現できない。学業達成を媒介とした出身階層の影響がなお存在するからである。

　入学者の選抜の場面では，どれだけ業績主義に基づく選抜が行われていようとも，その選抜基準となる学業達成にすでに生徒の生まれ育った家庭環境の影響が及んでいるとしたら，社会的出自による高等教育を受けるチャンスは，依然として不平等に配分されていると見なすことができる（苅谷，2008: 23-24）。

　つまり，学業達成における社会経済的不平等は，選抜段階より以前に生じる不平等であり，たとえ教育達成の平等化が実現したとしても，それで解消されることはない。さらに，小学校から中学校，中学校から高校など教育年数を重ねる中で，学力という，一度それと認識されると一定の正当性を持つ概念に反映され，それが不平等とは見えづらい形で蓄積される。それだけ厄介だが構造上の検討意義も高い問題と言えるだろう。

　さらに，教育を通じて親から子へと社会経済的不平等が継承（再生産）される過程を説明する際，教育社会学では，家庭環境を教育資源として捉えて，家庭内の教育資源を経済資本（economic capital），文化資本（cultural capital），社会関係資本（social capital）などに分けて論じることが多い。

　その場合，経済資本は金銭的収入・財産はもちろん，生活に必要な家具や道具など子どもが安心安全に成長できる物理的な学習・生活環境の助けになるもの全般を指す。苅谷が上記で言及している経済的障壁とは経済資本の不足にほかならない。

　文化資本はフランスの社会学者ブルデュー（Bourdieu and Passeron, 1970＝訳1991）が提唱した概念で，もともとは主にフランスの文化コードに照らしたエリート文化への精通や教養の高さ（言語表現，立ち振る舞い，古典的な芸術：音楽・文学・美術への造詣の深さや接する頻度の高さなど）を指すもので

あったが，現在では他文化圏でも，その土地において高い社会的地位を示す行動様式や知識（言葉遣いや身なり，生活習慣，所持品などを含む）を学校での成功を促す文化資本と広く見なす研究が行われている（例えば DiMaggio, 1982；De Graaf, 1988；Yamamoto and Brinton, 2010；Lareau, 1987）。

そして社会関係資本は，教育社会学ではコールマン（Coleman, 1988）の概念が用いられることが多いが，親と子のコミュニケーションや子どもの教育に対する親の熱心さのような家庭内の親子の繋がりに関するもの，そして家庭の外で親が学校関係者や子どもの友達の親・地域の人たちと築く繋がり（PTAや学級ボランティアへの参加など比較的フォーマルなものから，ママ友達・パパ友達とのインフォーマルな情報交換まで）など，家庭内外の人間関係とその信頼度を指す。

親の職業や学歴，収入など SES がこれらの家庭内資本（経済・文化・社会関係）を媒介として，教育達成へと変容を遂げ正当化される。この社会経済的不平等の再生産過程はいわば社会学における経験的な定説だろう。

しかし，国が違えば，家庭環境が学力に及ぼす影響には違いが生じる。次項では，2015年に実施された PISA のデータを用いて，実際に学業達成における社会経済的不平等に各国間でどのくらい差があるのかを詳しく見ていくことにする。

(3) 学業達成の社会経済的不平等の国際的なばらつき，そして教育成果との関係性

まずはデータの説明であるが，PISA（Programme for International Student Assessment）は経済協力開発機構（OECD）が 2000 年に開始し，3 年ごとのサイクルで実施している国際的な学習到達度調査である。各国の教育機関に通う 15 歳児を対象とし，多くの国において義務教育修了段階にある彼らが，それまでに習得した知識やスキルを実生活にどの程度応用できる力があるのかを調べている。主な調査分野は読解・数学・科学の 3 分野であるが，生徒や校長へのサーベイも同時に実施しているため，生徒の家庭環境や学習習慣，通っている学校についても知ることができる。なお，各年度で重点的に調べる分野が読解→数学→科学の順に異なり，2015 年の主要分野は科学的リテラシーであ

るため,学業達成については,科学的リテラシーの得点をここでは用いる[4]。

また,不平等の指標としては,「SES 上位グループと下位グループの生徒の平均テスト得点の差」を使用する[5]。この指標は,PISA2015 の参加者(15 歳で学校に通っている生徒)を国ごとに出身家庭の SES によってほぼ同数になるよう 4 グループ(最上層グループ,第 2 層グループ,第 3 層グループ,最下層グループ)に分け,それぞれのグループに属する生徒のテストの平均点を計算した後,SES 最上層グループの平均点から最下層グループの平均点を引くことによって求めた。

図 1 は OECD 加盟 35 か国について,この得点差を左から右へと順に大きくなるように並べたもので,この値が大きいほど,社会経済的な不平等が大きい

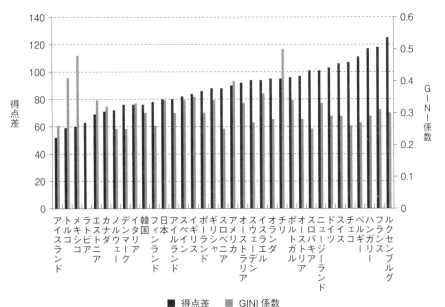

図 1　PISA 2015 科学的リテラシーの SES 最上層・最下層グループ得点差と GINI 係数
註 1:得点差は報告書(OECD, 2016a)に示された最上層と最下層の平均から著者が算出。
註 2:GINI 係数の調査年は国によって異なるが,基本的には 2013 年度,それ以外の場合は公表されている最新年度となっている。なお,ラトビアは欠損値。
出典(PISA スコア):PISA 2015 Results Excellence and Equity in Education Volume I (OECD, 2016a).
出典(GINI 係数):In It Together: Why Less Inequality Benefits All (OECD, 2015).

国であることを意味する。なお，それぞれの国の社会不平等全般を示す所得格差に関する指標の「GINI 係数」も参考のため一緒に記載した[6]。

これを見ると，学力差として表れる社会経済的な不平等は最も小さいアイスランドで，得点差 50 点程度（正確には 52 点）。最も大きなルクセンブルグでは 120 点強（正確には 125 点）となっている。PISA の調査報告書（PISA, 2016a）によると，PISA の得点 30 点分は約 1 年分の学校教育に相当する。つまり，OECD 加盟国のなかで最も平等な国でも生徒の出身家庭の SES が最上層か最下層かの違いによって 15 歳時の学力に 50 点以上の，すなわち学校教育 1 年分以上に相当する差が存在する。さらに，最も不平等が深刻と思われる 125 点差は約 4 年分の学校教育に相当する学力差である。

日本は 80 点差で，相対的にみると OECD 加盟国の中では不平等が小さい部類だろう。しかし，学校教育 2 年分以上の学力差が出身階層の違いにより 15 歳の段階（高校 1 年生）で生じていることになる。その他の国々の SES による学力差は 52 点から 125 点の範囲で広く分散しており，国によって学力差として表れる社会経済的な不平等に大きなばらつきがあることが図 1 からは確認できる。

また，GINI 係数との関係についていえば，特に一定のパターンがあるようには見えず，経済格差の大きい国において，学習機会の不平等も大きいというわけではなさそうである。

次に，学校教育の目的を考えれば，学習機会の平等性の実現が教育水準の維持や向上を阻害してしまっては意味がない。そこで，学業達成の社会経済的不平等と教育水準の関係も合わせて検証するために，図 2 に OECD 加盟 35 か国の不平等（縦軸）と教育水準（横軸）をプロットした散布図を示した。教育水準には，科学的リテラシーの国平均を用いている。

図 2 によると，科学的リテラシーの平均点が高い日本やエストニア，フィンランド，カナダなどは比較的不平等の値が低い傾向にあるように見えるものの，それらの国を除くと教育水準が同等の国でも不平等の値にはばらつきがあり，不平等の度合いと教育水準にあまり明確なパターンはみられない。例えば，ベルギーとデンマークの場合は国平均はいずれも 502 点で同じだが，SES による学力差はそれぞれ 111 点と 75 点と，かなりの隔たりがうかがわれる。

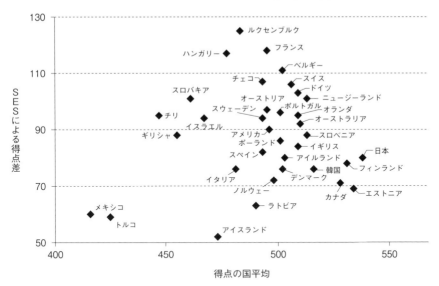

図2 PISA 2015 科学的リテラシーの国平均（教育水準）と SES による得点差（不平等）
出典：PISA 2015 Results Excellence and Equity in Education Volume I（OECD, 2016a）.

このように，500点付近に多くの国の平均点は分布しており，教育成果としては似た数値を示している国が数多くあるが，それらの国の SES による学力差の値は 70 点差付近から 110 点差付近まで広く分布していて，平等性においては相当に差があることが見て取れる[7]。

研究者や教育関係者の間では，教育水準を最大限にするための学校教育のあり方（学級編成やカリキュラム構成など）は学習機会の平等とは相容れないのではないかと「教育の質と機会の trade-off」の可能性がしばしば論じられることがある。しかし，目測ではあるが，これらのデータを見る限り，全体の傾向として「教育の質と機会の trade-off」は支持されてはおらず，学校教育が目指す高い教育水準と学習機会の平等という 2 つの目標は，どちらかを希求すればもう一方が自動的に犠牲になるような関係にはないと考えられる[8]。

そこで，ここからは不平等の度合いが国によって異なる理由をさらに掘り下げるため，各国の教育制度のあり方と不平等の結びつきについて見ていきたい。

社会階層や教育機会の研究では，親の SES を出発点，子どもが達成する

SES を到達点と見なし，世代間の社会移動（social mobility）プロセスの解明に取り組んでいるが，国際比較をする人たちは，そのプロセスにおける人びとの行為や選択に，その社会の構造・制度のあり方が少なからず影響を与えるとして，制度的枠組みが担う役割に長年関心を寄せてきた。

人は進学先や職業を自身の能力や興味を考慮しながら自分で選ぶ。それは間違いないのだが，制度の働きに注目する研究者は社会移動を説明するとき，個人の選択以上に「制度による人材の振分け」の側面を重要視する。学業達成における社会経済的不平等とは，言い換えれば，学業達成の世代間継承（再生産）である。当然，本人の意思や意欲以外に遺伝的な資質も関係すると思われるが，それだけでは，国によって不平等・再生産の度合いに違いがあることは説明しづらい。だからこその試みとして，各国で異なる制度のあり方に着目する。既存研究では，教育機会に影響を及ぼす制度的仕組みとして，とりわけ，「生徒の分化・層化（academic differentiation / stratification）」や「教育の標準化（standardization）」の影響が論じられている。よって以下では，それらを中心に教育制度と学業達成における不平等の関係を掘り下げる。

2．教育制度のあり方と教育機会の不平等

(1) 生徒の選抜・分化と学業達成における不平等

「生徒の分化」とは，生徒をその学力や興味関心によってグループ分け（academic grouping, tracking とも呼ばれる）することで，広義では留年も分化に含まれるが（特に学力が基準に達していないことを理由とする留年の場合），主にはいわゆる普通科コースや職業科コースなど，その後の進路を左右する学校教育上の分岐・コース分けのことを指し，教育機会の平等・不平等の研究において，その影響が最も研究されている要因のひとつである。

今日の学校教育が学習ニーズや意欲の異なる大勢の子どもたちと組織的に向き合わなければならないことを踏まえれば，学力や将来の進路の似た生徒たちを集め，学校・学級内の生徒の均質化を図ることは，組織として多様なニーズに応える上で有効な手段のひとつかもしれない。実際に，2015 年版の

PISA調査報告書（OECD, 2016b）によれば，OECD加盟国35か国のうち11か国において，生徒が15歳の段階ですでに4コース以上の分化がなされており，また早い国では，オーストリアやドイツで10歳，チェコ，ハンガリーなどでは11歳で最初のコース分けが行われるなど，分化型の教育システム（differentiated education system）を採択する国は少なくない。

しかしその一方で，アメリカやカナダ，フィンランドを含む多くの国では，学力や希望進路による分化を行わない統合型教育システム（comprehensive education system）が基礎教育期間には採用されており，国によって，分化導入のタイミングや分化の度合いにはかなりの隔たりが見られる（OECD, 2016b）。

また，日本の義務教育は毎年1学年の自動進級を基本方針としているため，学力を理由とする留年はほとんど起こらないが，世界に目を向けると，基礎教育における留年はさほど珍しいことではなく，ヨーロッパでは日本のように自動進級を基本方針としている国はむしろ少ない（European Commission, 2011）。OECD加盟国の初等・中等教育における留年経験者の割合を見ても平均で11.7％と報告されており（OECD, 2016b），全体の一割強の生徒が基礎教育の時期に少なくとも一度は留年を経験していることになる。もとより，ここでも各国でその割合にばらつきがあり，ベルギーやポルトガル，スペインなどでは留年経験者が30％強もいる一方で，日本同様，自動進級を基本とするノルウェーを除いても，イギリスやデンマーク，フィンランドなどは留年経験者の割合は少なく3％前後に留まっている（OECD, 2016b）。

本来，「生徒の分化」は学校・学級内の学力レベルや学習目的を均質化することによって，授業の内容や難易度を各コースで調整し，生徒たちのニーズに合わせることで，彼らの学力やスキルを効率的・効果的に向上することを目的としている。しかし，実は国際的に見て，「生徒の分化」と国の教育水準に明確なプラスの関係を認める研究結果はほとんど報告されておらず（例えばHanushek and Wöbmann, 2006；Schütz, Ursprung and Wöbmann, 2008），「生徒の分化」がその本来意図する「効果的な学力の向上を達成するための手段」として有用であるのかは，少なくとも現行の体制のままでは疑問が残ると言わざるを得ない。

その一方で,「生徒の分化」は学力水準が低く設定されたコースでは,水準の高いコースと比べ,授業の進みが遅かったり難易度も低く設定されるなど,挑戦的でやりがいのある授業や教材,学習意欲を高く維持する仲間に出会える機会が制限されることが懸念されたり,そもそもコースの振分け判断が,たとえ学力を基準としていても生徒の出身階層と無縁ではないことから,むしろ社会経済的不平等の再生産を促すとして批判もされてきた(Hanushek and Wöbmann, 2006；Gamoran, 2009)。

実際に「生徒の分化」と不平等の関係を示唆する研究結果は探すに事欠かないほど存在しており,国際比較の文献では分化の度合いが強い国ほど,つまり選抜のタイミングが早い国やコースが細分化され種類が多い国ほど,社会経済的不平等が大きい傾向が繰り返し指摘されている(Van de Werfhorst and Mijs, 2010；OECD, 2016b)。しかも,その傾向は用いるデータや社会経済的不平等の指標など分析の条件の異なる様々な研究の間で一貫しており,比較的頑強と見える(例えば,Marks, 2005；Schütz, Ursprung and Wöbmann, 2008；Horn 2009 など)[9]。

分化が早期であれば,その振分け判断が能力主義的になりづらく,出身階層との結びつきが強くなりやすい。加えて,コース分けが実施されてしまえば,それ以降,生徒が経験する学校教育の内容(質)や学友の雰囲気などの学習環境に学校・学級間で規則的な差異(出身階層による学校間の不平等,school-level SES effect)が生じる。さらに,分化が早ければ,その分そのコース・立場に置かれる状態が長く続く。つまり,早期選抜という制度は,選抜段階とその後の学校学習の質という2段階で,社会経済的不平等を体系的に促進していることになる。

たしかに,早期選抜を実施しない統合型教育システムでは不平等はこのようなかたちでは表出しないだろう。早期分化型の対極に位置する統合型は,将来を左右する進路の分岐までの期間が長く,コース別に履修内容が異なる分化型とは違って,学習内容は専門科目に特化しない総合(一般)プログラムであることが一般的である。しかし,出身階層の別によらず皆が総合プログラムという同じ条件の下で学習することに,社会経済的に厳しい家庭で育つ子どもの不利はないのだろうか。その点に関しては,「教育の標準化(standardization)」

が鍵となりそうである。

(2) 教育の標準化と学業達成における不平等

「教育の標準化（standardization）」は「学校の自治権（school autonomy）」と一緒に論じられることも多いが，国の教育制度がどの程度，統一規格によって統制されているかに目を向ける。

日本では学習指導要領によって初等・中等教育の内容は国が定め，また，教育財政に関しても義務教育国庫負担金制度や地方交付税を通じて，地域間格差の調整が行われるなど，学校（特に公立の小中学校）のあり方は少なからず国によって管理されている。そのため，国内のどの学校に通っても，児童や生徒は比較的同じような学校教育を受けられることが想定されている。

しかし，例えば，アメリカは学校や市区町村レベルの自治体の自治権が比較的強い国と言われており，特に公教育の財源は地方財産税（local property taxes）という各学校のある地域（school districts）の税収によるところが大きい。そのため，是正の動きがないわけではないが，経済的に豊かな学区とそうでない学区の間で生徒ひとり当たりの教育支出に顕著な差が見られ，その学習環境の違いが人種・社会階層間の学業達成の不平等として論じられてきた歴史がある（Slavin, 1999；Condron and Roscigno, 2003）。

このように学校教育を管轄する権限の所在はどの国においても国家レベルにあるとは限らず，国や州など上層レベルの行政政府が予算配分や学習内容など比較的一括して取り仕切る国もあれば，学校や市区町村レベルの自治体の裁量を重んじる国も存在するなど，各国で違いが見られる（OECD, 2016b）。

学校や市区町村の裁量が認められていれば，生徒の学習ニーズや地域が学校に求める役割に対して学校や教師は迅速かつ柔軟な対応が可能となる一方，教育機会の不平等の観点からいえば，その体制はともすれば学校側の日和見主義的な行動を許してしまう可能性や，あるいは学校・行政への発言力の強い家庭（親）の声が反映されやすくなるという可能性を併せ持つ。しかし逆に，カリキュラムの設定（curriculum standardization）や，学位認定・学力評価目的の統一試験（standardized exams），人材・資源分配（resource distribution）の管理など，国が学校教育について何らかの統一基準を設けて制度運営を執り

行っている場合は、学校や市区町村、親が子どもの学習に介入する機会は限定的になると考えられる。

例えば、スティーヴンソンとベイカー（Stevenson and Baker, 1991）はカリキュラムが国のような上層レベルの行政組織によって統括されている制度下では、場所によらず教師が授業で教える内容に統一性が生まれることを示した。これは、裏を返せば、統一カリキュラムがない場合は、実際に授業で教える内容が学校や教師によって異なり、どこで誰の授業を受けるかによって、学習機会に差が生じることを意味する。

アメリカは前述のとおり、統合型の教育制度ではあるが、深刻な教育機会の不平等にも直面している国である。早期の選抜がなく、皆が総合プログラムという同じ条件下で学習していても、その学習を提供する学校の質が標準化されていなければ、より質の高い、より条件の良い学校・授業にアクセスできるのは社会経済的地位の高い家庭出身者であるため、不平等は生成されるということであろう。

一方、ボルら（Bol *et al.*, 2014）は2009年版PISAを用いて36か国の教育制度を比較し、統一試験を導入している教育制度のもとでは、導入していない制度のもとよりも、学業達成の不平等に対する早期選抜（生徒の分化）の影響が小さくなることを明らかにしている。全国一律のカリキュラムや統一試験がある国では、各学校の教育成果が分かりやすい形で公になり、学校側は明確な基準の下、組織としてその責任（accountability）を問われる。そのため、統一試験を実施する国では、ひとつに、そもそものコース分け・選抜段階における出身家庭の影響が小さくなることが考えられる。加えて、学校の教育成果を上げるためには、学力水準の低いコースの生徒たちの学力向上が重要となるため、学校側がそこに注力することで全体として学力の底上げが可能となり、これによって社会経済的な学力差が縮小するものとも考えられる。このようにボルら（Bol *et al.*, 2014）は、標準化と学校の説明責任という観点から不平等の緩和を説明している。

さらに、2000年版PISAを用い14か国を比較分析したパク（Park, 2008）は教育の標準化と家庭内の社会関係資本である、親子間コミュニケーションとの相互作用に着目し、教育制度の標準化の度合いによって家庭内の社会関係資

本が学業達成の不平等に与える影響が異なることを明らかにした。具体的には，カリキュラムや試験が標準化されている国においては，親子間コミュニケーションが社会経済的に困難な家庭に有利に働き不平等を緩和するのに対し，教育制度が標準化されていない国ではその効果は見られないことを報告している。

パク（Park, 2008）はこの結果を得た理由として，標準化された教育制度の下では，子どもが学ぶべき内容やどのような学力が試験によって試されるのかが共通認識として広く一般に共有されやすいだけでなく，子どもの学力が他の生徒などと比べてどの辺りなのかを本人はもちろん親も比較的容易に知ることができるため，出身階層によらず親が効果的に子どもの学習をサポートしやすい（つまり親子間コミュニケーションという社会関係資本が活かされやすい）のではないかと説く。評価の基準が不明瞭であれば，それが情報へのアクセスに長けた社会階層の高い家庭に有利に働く可能性があるが，基準が皆の知るところであれば，それは相対的に情報量の少ない家庭の不利を緩和し，特に社会階層の低い家庭においても，親が子どもの学業に対し働きかけることを容易にする。こうしてパク（Park, 2008）の説明は，教育の標準化と親による家庭内資本の活用に焦点を当てたものとなっている。

以上のように，教育の標準化は統一基準を示すことにより，子どもの学習を取り巻く学校や教師，親などの組織や人びとの行為をその基準に則したものへと導く働きがあり，大まかには教育の標準化が進んでいる国ほど，学業達成における社会経済的不平等は低くなるのではないかと考えられている[10]。

しかし，教育の標準化を測る指標として考えられる制度的特徴は多岐にわたり，先述の早期選抜・分化の効果ほど既存研究の間で知見が確立しているわけではない。統一基準による学校制度運営ということで言えば，教育予算の分配方法や学校教育に占める私立学校の割合，さらには幼児教育・塾など学校外教育サービスの普及等，少しずつ研究は進んでいるが，不平等の形成にどう影響を及ぼすのかいまだ不明瞭な制度上の争点も多く残されており，今後の研究の進展が待たれる。

(3) おわりに

　本章では，教育機会の形成について国際比較を用い検討した。PISAデータからは国が違えば，学業達成における社会経済的不平等には違いが見られ，国によってかなりのばらつきがあることが確認できた。また，そのばらつきを説明するものとして，教育制度のあり方に着目し，「生徒の分化（早期選抜）」と「教育の標準化」を中心にその働きを既存研究の結果から考察した。教育成果として学歴ではなく学力にフォーカスしたのは，繰り返しになるが，学業達成における社会経済的不平等の生成過程は出身階層の違いによる学力差を正当化するプロセスでもあるからだ。

　日本という特定の国に目を向ければ，ここで用いたデータを振り返る限り，教育機会の不平等の度合いも教育水準も他の国々と比べて相対的には悪い状態ではない。しかし，それは他国との比較から学べるものが少ないことを意味はしないだろう。

　私たちの行為や選択は，所属する社会の文化的価値観や制度的背景の制約を日常的に受けている。学業達成における不平等が生じるプロセスも例外ではなく，本章で概観した既存研究は私たちの生活基盤の一翼を担う学校教育の制度的枠組みの仕様が不平等の生成と密接に結びついていることを示唆していた。加えて，データが程度の差こそあれ，どの国にも出身家庭の社会経済的背景によって学力差が存在することを示していたことも興味深い。

　見えない力などと大仰な言い方をする必要はないが，日々の生活のなかでは，自身の選択や手に入れたポジションが所属する社会の制度のあり方によって予め方向付けられている，その可能性を認識するのは難しい。その仕組みが複雑であればなおさらである。しかし，そこに無自覚でいることは危うい。国際比較研究はそういった潜在的なメカニズムを読み解く助けになるにちがいない。

【註】
1　TIMSS（Trends in International Mathematics and Science Study）は国際教育到達度評価学会（IEA）による小学4年生と中学2年生を対象とした算数・数学と理科に関する国際的な学力調査である。1995年以降，4年に一度のペースで実施されており，2015年の調査には57の国と地域が参加している。PISAについては本文中で後述する。

2 国際的に比較可能な学力テストを実施することが技術的に難しかったこともあり，多くの国や地域にまたがる大規模な国際学力調査が定期的に実施されるようになったのは 1990 年代後半以降である．それ以前は，サーベイを用いれば比較的データの入手が容易な学位レベルに関する不平等，つまり「教育達成（学歴）における不平等」の研究が社会学では長らく中心であった（Buchaman, 2002）．しかし，TIMSS や PISA データの公開を受け，ここ 20-30 年ほどは「学業達成における不平等」の研究も活発に行われている．
3 日本語では日常的に「学歴」と「学力」が使い分けられているため，この区別は不必要に映るかもしれないが，国際比較研究の文献は英語で書かれているものの方が多く，それを踏まえるとこの違いは知っていて損はないだろう．
4 国際比較においては，言語や文化的背景の影響を受けにくいとされる数学の得点を学力の指標として用いることが多いが，2015 年度 PISA の主要評価分野が科学的リテラシーであることと，数学と科学のパフォーマンスには高い相関が見られることを踏まえ，ここでは科学的リテラシーの結果を用いる．なお，PISA のテストは OECD 平均が 500 点，標準偏差が 100 点になるように設定されている．また，サンプリングは層化 2 段抽出法を用いており，正確なサンプルサイズは国によって異なるが，ほとんどの国において 5000 人を超える（PISA, 2016a）．
5 計量的に不平等を数値化する指標は他にも複数存在するが，統計学の知識がなくとも直感的に分かりやすいこの指標をここでは用いる．しかし，分かりやすい反面，SES 第 2 層，第 3 層グループのデータを加味しない簡易的な指標であることを注記しておく．また，SES は親の職業の地位，最終学歴，家庭の所有財を合わせた合成指標で PISA が報告書（OECD, 2016a）に掲載している値を用いた．
6 GINI 係数は各国の所得格差を示す指標で，0～1 の値をとり，1 に近づくほど不平等な状態を表す．
7 メキシコとトルコも SES による得点差は小さい（それぞれ 60 点差と 59 点差）．しかし，これら 2 か国は国平均も他の国と比べて 416 点，425 点とかなり低い．一般的に平均値が小さいと，その標準偏差（平均値を中心とする得点のばらつき具合）も小さくなる傾向があり，この 2 か国の得点差はその影響も考えられる．また，PISA の調査対象となる 15 歳時の就学率が他の OECD 加盟 33 か国ではすべて 80%以上，その平均は約 90%に上るのに対し，メキシコとトルコはそれぞれ 62%，70%と低く（OECD, 2016a），15 歳以前に学校教育の機会が閉ざされた（あるいは何らかの理由で自ら離脱した）子どもの割合が高いと推測される．よって，他の国々と単純比較することが難しいため，ここではこの 2 か国の値を積極的に解釈することは差し控えた．
8 既存研究の動向のレビュー（Van de Werfhorst and Mijs, 2010）においても，「教育の質と機会の trade-off」はサポートされていない．
9 ここで例として挙げた研究が社会経済的不平等の指標として用いているのはそれぞれ，PISA における親の職業と読解リテラシーの関係（Marks, 2005），TIMSS における家庭内の蔵書の数と理科・数学のテストの関係（Schütz, Ursprung and Wöbmann, 2008），PISA における SES 合成指標と数学・読解リテラシーの関係（Horn, 2009）である．
10 「教育の標準化」は，国など上層レベルの政府によって学校教育が管理されている場合に進む傾向はあるが，教育の標準化（standardization，基準の共有）と中央集権化（centralization，権力の集中）は意味的に同義ではないことには留意が必要である．

【文献】
Bol, Thijs, Jacqueline Witschge, Herman G. Van de Werfhorst, and Jaap Dronkers, 2014, "Curricular Tracking and Central Examinations: Counterbalancing the Impact of Social Background on Student Achievement in 36 Countries," *Social Forces*, 92 (4): 1545-1572.

Bourdieu, Pierre and Jean-Claude Passeron, 1970, *La reproduction: Éléments pour une théorie du système d'enseignement*. Éditions de Minuit. (= 1991, 宮島喬訳『再生産――教育・社会・文化』藤原書店。)

Buchaman, Claudia, 2002, "Measuring Family Background in International Studies of Education: Conceptual Issues and Methodological Challenges," Andrew C. Porter and Adam Gamoran (eds.), *Methodological Advances in Cross-National Surveys of Educational Achievement*. National Academy Press: 150-197.

Coleman, James, 1988, "Social Capital in the Creation of Human Capital," *American Journal of Sociology*, 94: 95-121.

Condron, Dennis J. and Vincent J. Roscigno, 2003, "Disparities within: Unequal Spending and Achievement in an Urban School District," *Sociology of Education*, 76: 18-36.

De Graaf, Paul M., 1988, "Parents' Financial and Cultural Resources, Grades, and Transition to Secondary School in the Federal Republic of Germany," *European Sociological Review*, 4 (3): 209-221.

DiMaggio, Paul, 1982, "Cultural Capital and School Success: The Impact of Status Culture Participation on the Grades of U.S. High School Students," *American Sociological Review*, 47: 189-201.

European Commission, 2011, *Grade Retention during Compulsory Education in Europe: Regulations and Statistics*. Education, Audiovisual and Culture Executive Agency, EURYDICE.

Gamoran, Adam, 2009, "Tracking and Inequality: New Directions for Research and Practice," *WCER Working Paper*, No. 2009-6.

Hanushek, Eric A. and Ludger Wöbmann, 2006, "Does Educational Tracking Affect Performance and Inequality? Differences-in-Differences Evidence across Countries," *The Economic Journal*, 116: C63-C76.

Horn, Daniel, 2009, "Age of Selection Counts: A Cross-country Analysis of Educational Institutions," *Educational Research and Evaluation*, 15 (4): 343-366.

苅谷剛彦, 1995, 『大衆教育社会のゆくえ』中公新書。

苅谷剛彦, 2008, 『学力と階層――教育の綻びをどう修正するか』朝日新聞出版。

Lareau, Annette, 1987, "Social Class Differences in Family-School Relationships: The Importance of Cultural Capital," *Sociology of Education*, 60: 73-85.

Marks, Gary N., 2005, "Cross-National Differences and Accounting for Social Class Inequalities in Education," *International Sociology*, 20 (4): 483-505.

OECD, 2015, *In It Together: Why Less Inequality Benefits All*. OECD Publishing.

OECD, 2016a, *PISA 2015 Results (Volume I): Excellence and Equity in Education*. OECD Publishing.

OECD, 2016b, *PISA 2015 Results (Volume II): Policies and Practices for Successful Schools*. OECD Publishing.

Park, Hyunjoon, 2008, "The Varied Educational Effects of Parent-Child Communication: A Comparative Study of Fourteen Countries," *Comparative Education Review*, 52: 219-243.

Schütz, Gabriela, Heinrich W. Ursprung, and Ludger Wöbmann, 2008, "Education Policy and Equality of Opportunity," *KYKLOS*, 61: 279-308.

Shavit, Yossi and Hans-Peter Blossfeld, 1993, *Persistent Inequality: Changing Educational Attainment in Thirteen Countries*. Westview Press.

Slavin, Robert E., 1999, "How Funding Equity Enhanced Achievement?" *Journal of Education*

Finance, 24 (4): 519-528.
Stevenson, David L. and David P. Baker, 1991, "State Control of the Curriculum and Classroom Instruction," *Sociology of Education*, 64: 1-10.
Van de Werfhorst, Herman G., and Jonathan J. B. Mijs, 2010, "Achievement Inequality and the Institutional Structure of Education Systems: A Comparative Perspective," *Annual Review of Sociology*, 36: 407-428.
Yamamoto, Yoko and Mary C. Brinton, 2010, "Cultural Capital in East Asian Educational Systems: The Case of Japan," *Sociology of Education*, 83: 67-83.

（宇野 真弓）

第6章
労働生産性から考える働き方改革の方向性
―― 現場の意味世界の重要性 ――

キーワード：働き方改革，労働生産性，労働効率，経済的付加価値

1．はじめに――国際比較に見る日本社会の労働生産性

　2016年に政権の政策課題として「働き方改革」が打ち出されて以降，日本社会の中で残業時間の短縮などといった具体的な施策が急速に導入されるようになっていった。この「働き方改革」という言葉が社会的に普及しつつある背景としては，単なる政府による政策的な展開というよりもむしろ，日本社会に蔓延する停滞感や閉塞感に根差した，将来に対するある種の危機感があると考えるべきであろう。一般的に残業時間の規制という観点で語られやすい働き方改革について，本章では，労働生産性という観点から働き方改革に必要な視点を導いてみたい。

　まずは国際的な視点から日本の「働き方」について，労働生産性の観点から考えてみる。日本生産性本部（2017b: 7-10）によると，日本の時間当たり労働生産性はOECD諸国の中で20位であり，OECD平均を下回る水準である。また，先進主要7か国（G7）の中では最下位に陥っている〔図1〕。一般的に労働生産性の国際比較は，その国の産業構造や為替水準の影響を強く受けるが，日本と似た産業構造といわれるドイツと比較すると更にその差を感じさせるような状況である。

　労働生産性とは，分母に労働時間や労働人口を割り当て，分子にGDPなどの経済活動のアウトプットを割り当てたものである。これが意味するところは，労働生産性を改善するには，「労働時間や人数の縮減（労働プロセスの効

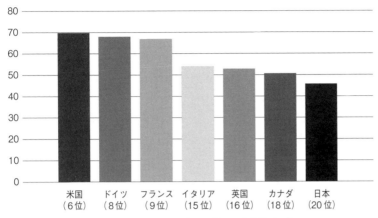

図1　時間当たりの労働生産性の国際比較（G7）
註：単位は購買力平価換算 US ドル。
出典：日本生産性本部（2017b: 7）をもとに筆者作成。

率性）」と，「生産活動のアウトプット（付加価値）」の2つのファクターのうち，一方ないし両方を改善する必要があるということである。本章では「生産活動の付加価値向上に関する要因」について組織と戦略の観点から考えてみたい。

2．付加価値の向上と事業構造の転換

　付加価値の向上という点については，ハーバード大学ビジネススクールのポーターが1980年代に競争戦略論の考え方を提唱して以来，組織固有の要因だけではなく，産業構造が組織のパフォーマンスに影響を与えるという考え方が産業界にも広まるようになった。ポーターが主張したのは，産業構造によって利益を出しやすい業界と出しにくい業界が存在する，ということである（Porter, 1980＝訳 1995）。
　例えば，日本企業として最高水準の営業利益を上げているトヨタ自動車の2016年度の営業利益率は7.2％であるが，NTTドコモの営業利益率は20.6％となっている[1]。この差がどこから生まれてくるのか，ということを考えた場

合，単に個別組織の企業努力の差，という説明で済ませる訳にはいかないであろう。ポーターは，これを企業個別の内部要因に加えて，産業構造の違いによって差が生じている，と説明するのである。この観点に立つと，付加価値を生み出すために，「付加価値を生みやすい産業構造の事業に取り組むことが重要である」という指針が導かれるようになる。

この事業構造の在り方について，バーゲルマンは，組織内の製品やサービス事業は組織内の淘汰プロセスを経て，本業を入れ替えていくことで，組織が環境に適応して長期的に存在できる，という主張を展開してきた（Burgelman, 2002=訳 2005）。この点について，バーゲルマンは，米国インテル社の長期的な事例研究の中で，この力学を明らかにしている。PC 用の MPU（CPU）最大手のインテルは，祖業を DRAM などのメモリー事業としていた。それが 1980 年代に NEC や日立，東芝といった日本企業の攻勢を受けてメモリー事業から撤退するものの，結果的に MPU 事業に焦点を当てることで飛躍的な成長を遂げた，という過程をバーゲルマンは考察している。

バーゲルマンの主張の中で最も重要だったのは，組織は自身が存続するために既存の事業を社内の環境の中で淘汰して新しい事業に移り変わっていかなければならない，という点である。この考え方は，「変異→淘汰→保持」を繰り返すというダーウィン主義的な産業・組織進化論の考え方に根差したものである。

そして，バーゲルマンは，組織も産業も，そのフィールド内に抱える事業や企業に対して適切な淘汰環境を設定して新陳代謝を促進しなければ母体となる組織や産業といったフィールド自体が競争力を失っていくことになるだろう，と指摘をしている。

バーゲルマンに代表されるダーウィン主義的な進化論の視点に立脚した組織論に基づくと，付加価値を向上させるプロセスの中では，組織・産業フィールド内の新陳代謝をいかに促すかが重要となる。日本という国のフィールドで生産性を考える場合，とりわけ付加価値の向上という点と組織・産業フィールド内の新陳代謝の問題については考えておく必要があるだろう。

一方で，バーゲルマンは，この新陳代謝を組織内で起こすプロセスについて課題を指摘している。それは，既存戦略によって戦略の慣性（strategic inertia）が生み出されることで，組織の戦略が変更されにくくなる，という問題である。この戦略の慣性の問題は，単に組織の内部だけで起きる問題ではない。バーゲルマンはとりわけ，市場との関係性の中で，「共進化ロックイン」という概念を用いて組織が新たな事業を生み出すことの難しさを論じている。

共進化ロックインとは，既存の事業戦略と市場環境が適合的な関係にあり，好循環を起こしている（共進化している）状態のため，事業戦略が良く言えば安定的，悪く言えば硬直的になっていく現象のことである。バーゲルマンの議論に基づいてインテルの事例を挙げると，PC市場であまりにもMPU事業の戦略が成功（共進化している状態）してしまったがために，既存市場（PC市場）と既存戦略（MPU事業）が強固に組み込まれてしまい，自社の中で新規事業が育ちにくくなる，という現象を指す概念である。これは言い換えると，「既存の市場に既存の戦略が適合しすぎており，新規事業が組織内で育ちにくくなる」ということである。

しかし，なぜそのような共進化ロックインが起きるのか，という点については，クリステンセン（Christensen, 1997）によるイノベーションのジレンマ（*Innovator's Dilemma*，邦題『イノベーションのジレンマ』）の方がより分かりやすく説明している。

イノベーションのジレンマとは，イノベーションを持続的に起こし続けられる優良企業が，既存顧客に最適化したイノベーションを生み出すことに長けているがために，全く新しい技術イノベーションの採用が起きにくくなり，結果として競争に敗れやすくなる，という現象を指している。イノベーションのジレンマの典型的な例は，共進化ロックインを起こしPC市場に最適化されたインテルが，スマートフォンなどの攻勢に対して適切に取り込んでこられなかった事例などが当てはまるだろう。クリステンセンはバーゲルマンよりも技術イノベーションに焦点を当てているが，根本的な考え方としては「既存の環境に最適化されるが故に，高い成果を挙げることができる一方，同じ理由のために，新しい環境に適応できなくなる」というパラドックスに対して組織が直面するジレンマを浮かび上がらせてきたものである。

イノベーションのジレンマの基本的な問題意識は，「イノベーションを起こした革新的な優良企業（イノベーション）が何故新しい技術的イノベーション

に乗り遅れてしまうのか」という点にある。この問題意識に対して，クリステンセンは，既に成功している持続的なイノベーションの技術と事業の基盤が新たな技術イノベーションへの障害となる，という点を指摘したのである。

クリステンセンとバウアー（Christensen and Bower, 1996）は，イノベーションのジレンマに関する理論的な説明として，「組織内の権力関係が新しい資源配分プロセスを阻害する」という考え方を示している。この点についてもう少し説明すると，既存技術のイノベーション（持続的イノベーション）が，既存顧客に最適化されるが故に組織内で権力を持つことになる。そして，組織内で権力を持つ部門が予算などを多く受けることになり，結果として，組織が「将来のための事業」ではなく，「現状で権力基盤の整っている事業」が予算などを握ることになるのである。そして，その既存企業が権力を握る基盤として重要になるのが，「既存の顧客」である，という点についてクリステンセンは指摘をしている。

実際に，営利・非営利を問わず時代に合わなくなった事業を展開していることはしばしば起きている。例えば，ソニーはブラウン管テレビの時代には画面がフラットになり高画質で映像を映し出せる平面ブラウン管技術によって高い競争力を誇った一方で，液晶やプラズマ・ディスプレイといったその後の薄型テレビの競争には初期段階からシャープなどの競合企業に出遅れることとなった。クリステンセンは，ハードディスクドライブ業界の事例を基に議論を展開していたが，経営資源の潤沢な業界のリーダー企業が既存の経営資源（ここでは技術）に縛られて新しい事態に気づいていても対応できない，という状況が多くの大企業に起きているのである。

国際競争力という観点から考えると，日本の場合は，情報通信機器業界の生産性低下が著しい（生産性本部, 2017a: 26）。これは激しい国際競争の中で日本企業が相対的に地位を低下させてきたものだが，一方で，同じ家電業界でもオランダのフィリップス社のように，早くから事業構造を転換することで，台頭する新興工業国の企業との競争を適切に回避してきた企業も存在する（日経ビジネス, 2014）。フィリップスはオランダの伝統的な家電企業であるが，彼らは既に日本の家電企業が台頭する中で苦しい競争を強いられてきたという経緯がある。そのため，早い段階で競争が激化しそうな事業領域を売却して，付

加価値を高められそうな事業領域に再投資することで家電業界におけるアジア新興工業国の台頭に向き合ってきた。日本の家電業界の場合は，かつて追う側の立場にあったものの，韓国企業などに追われる立場になってからは，イノベーションのジレンマに陥ってしまったのである。"技術が優れている"というその感覚そのものが既存の技術に意識が強く向きすぎること，そして「稼いでいる事業が偉い」というある意味で民間企業では自然と思われるこの感覚が，新しい領域への投資を阻む原因となっている，という，成功が次の失敗を呼び込むパラドックスについて指摘したのがイノベーションのジレンマの特徴である。

　ここまで組織の事業構造が変わることの重要性について論じてきたが，これは，労働生産性を規定する要因の一部が，「付加価値の高い事業に労働力を向けているか」というものだからである。産業社会が付加価値の高い事業に労働力を配置することは，労働生産性を向上させるうえで重要な要素なのであるが，そのためには「既存の事業とどのように向き合うのか」という点について考えなくてはならないのである。一方で，労働生産性をめぐっては，「いかに効率的な働き方をするか」，という視点も重要であろう。ここから先は，労働そのもののプロセスに関する議論を整理していく。

3．業務プロセスの生産性と IT 投資における生産性パラドックス問題——組織への焦点

　既に述べてきたように，労働生産性の考え方の根底にあるのは，労働力の投入に対してどの程度の経済的な付加価値が生まれたのか，という問題である。そのため，事業戦略上，経済的な付加価値の大きい事業を中心に据えることが通常の組織の経営上の焦点となるだけでなく，働き方・労働そのものをいかにして効率化していくか，という点も重要になるだろう。ここからは，労働そのものの生産性の議論について考えてみよう。

　一般的に，労働生産性を高めていく手法の一つとしては，データの管理や情報処理を目的とした IT 投資が重要な対応として取り上げられることが多

い。その中でも思想的に大きな影響を及ぼしたものは，リエンジニアリング（Hammer, 1990＝訳1994）であろう。リエンジニアリングとは，業務の自動化などに対してIT投資を行うことで業務プロセスの改善と生産性を向上することができることを指摘したものである。その後，リエンジニアリングはBPR（ビジネス・プロセス・リエンジニアリング）などの用語でIT・コンサルティング業界に定着することになる。BPRは，"IT投資を通じて"業務プロセスを劇的に改善するというコンサルティングのコンセプトの一つである。

一方で，IT投資の生産性パラドックス論争も併せて考えてみたい。生産性パラドックス論争とは，ソローによって問題提起された，IT投資の伸びに対して生産性はさほど向上していない，という現象についての論争である（Solow, 1987: 36）。この問題提起はその後，多くの議論を呼び起こしてきたが，日本国内においても，IT投資と生産性の向上の関係について，直接的な相関関係は見出せないという調査結果も存在する（伊東，2007: 360）。事例ベースでは多くの成功事例が確認できる一方で，マクロデータにおいては顕著な成果が見えないIT投資と生産性の向上であるが，他方で成功事例も多く確認できることから，IT投資の効果を高めることが競争力の向上につながる，とする主張が展開されるようになってきている（Goldratt *et al.*, 2000＝訳2002）。

ゴールドラットらは，「なぜIT投資を行っても生産性が向上しないのか」という生産性パラドックス論争の主要な論点に対して，「システムが導入されても組織内の仕事の進め方が変わらないから生産性が向上しないのだ」と主張する。言い換えると，IT投資が成果に結びつかない理由の一つとして，導入企業が業務プロセスを変えないからだ，と指摘しているのである。業務プロセスを全く変更せずに情報システム等だけを導入すると，情報システムが想定している仕事の進め方と既存の業務プロセスとの間で合わない点が出てくるため，結果的にシステムが使用されなくなったり，情報システムそれ自体が余計な手間になったりするような問題が生じてしまう。

例えば，書類を電子化してオンラインで決済できるシステムを導入しても，組織の管理上のルールが紙面の郵送などを求めていれば，実際に書類が決済されるまでの時間は対面や郵便などと変わらない。この場合，時間は短縮されな

いにもかかわらず，システムに入力する手間だけがかかってしまう，といった状況が発生し得る。これでは，情報システムは業務を効率化したとはいえず，IT 投資のコストだけが残ってしまう。このような状況が実際に起き得る。このように生産性を向上しない IT 投資が存在することを，IT 投資の生産性パラドックス論争は問題提起しているのである。

ここでも，先ほどの事業構造の観点とは異なる意味で，組織が状況に合わせて変化することが求められている。同じように，滝澤と宮川（2017）も，定量的な調査を通じて，IT 投資は単体だけで考えるよりも人的資本への投資と併せて考えなくては十分な効果が引き出せないと主張している（滝澤・宮川, 2017: 5）。

当然ながら，優先されるべきなのは生産性の向上であって，IT 投資そのものではない。一方で，近年の機械学習の向上に端を発する AI 系技術[2]の劇的な向上や，コンピュータだけでなく，様々なモノがインターネットにつながる IoT[3] などの技術的なトレンドを考慮すると，基本的な考え方として，「IT は本当に有益なのか」という論点よりも，「いかに上手く IT を取り入れるか」という点に注力するべきである，という主張の方が耳を傾ける価値があると思われる。

4．組織を変革するロジック——階層関係からオープンな対話的関係性へ

(1) リーダーシップと対話プロセス

ここで例示したような IT 投資と生産性の関係は，先に述べた事業構造の改革プロセスとは異なり，より現場レベルの，組織メンバーの実践に紐づいた組織の改革を必要としている。本節では，組織メンバーの業務や労働のプロセスそれ自体を想定しながら，議論を展開していく。

組織に変革をもたらすための視点としては，伝統的にリーダーシップの観点から考えるのが一般的といえるだろう。しかし，リーダーシップという言葉は多彩に広がっており，その全容をここで語り尽くすことは困難である。そこで本章では，変革型のリーダーシップに関連して，センスギビングとストーリー

テリングの観点から変革を促すリーダーシップについて考えてみたい。

センスギビングとは，組織メンバーのセンスメーキング（意味の形成）に介入して誘導するような意味形成の働きかけのことである。ジョイアとチッティペッディ（Gioia and Chittipeddi, 1991: 446）は，組織のトップマネジメントは，現場のメンバー達に変革を促すために，しばしばメンバー達が自分達の現状や過去の振り返り，将来への見通しといったセンスメーキングに対して，様々なメッセージを発信することで介入していることを示した。それは，ビジョンを示すことや評価を伝えることなど，一般的にコミュニケーションを通じて行われることが多いのであるが，組織メンバーが組織の現状や方向性に対してネガティブな反応を示すことを抑えるためにセンスメーキングに働きかける必要があるとジョイアらは語っている。

こうしたセンスメーキングへの働きかけに対する具体的なアプローチとして，ストーリーテリング（物語り）の手法が考えられる。ストーリーテリングとは，共感を呼び起こすためのコミュニケーション（とりわけ伝達）の手法である（Brown et al., 2005 = 訳 2002）。デニングは，伝達のコミュニケーションプロセスについて，論理的な伝達方法と共感的な伝達方法の2つを区別している。そのうえで，論理的であることの重要性は認めつつも，論理的であるだけでは人は動かせない，という主張を展開している。デニングが好んで用いるストーリーテリングの事例は，自身が世界銀行のIT部門に配属された際に理事に向けてなされた，世界銀行がIT化を推進するための予算獲得のプレゼンテーションであった。当初，デニングは知識共有のためのIT投資を理事たちに承認してもらうためにデータに基づく生産性向上のためのプレゼンテーションを行っていたが，彼によると最も効果的だったプレゼンテーションには，アフリカのザンビアで医療活動を行っている医師達と比べて，世界銀行がいかにそうした地域で無力であるか，ということについて語ったストーリーテリングが織り込まれていたという（Denning, 2007= 訳 2010）。

デニングによると，論理的なプレゼンテーションとストーリーテリングに基づく共感性をもたらすプレゼンテーションは相互に排他的なものではなく，互いに補完する関係にあるという。データが無機質に並ぶだけのプレゼンテーションでは人の共感を呼び起こし，心から動かすようなプレゼンテーションに

はならないが,一方でデータに基づく論理的な整合性はストーリーの一貫性や信憑性を支える重要な基盤となる。組織のリーダーがロジカルな思考を持つことは重要な要素であるが,一方で,人を動かすような共感性をどのように呼び起こしていくのか,という点がリーダーシップ(とりわけ変革型リーダー)において重要なのである。

(2) 現場主導の変革プロセス

　前例主義などに代表される業務プロセス改善の硬直性は,現場に問題があるとは限らない。組織によっては,むしろリーダー層が硬直性の温床となっている場合もあり得るだろう。組織がポジティブに変革するというメカニズムは,現場が主導するボトムアップ型の組織変革も存在する。

　ただし,現場が主導して業務プロセスを改善する場合に課題となるのは,通常,現場では業務プロセスを変更する際に必要な権限を全て持ち合わせている訳ではない,ということである。そのため,現場の組織メンバー達は業務プロセスを公式に変更するために,権限を持つ上司に対して働きかけをしていかなくてはならなくなる。

　それでは,現場が主導して組織を動かしていくメカニズムとは,どのようなものなのであろうか。ダットンとアシュフォード(Dutton and Ashford, 1993)は,現場の側からトップマネジメントに働きかける行動をイシューセリング(issue selling:課題の売り込み)と呼んだ。現場の組織メンバー達が,自分達が組織にとって重要と思われるイシュー(課題)を上司に受け入れてもらうための提案などを通じた行為が現場主導の組織変革において重要であると主張した。

　このイシューセリングを成功させるための戦略において考えなくてはならない要素がいくつか存在するが,特に重要なのが「イシューの意味づけ」,「協力者の獲得」,「タイミングの考慮」,「提案者の権力基盤」の要素である。

　イシューの意味づけについては,提案したいと考えているイシューをどのような文脈に位置づけるのか,という意味づけを戦略的に行おうとするものである。例えば,新しくコストをかけて導入しようとするITシステムの導入を上司に相談する際,「労働者側の効率性が向上する」という点に力点をおいて説

明するのか，それとも「顧客の利便性が向上する」という文脈に位置づけて説明するのか，それによって相手の受け止め方が変わってくる，というものである。そのため，提案内容自体も重要であるが，同じ内容であったとしても，どのような意味づけを行うか，という言説戦略のようなものが求められる。

協力者の獲得については，ダットンら（Dutton et al., 2001）の調査において顕著になったものであるが，米国企業を対象にした調査においても，イシューセリングに失敗した人達は，事前の根回しが不足していたという認識を示している。提案に対する最終的な決裁者が上司であったとしても，周囲に協力的な態度でサポートしてくれるような人材を見つけていくことは重要である。

また，タイミングの考慮についても同様に重要な要素と考えるべきであろう。例えば，サイバーセキュリティ対策の強化，といったようなイシューは，業績の向上に直接的な効果が乏しいため，平時であれば経営者層にも無視されやすいが，他方で他の大企業において個人情報漏洩などメディアで報道される大事件が起きていると，経営者層の関心を引きやすい。このようにタイミングを図ることもイシューセリングの戦略の一つということになる。

最後の提案者の権力基盤については，結局のところ，「誰が提案をするのか」という点にイシューセリングの成否が影響を受けるという話である（黒澤, 2009）。ここで想定されている権力の問題とは，影響力の基盤としての権力を意味するものである。そのため，提案相手に対して，専門的知見や親密性（準拠性）などにおいて関係性が構築されている人材の方が自然と有利に物事が進む，ということが重要と考える。

ここまで挙げてきたイシューセリングの要素は，一見すると当たり前のことが並んでいるに過ぎないが，これらの内容を適切に構築できているマネジャーばかりでない，ということもダットン達の調査で示されている（Dutton et al., 2001: 720-7）。また，一般的に日本企業と米国企業では米国企業の方がトップダウン型であるとされているが，そうした組織ほどトップに対して現場の組織メンバーが様々な働きかけを通じてトップを動かしている，という側面がイシューセリング研究を通じて描かれている。組織は経営者・理事長といった肩書上の関係のみで関係性が構築されるものではない，ということも理解してお

く必要があるだろう。

　業務と労働プロセスの変革に関するここまでの議論の中では，ある程度組織内の階層的な関係（トップ～現場）を考慮しつつ何を考えるべきか語ってきた。しかし，階層的な関係はウェーバーの官僚制の思想に根差した近代組織論の中では必須なものと捉えられてきたが，近年は社会的にも学問的にも，階層を必要としない組織の考え方も急速に広まりつつある。

　実際に，社会的には組織に所属しないフリーランスの働き方も増えている。米国 UpWork 社の調査（2017）によると，米国では 2017 年に 5730 万人が専業か兼業どちらかの形態でフリーランスとして働いているとしている。更に，米国でミレニアム世代と呼ばれる 1980 年代～2000 年代初頭までに生まれた労働者のうち，47％がフリーランスとしての仕事をしている，とされている。日本でも，ランサーズ（2017）によると，1122 万人もの労働者がフリーランスとしての仕事を持っているとされている。これらは，階層組織だけではなく，階層の無い（もしくは弱い）組織の形が増えつつあることを示しているといえるだろう。そして，社会と組織という観点から重要なのは，フリーランスの結びつきによる協業は，公式な階層関係ではなく，契約関係によって形成されるネットワーク型の組織である，ということである。

　ネットワーク型組織の形は，独立した事業主がコラボレーションをしながら一つのプロジェクトを成立させていく，フリーランスという働き方の普及によって現実化しつつある。ネットワーク型組織それ自体も階層関係を持たない組織の一形態であるが，アドラーら（Adler *et al.*, 2011）は，階層型の伝統的な官僚制組織とネットワーク型組織だけでない，第三の道としての組織として，コラボレーティブ（協働型）・コミュニティと彼が呼ぶ，コミュニティベースの組織を提示している。アドラーは，権威に基づいて組織をコントロールする伝統的な官僚制組織，契約に基づいて組織をコントロールするネットワーク型組織に対して，メンバー間の信頼関係に基づく緩やかな連帯関係を基盤としたコラボレーションを想定している。

　アドラーらは，この信頼関係を基盤としたコミュニティベースの組織について，医療機関で様々な専門職がコラボレーションをする姿を例にしながら描いている。

ネットワーク型組織やコラボレーティブ・コミュニティの組織の在り方は，伝統的な官僚制組織とは異なる組織の在り方を提示するものである。多様化する社会の中で多様な働き方を支えるために，組織の在り方も官僚制組織以外の形があるのではないか，という問いが社会的にも学問的にもなされつつある，といえるだろう。

営利・非営利を問わず近代組織には官僚制を基盤とした階層（上下関係）が存在するが，「上司は部下に命令をするもの」，「部下は上司の意見を受け容れるもの」という一方向的かつ固定的な関係性で捉えようとすると，豊かなコミュニケーションを阻害してしまう。ワイク（Weick, 1995: 100）は組織のセンスメーキングのプロセスは相互作用によって生まれるものであることを指摘しており，階層や立場だけを基盤とした関係性では，新たな働き方や仕事の進め方といった働き方や業務の改革につながるような重要なコミュニケーションが阻害されてしまうことが懸念される。

この点について，ガーゲンとハーステッド（Gergen and Hersted, 2013＝訳2015）はより踏み込んで，組織はオープンな対話によって関係性を形成していくことが重要である，という主張を展開している。彼らは社会的な関係性が対話によって構築されている側面に注目して，対話の在り方によって組織メンバーの関係性が変容していくと考える。

これらの考え方に共通した前提として，階層に根差した権威を軸とした関係性は基本的に意味（物事の捉え方）の硬直性をもたらすことにつながりやすい，ということが想定されているといえるだろう。「上司－部下」などといった固定的な関係性に捉われず開かれた対話のプロセスを確保することで，組織は硬直性の呪縛から解放されていく，と考えられるようになってきているのである。

5．おわりに──労働と生産性と語られていないもの

ここまでの議論の中で，労働生産性について，「付加価値の向上」と「労働効率の向上」という2つの要因に分けて論じてきた〔図2〕。付加価値の向上

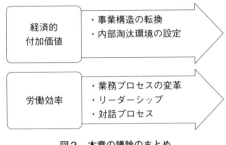

図2　本章の議論のまとめ
出典：筆者作成。

については，付加価値の高い事業へと事業構造を転換していくことの重要性が導かれ，「労働効率の向上」という点については，業務と労働プロセスの変革，という観点から論じてきた。

本章の議論は民間の営利セクターを中心としてきたが，同じ議論は基本的に非営利のセクターにも当てはまる。OECDによると，日本のGDPの内，政府支出が占める割合は約40％であり，政府の生産費用が対GDP比で約21％と非常に大きな割合を占めている。このことからも，公共セクターの生産性向上は社会全体の問題に多大な影響を与えるものである。こうした観点から，単に営利・非営利というだけでなく，組織が抱える課題を共有して現実と向き合っていくことが求められるのである。

また，本章では労働について生産性の観点から論じ続けてきたが，現実問題として労働者にとって仕事とは単に経済的な付加価値を生み出し，報酬として受け取るだけの対象ではない。仕事に対するアイデンティティについても十分に考慮される必要があるし，感情労働など望まぬ労働に対する負の側面についても考慮される必要がある。

仕事に対するアイデンティティについては，スノーとアンダーソン（Snow and Anderson, 1987: 1336）が，仕事に関連づけられたアイデンティティを通じてやりがいや自己肯定感といった自分意義を見つけていくものである，ということを指摘している。人が労働するということは，単なる報酬を受け取る手段という側面だけでは説明できない，ということであり，組織と仕事に対する貢献を引き出すうえでは重要な問題といえるだろう。

また，感情労働とは，ホックシールド（Hochschild, 1983＝訳2000）が，現代社会の労働という場面においても，人々が自身と他者の感情を管理することが求められている，という点について論じたものである。ホックシールドは，人々が自分の感情を管理する場合には，表情や言葉遣いなどといった表層的な演技と，心から思い込むような深層的な演技の2つがあるとし，そのうえで，航空会社のキャビン・アテンダントなどがいかに顧客と向き合う際に考え方や価値観そのものを変化させられるように周囲からも自身によっても求められているか，という点について論じている。仕事や職場環境を円滑なものにするために，深層演技を行うこと自体は必ずしも悪いことではないが，深層演技を続ける中で，燃え尽きてしまったり，もしくは心からは思い込めずに表層的な演技に立ち戻ってしまうなど，いくつかの問題が生じる可能性がある（Hochschild, 1983＝訳2000: 214）。仕事に対するアイデンティや感情労働の考え方は，人が働くということは，単に効率や生産性という指標だけではない，ということを我々に示している。

　「働き方改革」は，社会的には生産性の向上という大きなミッションを共有しているものだが，個人にとっては，働き甲斐を自身のキャリア形成の中に組み込んでいくことが必要である。社会は「生産性が向上すればより良い社会が待っている」，というほど単純なものではない。日本の産業社会も国際化が進展する中で，多様なメンバーとの関係性の構築をオープンな対話プロセスによって拓いていくことが今後ますます求められているのである。

【註】
1　2017年3月期連結決算の数値を使用。
2　人工知能関連技術に基づいたサービスのこと。純粋な意味での人工知能というよりは，機械学習など特定の技術に基づいたサービスを指す。
3　Internet of Things の略で，モノ（things）がインターネットにつながる状態を指す。家電製品や時計などが実用化されている。

【文献】
Adler, Paul, Charles Hechscher, and Laurence Prusak, 2011, "Building a Collaborative Enterprise," *Harvard Business Review*, July-August: 95-101.（＝2012, 鈴木敏明訳「共同する協働体」『ダイヤモンド・ハーバード・ビジネス・レビュー』3月号。）
Brown, John S., Stephen Denning, Katarina Groh, and Laurence Prusak, 2005, *Storytelling in Organizations: Why Storytelling is Transforming 21st Century Organizations and Management*.

Butterworth Heinemann.（= 2002, 高橋正泰・高井俊次〔監訳〕『ストーリーテリングが経営を変える――組織変革の新しい鍵』同文舘。）
Burgelman, Robert, 2002, *Strategy is Destiny.* Free Press.（= 2006, 石橋善一郎・宇田理訳『インテルの戦略――企業変貌を実現した戦略形成プロセス』ダイヤモンド社。）
Christensen, Clayton M., 1997, *The Innovator's Dilenma.* Harvard Business School Press.（= 2001, 玉田俊平太〔監修〕・伊豆原弓訳『イノベーションのジレンマ』翔泳社。）
Christensen, Clayton M. and Joseph L. Bower, 1996, "Customer Power, Strategic Investment, and the Failure of the Leading Firms," *Strategic Management Journal*, 17（3）: 197-218.
Denning, Stephen, 2007, *The Secret Language of Leadership.* John Wiley & Sons.（= 2010, 高橋正泰・高井俊次〔監訳〕『ストーリーテリングのリーダーシップ――組織の中の自発性をどう引き出すか』白桃書房。）
Dutton, Jane E. and Susan J. Ashford, 1993, "Selling Issues to Top Management," *The Academy of Management Review*, 18（3）: 397-428.
Dutton, Jane E., Regina M. O'neill, and Katherine A. Lawrence, 2001, "Moves That Matter: Issue Selling and Organizational Change," *Academy of Management Journal*, 44（4）: 716-736.
Gergen, Kenneth and Lone Hersted, 2013, *Relational Leading.* Taos Institute Publications. （= 2015, 伊藤守〔監訳〕『ダイアローグ・マネジメント』ディスカヴァー・トゥエンティワン。）
Gioia, Denis and Kumar Chittipeddi, 1991, "Sensemaking and Sensegiving in Strategic Change Initiation," *Strategic Management Journal*, 12: 433-448.
Goldratt, Eliyahu M., Eli Schragenheim, and Carol A. Ptak, 2000, *Necessary but Not Sufficient.* （= 2002, 三本木亮訳『チェンジ・ザ・ルール』ダイヤモンド社。）
Gordon, Robert, 2000, "Does the 'New Economy' Measure Up to the Great Inventions of the Past?" *Journal of Economic Perspectives*, 14（4）: 49-74.
Hammer, Michael, 1990, "Reengineering Work: Don't Automate, Obliterate," *Harvard Business Review*, July-August.（= 1994, マイケル・ハマー『情報技術を活用したリエンジニアリングの7原則』DHB, 12-1月号。）
Hochschild, Arlie R., 1983, *The Managed Heart: Commercialization of Human Feeling.* University of California Press.（= 2000, 石川准・室伏亜希訳『管理される心――感情が商品になるとき』世界思想社。）
伊東暁人, 2007,「情報化投資と企業業績」『静岡大学経済研究』11（4）: 351-361.
黒澤壮史, 2009,「組織における重要イシュー形成メカニズムの探求」『商学研究科紀要（早稲田大学）』69: 23-36.
ランサーズ株式会社, 2017, News Release, https://s3-ap-northeast-1.amazonaws.com/wp.lancers.jp/lancers-corporate/wp-content/uploads/2017/03/NewsRelease_ランサーズ_フリーランス実態調査2017-1.pdf　2018年3月15日取得。
日経ビジネス, 2014,「フィリップス　10年越しの脱AV」『日経ビジネス』2014年4月14日号, 日経BP社。
日本生産性本部, 2017a,「日本の労働生産性の動向2017年版」, http://www.jpc-net.jp/annual_trend/annual_trend2017_full.pdf　2017年12月31日取得。
日本生産性本部, 2017b,「労働生産性の国際比較2017年版」, http://www.jpc-net.jp/intl_comparison/intl_comparison_2017.pdf　2017年12月31日取得。
OECD, 2017, OECD data: Governmental production costs, https://data.oecd.org/gga/government-production-costs.htm　2017年12月31日取得。
Porter, Michel, 1980, *Competitive Strategy: Techniques for Analyzing Industries and Competitors.*

Free Press. (= 1995, 土岐坤他訳『競争の戦略』ダイヤモンド社。)

Snow, David A. and Leon Anderson, 1987, "Identity Work among Homeless: The Verbal Construction and Avowal of Personal Identities," *American Journal of Sociology*, 92 (6): 1336-1371.

Solow, Robert M., 1987, "We'd Better Watch Out," *New York Times Book Review*, July 12: 36.

滝澤美帆・宮川大介, 2017, 「ICT 投資の決定要因とその効果――「IT 活用実態調査」を用いた実証分析」, 日本生産性本部ウェブページ, https://www.jpc-net.jp/study/sd5.pdf　2017 年 12 月 31 日取得。

Up Work 社, 2017, "Freelancing in America 2017" https://www.upwork.com/i/freelancing-in-america/2017/　2017 年 12 月 31 日取得。

Weick, Karl, 1995, *Sensemaking in Organizations*. Sage. (= 2001, 遠田雄志・西本直人訳『センスメーキング イン オーガニゼーションズ』文眞堂。)

（黒澤　壮史）

第7章

宗教世界の多様な展開
――日本的な宗教意識の深奥――

キーワード：宗教意識，宗教文化，教派神道，食物禁忌，宗教政策

1．自己認識と信仰

(1) 初めてのムスリム・ロンドン市長

　2016年5月，イギリスの首都ロンドンの市長にサディク・カーン氏が当選した。パキスタン系の移民二世である彼は，ヨーロッパの主要都市の市長としては初のムスリム（イスラム教徒）でもある。ヨーロッパでの相次ぐテロの結果，ムスリムへの風当たりが強い状況下での彼の当選は，ロンドン市民が融和や平等，そして分裂より結束を求めた結果だとも伝えられた[1]。

　ロンドンと聞いてその多文化状況を思い浮かべる人はなかなかの事情通であろう。ロンドンの市長選の投票用紙には，英語を含め十数種もの言語が印刷されている。それだけ多様な言語を話すさまざまな人種の人たちが投票権を持ちロンドンで生活しているということになる。では実際，カーン氏が初のムスリムの市長となったロンドンにおいて，ムスリムはどのくらいの割合を占めているのだろうか。イギリス統計局が実施した2011年の国勢調査によると，イングランドとウェールズの全人口に占めるムスリムは4.8％に過ぎない。だが，人々の集まる都市におけるその比率は高く，首都ロンドンにおいては人口の12.4％がムスリムだという（Office for National Statistics, 2012: 2, 5)。このような事実は日本人が持つイギリスの首都のイメージとはどのくらいかけ離れているだろう。

　また，カーン氏は言う。「私はロンドン出身の英国人であり，欧州人であ

り，アジア人であり，父親である。宗教は私の側面の一つだ」[2]。イギリスにおいて宗教による差別と肌の色による差別は微妙な関係の下にある。宗教的な差別はさほど感じてはおらず，人種的な差別ばかりを意識しているパキスタン系のムスリムがいたとして，その人が本当に宗教差別に晒されていないとまでは言い切れない。肌の色は特定の宗教と密接に絡んだものとしてとらえられる場合が少なくないからだ。1980年代からすでに多様な地域からの移民を受け入れてきたイギリスでは，多文化の共生を巡り諸々の葛藤を経てきている[3]。もはや，イギリスは国民の大半がイギリス国教会会員のキリスト教徒というわけではない。さまざまなバックグラウンドを持つ移民たちはそれぞれ民族文化を伴い，またその民族文化はそれぞれ宗教文化をも併せ持っている。

(2) 民族文化と宗教文化のはざまで

　ヨーロッパの各地では一筋縄ではいかない差別が存在するからこそ，国籍や肌の色を問題としない「ムスリム」であるという自己認識が重要な意味を持たざるを得なくなってくる場合がある。彼らムスリムにとっては，国籍の如何でも肌の色の濃淡でもなく，イスラムの教えを信じているかどうかということこそが肝心というわけだ。14世紀のモロッコに生まれた大旅行家イブン・バットゥータが世界各地の都市のどこのモスクでもクルアーン（コーラン）が聞こえてくるのに接して感激したように，現代でも中東をはじめヨーロッパやアジア，アメリカでも，世界中どこにいてもアラビア語で書かれたクルアーンと共に彼らの信仰生活は営まれている。英語等のアラビア語以外で表された教えの解釈に接することは可能だが，原則的にクルアーンに翻訳はあり得ないとされている。ムスリムであれば皆アラビア語で書かれたクルアーンと接することになるのだ。

　もちろん，キリスト教を信じる人々にとっても，隣人との国籍の違いや肌の色の違いよりもキリスト教徒であること自体に重きが置かれる状況は起こり得る。ヨーロッパはキリスト教文化の土台の上に出来上がっている。そのような地域では，ムスリムは出自としての移民や難民という社会層との関連で語られることも少なくない。キリスト教などからイスラムへの改宗者もいないわけではないし，イスラム自体がユダヤ教－キリスト教文化の伝統をふまえているに

もかかわらず，イスラムはヨーロッパにおいて伝統的なキリスト教文化とは異質の宗教文化という文脈で扱われる。そのような見えにくい差別の存在する状況の下では，ムスリムの人々が持つ自己認識に関して宗教が重要な意味を持つことも想像に難くない。

　国籍を超えた「ムスリム」としての感覚も，対峙させられる宗教，たとえばキリスト教文化を背景とした人々のなかで暮らしているからこそ，意識され始めるものとも言える。そして，私たちが「ムスリムは国籍よりも何よりもムスリムかどうかを意識している」と感じていることそれ自体も，彼らを自分たちとは全然違う他者としてとらえようとしているだけのことなのかもしれない。

　ところで，イギリスのアジア系移民一世と二世では，自分たちの持つイスラム信仰に対する意識にも違いがあるという。もともと持っていた宗教文化を伴って移ってきた一世の方が自分たちの宗教文化に敏感だと思われがちだが，興味深いことにどうやらその反対らしい。アジア系移民一世の方が宗教生活には比較的おおらかに構えているのに対して，二世の方はイスラム信仰に対してより教条的に取り組む傾向にあるという（安達，2013: 223-5）。なぜならば，イギリスに生まれ育った二世の方は，ムスリムとしての自分とイギリスの国民としての自分を絶妙なバランスで保とうと努めるからだ。たとえば，アジア系移民二世たちは移民以前のもともとの民族として自分たちが持つ伝統文化の部分とムスリムとして持つ宗教文化の部分とを分けて考え，民族的な伝統文化に左右されない真のムスリムたろうと教えを求めている。そうすることで，イスラムの教えにより忠実であろうと努めるのである。このように，ムスリムでありイギリス国民である自分を究めていくことは，移民である自分たちの家族が背負ってきた民族的な伝統文化を見つめ直すということでもあるに違いない。それにしても，「自分は何者か」ということを考える際に自分の信仰する宗教が重要な要素となること自体，日本人にとっては相当に不思議な事態と言うこともできよう。

2．日本における「宗教」イメージ

(1) 宗教はアブナイ？

　今日，グローバル化が進み，簡単に遠くの国の事情や情報も自身が現地に移動せずとも手に入れることが可能な社会になってきた。多様なツールも発達して急に世界を狭く感じられるようにもなっている。それと同時に，さまざまな意味で自分の周りの世界は以前よりも奥深くへと拡がってもいるのだ。自分の周りの世界は拡がる一方だが，ひるがえって自分自身が立っている足許は果たして眼前に拡がってゆく世界に比してしっかりとしたものになっているのだろうか。一介の雑誌が掲載した宗教関連の諷刺画が引き起こしたヨーロッパ，とくにフランスにおける暴動，近年の過激派組織イスラム国（IS）の中東及びヨーロッパでの一連のテロリズムなどは，宗教が現代においても深刻な文明の衝突を引き起こし得る可能性を示すとともに，現代社会においてすら宗教が持つ重要性を私たちに明示している。

　日本人にとって「宗教」というと，どこか特定の宗教団体の信者たち，寺や神社などの宗教施設，あるいはメディアで取り上げられる宗教がらみの事件など多様なイメージと結びつく。それにしても，日本人は宗教全体に関して無関心あるいは無知であることが多いようだ。しかも宗教にはあまり肯定的なイメージがないように見受けられる。大学生を対象とした意識調査で「一般的に宗教はアブナイというイメージがある」という意見に対してどう思うかと尋ねたところ，「そう思う」あるいは「どちらかと言えばそう思う」と，宗教に対する否定的なイメージに同意する人は60％以上であった（1998年度調査～2015年度調査）。そして，「宗教がらみの事件が多いので，宗教には警戒している」という見方には75％の人が同意を示している（2005年度調査）[4]。日本人は無宗教の人が多いと言われるが，これも宗教に対する警戒感からくるのだろうか。「宗教」について問われても，特定の宗教教団への所属をまず思い浮かべ，そのような「宗教」と自分の生活はあまり関係がないと考えている人が多い。普段の生活のなかでも宗教はあまり意識されていないのである。

(2) 無意識の宗教心

　宗教についての意識を知るためによく使われる調査結果として，統計数理研究所の行っている「日本人の国民性調査」がある。この調査は1958年以降5年毎に実施されているため，長期にわたる人々の意識の動向が俯瞰できる。そこで訊かれた「何か信仰とか信心を持っていますか」という問いに対する「はい」という回答は，最大が1958年の35%，最低が1973年の25%と，上下は多少あるものの毎回30%前後という結果になっている[5]。それでは，この数値は世界の国々と比べて低いものなのだろうか。まったく同じ質問とはいかないが，帰属の宗教は何かを問う質問の結果で比べてみよう。ここに挙げるのは，日本と諸外国との比較が可能な第5次「世界価値観調査」の結果である[6]。帰属する宗教を具体的に答えず，帰属の宗教はないと回答している人々は，無回答や不明を除いた割合で，フランス（2006年）：49.7%，ドイツ（2006年）：42.3%，イギリス（2005年）：48.3%，アメリカ（2006年）：26.0%，そして日本（2005年）が61.5%となっている。確かに欧米諸国に比べて日本は宗教に帰属していないと回答する人が多いようだ。だが，フランス，ドイツ，イギリスでも4割以上の人々が宗教への帰属はないと表明していることに関し，これを意外だと感じる人も多いかもしれない。

　ところで，先の「日本人の国民性調査」のなかに「『宗教的な心』というものを大切だと思うか」どうか質問した項目がある。興味深いことに，何か信仰や信心を持っていると回答する人は約30%に留まるにもかかわらず，回答者全体の約70%の人が宗教的な心は大切だと答えているのである。そこで，少し古い調査ではあるが，宗教を信じない人のうち宗教的な心を大切にする人の比率を見てみると，ハワイ系日系人（1988年）：67%，ブラジル系日系人（1991年）：67%，日本人（1988年）：64%，アメリカ人（1988年）：56%，イタリア人（1992年）：44%，フランス人（1987年）：31%，イギリス人（1987年）：30%，オランダ人（1993年）：22%，ドイツ人（1987年）：14%という結果になった（統計数理研究所国民性国際調査委員会編，1998: 230）。どうも日本人は日系人を含めて，欧米諸国に比べ，宗教は信じていなくとも宗教的な心は大切だと思っている人がかなり多いということらしい。

　その後，同研究所ではアジア・太平洋地域を対象に同様の調査を実施してい

る。次の表1は,「信仰なし」と回答した人のうち「宗教的な心は大切」だと感じている割合を示したものである。

　ここでも他の国々と比較して,日本人は62％と高い割合を示している。唯一台湾が日本と同程度の比率であり状況が似ているかとも思われたが,実は「信仰の有無」の様相がまったく違っている。「信仰あり」という回答は日本の26％に対して,台湾は75％にも上っているのだ。だが,確かに「信仰はない」ものの「宗教的な心は大切」だと感じている人の割合は同程度であり,似たような感情を持つ人が多いと言えるのかもしれない。ちなみに台湾は,日清戦争後の1895年の条約により中国から日本に割譲され,1945年の第二次世界大戦終了時まで日本の統治下にあった。日本の統治を離れた後,議会制民主主義を採っている。いわゆる中国,中華人民共和国とは違う体制となっている。そして「中国を代表する正統な国家」としては中華人民共和国の方が世界的に承認されている。

　ここで,中華人民共和国(以下中国)における宗教の位置づけについても少し触れておこう。中国は周知のように中国共産党が国を運営している共産主義の国である。この国において宗教は国家体制や国のイデオロギーと対立するものと考えられており,憲法上「宗教信仰の自由をもつ」ことは認められてはい

表1　信仰はないが宗教的な心は大切だと回答した割合

日本（2010年）	62％
アメリカ（2010年）	32％
北京（2011年）	28％
上海（2011年）	27％
台湾（2011年）	64％
香港（2011年）	42％
韓国（2012年）	43％
オーストラリア（2012年）	24％
シンガポール（2012年）	32％
インド（2013年）	20％
ベトナム（2013年）	28％

註：角田・林・吉野（2015: 196）の表をもとに作成。

るものの，宗教は一時期弾圧の対象とさえなっていた。現在は仏教，道教，イスラム，キリスト教のプロテスタントとカトリックの5つの宗教は国家的に一応認められてはいる。だが時に報道されるチベット仏教僧やウィグル自治区などのムスリムらと国家体制側との衝突の記事などを見れば，中国が宗教に対して決して寛容ではないことは明らかであろう。また，国を担う共産党の党員には宗教の信仰は認められていないし，宗教活動への参加も禁止されている（南部，2003: 186-8）。そういった状況をふまえた上で先の調査の別の結果を見てみよう。中国の首都北京で信仰があると回答した人は14%に過ぎず，中国最大の人口を誇る国際都市上海では27%である。また，2017年にイギリスから中国への返還20周年を迎えた香港でも信仰ありと回答した人は33%に留まっている（角田・林・吉野，2015: 196）。

「信仰の有無」と「宗教的な心は大切か」という問いへの回答から見えてくるのは，自覚的な信仰が無くても宗教的な心は大切だと考える傾向にあるという日本人の特徴であった。他の国々では信仰が無い人は宗教的な心もあまり大切ではないと考えているようだ。ここで，信仰所持と宗教行事への参加度について考えてみよう。日本人は信仰所持の割合が低いにもかかわらず，宗教行事への参加度は高いということが知られている。一方ヨーロッパでは宗教教団への所属を自覚している人が多いにもかかわらず，宗教行事への参加度はそれほど高くはない。各種調査に表れるこの傾向は日本とヨーロッパの対照性を示しており，きわめて興味深い。表2に示すように，日本では宗教行動は慣習化しているので，それをとりたてて宗教行動とは意識せずに行事に参加する人が多い。そして信仰所持に関しては教団所属を意識するので「自分は信仰がある」という自覚はあまり伴わず，信仰を持つ割合は低く現れる。これに対しヨーロッパでは，教団所属が慣習化しており，たとえば家族が代々どこの教会のメンバーだということは認識している。だが，宗教行動までは慣習化していない

表2　日本とヨーロッパにおける宗教所属意識と宗教行動の違い

	日本	ヨーロッパ
宗教所属	意識的	慣習的
宗教行動	慣習的	意識的

ので、よほど強い信仰の自覚がないと積極的に宗教行事に関わることは少なく、全体的に参加度は低くなるのである[7]。

3.「おもてなし」と宗教文化

(1) 食べられない人・食べられないモノ

　国と国の境界が次第にあいまいになるグローバル化に伴い、必然的に異文化との接触の機会は増えていくことになる。しかし、だからといって、グローバル化の最終局面で出現するのは、接触した異文化同士が溶け合ったひとつの統合された世界というわけでは決してないだろう。そうではなく、むしろ文化的な多様性が前提として存在するような世界ではなかろうか。接触する文化が今までの生活とはあまり馴染みのない文化ならば、あらためて意識的にそれを理解しようと努めるかもしれない。日本では2020年の東京でのオリンピック開催にあたって、海外から訪れる観光客への「おもてなし」の仕方が取りざたされた。たとえば、イスラム圏からの人々に対する食べ物への気遣いの現れはそのひとつであろう。いわゆる「ハラール（許されるもの）」食への取り組みである。これはイスラムにおける食物禁忌に対する配慮である。

　周知のように、イスラムに限らず、宗教によっては食べてはいけないもの、食べてもよいものの区別がなされる場合がある。しかも、その区別が厳しく細かい規定によってなされていたりもする。これらの規定は人間が勝手に決めたものではなく、あくまでもその宗教の究極的な存在によって決められているとされる。それは信仰生活の根幹に関わってくるので、信者たちはそうした食物禁忌を簡単に破るわけにはいかない。

　たとえば、インドやネパールなどに信奉者が多いヒンドゥー教では、牛は神聖視されており、その肉は食されない。インドと言えばカレー料理を思い浮かべる人が多いだろうが、日本の食卓では一般的なビーフカレーは、本場インドではあり得ないメニューになる。

　また、敬虔なユダヤ教徒の家庭では、「カシュルート」と呼ばれる食事規定に基づく食生活が営まれる。キリスト教でいう旧約聖書の一部分にあたるユダ

ヤ教の律法（トーラー）のなかには，神が伝えたとされる潔い動物と不浄な動物のリストが示されている。また，血を食すことや，肉類と乳製品を一緒に調理することなども禁止されている。そして，ユダヤ教では豚は不浄な動物として食されない。また食すことが可能な牛肉にしても，血のしたたるレアのビーフステーキはあり得ない。ハンバーガー（肉）にチーズ（乳製品）をはさむチーズバーガーも敬虔なユダヤ教徒にとっては無理な食事となる[8]。

　「カシュルート」を守って調理された料理を「コシェル」と呼び，ユダヤ教徒の人々は「コシェル」の認証のある食品を購入する。もちろん，ユダヤ教徒以外の人々でもこれらの食品は購入可能である。アメリカではマーケットにおいて，お菓子から食肉まで多種多様な認証食品が並んでいる。かつて，狂牛病の発生が騒がれ牛肉に対する不安感が高まっていた際には，信仰に関係なく，製造過程がある程度保証されているとして「コシェル」認証の牛肉を買う人々がメディアで紹介されていた。また，近年，日本酒の醸造元で，自社製品の海外進出を狙って自分たちの作る日本酒に「コシェル」の認定を受ける動きが広がっているという[9]。彼らが狙う海外進出は，世界で１％にも満たないユダヤ教徒のみを対象としているわけではあるまい。信仰生活と切り離せない食物禁忌も，今や経済活動の重要な戦略のひとつとなっている。

(2)　**食べられないモノがあるという意味**
　次にイスラムの食物禁忌を見てみよう。イスラムでは先のユダヤ教の場合と同様，豚は神によって「穢れている」とされた動物なので決して食さない。ハラールではないのだ。それでは，その他の動物の肉なら大丈夫かというと，そうでもない。「穢れていない」動物に関しても，漠然とその肉の食用が許されるわけではなく，その動物の屠殺の仕方などが細かく決められていたりするのである。食肉のみならず，その他の食物にもさまざまな決まりがあると知れば，宗教的な食物禁忌と縁遠い生活を送っている人々からすれば，「なんと面倒で不自由な食生活か」と思うかもしれない。だが，当該の宗教の信者である人たちにとっては，それは非常に当たり前の食生活ということになるし，してはいけないことが細かく決められているので，かえって守りやすいとさえ考えることもできる。これらの決まりを守って食生活を送ることは，単に食物の摂

取を意味するわけではない。それは食べるという行為を「動物のそれとは異なる，人間らしい行為に変えるための不可欠な条件」（八木，2015: 249）なのである。

2016年の世界の信者人口からみれば，10億人以上の信者を持つヒンドゥー教徒は世界総人口の13.7％にあたる。ユダヤ教信者は全体の0.2％に過ぎないが，ムスリムは23.6％にもなり，この3つの宗教の信者だけで世界総人口の37.5％を占めることになる[10]。単純に計算して，少なくとも世界の10人に3人が宗教上何らかの食物規定のある生活を送っている。これは非常に興味深い事態と言うことができよう。

イスラム圏から日本への留学生も増えてきた近年，いくつかの大学では学生食堂においてハラール食が提供されている。また，イスラム圏からの留学生のみならず，在日のムスリムの数も増えており，2010年末には外国人ムスリムが約10万人，日本人で自発的にイスラムに改宗した人や結婚を契機に改宗した人が約1万人おり，合わせて約11万人になるという（店田・岡井，2015: 2-3）。このような在日ムスリムの増加に伴い，ムスリムが生活をしていく上で必要となるハラール食品を扱う店自体も，以前に比べて増えているようだ。そして，来日する外国人への「おもてなし」の一環として，ハラールへの取り組みは経済的効果も大きいだけに各方面で検討され，また実施されている。観光庁は「ムスリムおもてなしガイドブック」を作成して理解に努めるよう促しているし，観光地浅草のある台東区ではハラール認証取得助成事業を展開し，「ムスリムおもてなしマップin台東区」も作成した。

だが，これらのハラールへの取り組みにも賛否両論あるようだ。高価な代償を払ってまでハラール認証を得る必

図1　羽田空港国際線旅客ターミナル内の祈祷室
註：筆者撮影。

要はなく，原材料の丁寧な説明があれば事足りるはずだという意見もある。また，ハラール認証を掲げながら，ムスリムには禁止されているアルコールを店内で一緒に提供していることの方が問題ではないかという声も聞かれる[11]。日本でも羽田や成田空港等にムスリムの使用を念頭に祈祷室が設けられた〔図1〕。確かに今や世界に4人に1人がムスリムという計算にはなる。しかし，ムスリムだけが優遇され過ぎているのではないか，という声も上がりかねない。実際海外では，ムスリムに対する配慮が反対に過度の優遇施策に当たるとし，これに反感を示す動きもあるほどである。

4．日本社会における宗教意識の裏事情

(1) 社会システムのなかの宗教

　日常において宗教に無関心な日本でも，年々異なる宗教文化との接触の機会が増えている。先述のようなムスリムへの「おもてなし」をはじめとする多様な観光客への対応や，在日の外国の人々との交流などはそのいい例だろう。さまざまな人々，なかでも宗教文化を大事にしている異文化の人々と接することで，日本人も自分たちの宗教的背景に思いを巡らす機会が相当に増えてくるものと思われる。

　日本の宗教的特徴のひとつとして挙げられるものに神仏習合がある。インド発祥の仏教は伝播の過程で変容しながら中国や朝鮮半島を経て日本に移入された。もともと日本にあり，地域に根づいていた神信仰は，新たに入ってきた仏教とともに長年人々の生活に関わってきた。たとえば，神が自身の解脱を願って神前読経を頼むために建立されたという神宮寺は日本各地に存在しており，神仏習合を色濃く物語っている。また，17世紀以降には徳川幕府のキリシタン禁止政策の一環で寺請制度が展開した。それぞれの家は，幕府公認の仏教宗派の寺を檀那寺とする檀家として登録される。この制度は幕府の戸籍管理的な役割を果たすほど確固たるものとなった。先祖祭祀を中心にして家々は仏教式の葬祭を営み，檀那寺に墓を置き，仏教式で身内の供養を営んだが，寺への所属は信仰の表明というよりは非キリシタンの証明であった。だからこそ，

地域の神社や道端にある祠等への神信仰は消えたわけではなく，人々はその時々に仏と神を使い分けながら，それらとともに生活をしてきたのである。

　ところが，徳川幕府に代わり明治新政府が樹立すると，侍中心の封建社会から天皇が頂点に置かれた近代国家へと大きく社会システムが変容する。そして，この劇的な変容は宗教にまで及んだ。新政府は，幕府によって支配的な制度に組み込まれていた仏教ではなく，新たに神道の方に重きを置いた政策をとり始める。まず初めに，1868年に神祇官という古代にあった神々を司る官庁が再興され，それが神社を管轄し始めた。神社に携わる神職も神祇官所属となった。次に，1871年には神社は「国家の宗祀」，つまり国家的な祀りごととなる。これにより神社は公的な存在とされ，どこの神社の神職であろうと国が任命するという方針がとられた。神職に関し，特定の家が代々それを担っていた経緯があったとしても，建前上，神社は私的なものではないということで，神職の世襲は禁じられた。

　国家による神社管理はさらに続く。政府は，国家や天皇との関わりを勘案して神社にヒエラルキーを設け，諸々の神社を明確に序列化した。そして，神社での拝礼の仕方，祭式の作法まで統一を図る。現在，全国のほとんどの神社を管轄下に置く神社本庁が提示している作法は，この統一された形式を引き継いでいる。神道側にしてみれば，仏教と抱き合わせであった頃のことを思えば，表舞台に引っ張り出されて嬉しくもあるが，神社の格から神職の資格，そして働く場所やその作法まで政府の管理下に置かれることになってしまったのは，若干不本意であったかもしれない。

　さらに，神道重視の視点から，それまでの神仏習合の様相は公に否定され，神社から仏教色を区別し，これを除くことになった。権現などの仏教風の神号の廃止や神前に置かれていた仏具等の撤去などを掲げた神仏判然令により，今まで馴れ親しんできた姿がその様相を変えざるを得なくなる。なかには区別ではなく仏教排斥と解釈した人々もおり，彼らによる廃仏運動も各地で興っている。その頃は，場所の呼称ですら仏教風のものから神道風のものに改められることもあった。たとえば，山岳信仰の富士講による登拝が盛んに行われていた富士山も扶桑教の宍野半らによって，山中にあった薬師堂などが廃され，その代わりに新たに神を祀った神社が創建された。また，通称「さいの河原」と

呼ばれていた地名が「安の河原」と呼び換えさせられたりもしている（福田，1982: 42）[12]。

　こうした当時の政府の神道政策は，国と神社との関係を密接にするとともに，神社と人々の生活にも影響を及ぼした。従来の寺請制度に伴う宗門改めに代わり，政府は1871年には氏子調べを新たに実施している。これは，すべての住人はそれぞれ氏神とする神社の氏子として登録されるという制度であった。実際には，戸籍法が新たに施行されたため，この調べは2年程で廃止となっている。だが，明治10年代の戸籍には生年月日や生地，両親の名前等と共に氏神となる神社を記入する欄が設けられており，人々は自分たちの氏神としての神社を改めて意識することになる。

(2) **神社神道と教派神道——神道をめぐる明治の影**

　これらの宗教政策は，後に神社の性格を変容させることになった。発端は「大教宣布」すなわち天皇崇拝を中心とする神道思想などを国民に知らしめるために行った国民教化政策である。新政府はまず神祇官下に宣教使（役所）を設けて国民教化に取り掛かるが効果は上がらず，ついで1872年に設置された教部省の管轄下に新たに教導職を置いた[13]。宣教使で任にあった神道家や国学者のみならず僧侶や果てには講談師，落語家なども加えて教導職に任命し，国民教化に尽力させたのである。教導職は「敬神愛国・天理人道・皇上奉戴」を主旨とした教則三条を基本に説教を行うことになってはいたが，それは徹底されず，自宗派の教義を説く僧侶も多かったという。一応，教導職による布教内容や方法を議論する場として大教院という研究センターも設立されたものの，院内に神殿が設けられ神道式の儀礼もあり非常に神道色が強かったため，これが仏教側の反発も呼んだ。その後，大教院は瓦解し，神道界と仏教界合同の国民教化は失敗に終わる。仏教界はすでに幕府下においてそれぞれの宗派ごとに組織化されていたので，合同のセンターが解散になってもまったく問題にはならなかった。一方，各地に点在する同じ神を祀った神社同士でさえ組織的なつながりがなく，各神社がばらばらの状態であった神道界は，大教院の解散直前に代わりとなる組織を立ち上げた。神道事務局である。すべての神道関係者はここに所属することになった。

こうして，神仏合同による国民教化のあてが外れた政府は政府主体の国民教化政策からは手を引くことにした[14]。そしてこの方針転換の余波により，政府は神道を祭祀に携わる神社神道と人々に神道の教えを説く教化に携わる教派神道に分離させることにする。つまり神社は公的機関として国家の祀りごとである祭事に専念し，神道の教えを説くのは民間宗教としての教派神道に任せるというものであった。従来の神社は神社神道に所属することになり，新たに形成された宗教としての神道である教派神道教団における末端組織は布教所，教会，教院等といった，神社とは別の名称で呼ばれることとなる。1882年には神職は，神官として神社神道に関わるか，教化の立場の教派神道に関わるかの選択を迫られる。しかも同年設置された皇典講究所では，神職の養成や国学等の神道の学問的側面が扱われることになった。これにより神道は祭祀，教化，そして学問という3つの機能に分化させられたのである。以降，神社は個人の祈願等に関わるのではなく，公的な存在として祭祀に従事することになった。

　この神道の分化によって，神社は宗教ではないとする考え方もさらに広まっていく。もはや神社への参拝は，従来の素朴な神信仰とは別種のものとなってしまったのである。そして，個人的な事項に関わらない神社では，基本的に人の葬祭を扱うことができないとされた。政府が奨励していた神道式の葬祭を担ったのは教派神道である。ちなみに青山霊園などは神道式葬祭用のものであった。

　さて，政府が公認した宗教としての神道教団，すなわち教派神道教団は，後に財団法人となった神宮教を除き，全部で13ある[15]。だが成立時期もそれぞれの教団の特色も多岐にわたっている。これらの教団は，神道関係者が所属した神道事務局からそれぞれ独立していった。まず，神道事務局に所属するすべての神道関係者のうち神官の立場を選んだ者は神社神道側に所属し，教導職の立場を選んだ者は教派神道側に所属することになる。そして，その教派神道側に所属した神道関係者のうち，似たような志向を持つ者たちは独自の組織を形成し，神道事務局から独立していったのである。

　たとえば，著名な神社の崇敬講を中心にまとまったのは神宮教と出雲大社教であるし，近世に成立した山岳信仰の講が中心なのは扶桑教，實行教，御嶽教である。また教祖と呼ばれる創立者の特徴的な神道思想が中心となっているも

のに黒住教，神道修成派，神習教，神理教，禊教，金光教，天理教がある。他にも多様な宗教職能者をまとめたものを発展させた神道大成教があり，また独自の組織を持っていても独立とはならず神道事務局とともにあった者たちを中心に成立していた神道大教もある[16]。

これら教派神道教団は仏教宗派と同様，民間の宗教教団ということになり，成員になるには自らその教団に所属を申し出なければならなかった。そして，成員になった上で先祖祭祀まで神道式に改めることも普通になる。ただし教団内で，たとえば教徒と信徒というように，先祖祭祀まで改めた場合とそうでない場合で成員の呼称が違うこともある。ということは，そこまで改めない人たちもいたというわけであり，その場合は，日常生活では神道的な信仰活動を行うが，先祖祭祀の際は仏教式に従うということになった。

そして時は経って戦後，GHQの神道指令によって神社神道は国家との関係を絶たれる。つまり神社も他の宗教と同様，宗教法人となったのである。このことにより神社神道と教派神道との区別も大きな意味をなさなくなった。神社も神道の教えを人々に説けるようになり，また扱う数は少ないものの個人的になされる葬祭にも携わるようになった。だが興味深いことに，宗教である神社の成員になるには自らその所属を申し出る必要はない。一定の地域の住民はその地域の神社の信者，つまり氏子であると神社側が随意にみなしているからだ。ここには戦前における神社神道意識が色濃く感じられる。そして人々は神社において所属を問われることなしに，初詣をはじめ個人的な祈願や七五三などの宗教行動を慣習として行っていることになる。

2018年，明治維新から150年を数えた。あの当時，日本は劇的な社会システムの変容を経験した。人々が250年余り馴れ親しんだ将軍を頂点とする幕府と諸大名率いる藩という武士中心の封建社会から，天皇を頂点に置いた国民国家，近代国家としての日本という大枠が提示される。社会システム内で重視される宗教も仏教から神道に変更された。国内だけでも組織編成が大きく変わるのに，国外からも膨大な量の新たな文化や情報が流入してくる。明治期の日本は現在よりも急激なグローバル化にさらされたと言えるのかもしれない。だが，そのような急激なシステム変化は，人々の意識の根底にまで達するほど，浸透したのだろうか。たとえば，上からの通達でなされた神仏の区別は，呼称

が変わり形式が変わり区別の程度は進んだけれども，見渡せば人々は変わらず神仏を一緒にして扱っていたりする。公的な存在であり宗教ではないとされていた頃の神社では，人々は個人的な願いを神に祈らなかっただろうか。人々が祈る内容はそれほど変わっていないに違いない。

　社会システムの激変に応じて，私たちの生活のどのあたりが大きく変わり，あるいはあまり変わらなかったのか。これは今後も深く探究していくべき大変重要な課題にほかならない。そして，現在の宗教的・文化的・社会的な状態をしっかりと把握するためにも，また今後ますます進むグローバル化の流れのなかで暮らしていくためにも，過去に日本が荒波を縫って航海してきた軌跡を振り返り，また諸外国の宗教事情との比較を行っていくことは非常に重要な営みとなろう。

【註】
1　「毎日新聞」2016 年 5 月 8 日（朝刊）。
2　「日本経済新聞」2016 年 5 月 8 日（朝刊）。
3　1980 年以降のイギリスにおける移民流入によって生じた多文化社会や多民族教育に関して論じたものとして，佐久間（1993）がある。また，多民族社会となったイギリスの社会統合に関する政策の変遷やアジア系ムスリムの意識等については，安達（2013）が詳しい。さらに，民族的な伝統文化を離れ真摯にイスラムの教えを求めようとしているイギリスのアジア系ムスリムの姿を，女性アメリカ人ジャーナリストである著者とイギリス在住のアジア系ムスリム指導者とのクルアーンを巡る対話を通して描いたものとして Power（2015＝訳 2015）がある。一方，イギリスの公教育でなされる宗教教育に関する方針の変遷からも多文化主義の抱える問題の難しさがうかがわれる。藤原（2017）は，異文化理解に重点を置いたことにより，皮肉なことに各宗教の教条的な様相がかえってクローズアップされることになってしまったと指摘している。
4　國學院大学日本文化研究所編（2017）には，國學院大學日本文化研究所のプロジェクトと「宗教と社会」学会・宗教意識調査プロジェクトの両者が 1995 年度から 2015 年度まで計 12 回にわたって合同で実施してきた学生意識調査の結果がみられる。そこでは「一般的に宗教はアブナイというイメージがある」という意見に対して ① そう思う，② どちらかといえばそう思う，③ どちらかといえばそう思わない，④ そう思わないという 4 つの回答選択肢が設けられている。この設問は 1998 年度（第 4 回），1999 年度（第 5 回），2005 年度（第 8 回），2007 年度（第 9 回），2010 年度（第 10 回），2012 年度（第 11 回），2015 年度（第 12 回）の計 7 回取り上げられており，最高は 1998 年度の 66.2％，最低は 2012 年度の 59.4％となっている。「宗教がらみの事件が多いので，宗教には警戒している」という見方に対しても同様の回答選択肢があり，これは 2000 年度（第 6 回）と 2005 年度（第 8 回）で取り上げられた。2000 年度では 84.5％，2005 年度では 74.6％の人がこの意見に同意している。
5　「日本人の国民性調査」のデータは，統計数理研究所のホームページで公開されているものを参照。http://www.ism.ac.jp/kokuminsei/
6　「世界価値観調査」のデータは，ホームページで公開されているものを参照。http://www.

worldvaluessurvey.org/wvs.jsp
7 宗教への帰属の有無と宗教行動の頻度における日本とヨーロッパの意識比較については永井（2007）を参照。また，キサラは世俗化の進度を測る指標に関し，慣習ではなく意識的になされていることとして，ヨーロッパでは宗教行事への参加度を，また日本では教団への所属度を用いるといいのではないかと指摘している（Kisala, 1997: 9）。
8 ただし，ユダヤ教徒であれば誰もが食物禁忌を守っているというわけではない。イスラエル統計局が実施した2010年の調査によれば，イスラエルのユダヤ教徒のうち世俗派を自認する人は43％にも上るが（Central Bureau of Statistics, 2012: 3），そのほとんどが食物規定などを放棄しているものと考えられる。なお，イスラエル以外の非ユダヤ教徒でも食物の安全のことを考え，「コシェル」の認証のある食品を選ぶ人は少なくない。
9 「毎日新聞」2017年1月6日（朝刊）。
10 『ブリタニカ国際年鑑』2017年版（ブリタニカ・ジャパン，2017）：206。
11 内藤（2016）は，欧米経由の価値観でイスラムをとらえるのではなく，実際のムスリムの生活からイスラムをとらえるよう注意を促している。
12 富士講の多くは明治初期に宍野半によりまとめられ，教派神道教団のひとつである扶桑教となった。宍野は鹿児島県出身である。彼は平田国学を学んだ後，1872年に教部省に任官し，宗教官吏として静岡の浅間神社宮司に着任した。そこで富士講の人々と出会い，当時は神仏習合状態であった講をまとめ，その神道化を図った。
13 教部省は神社や寺院，神職や僧侶を管轄する言わば「宗教省」であったが，1877年に廃止となっている。
14 政府による国民教化の直接的な関与はこれで終わるが，多方面からの間接的な関与はその後も続いたと考えられる。たとえば国民には学校教育を通して「教育勅語」や日本神話の解釈等が徹底され，天皇崇拝をはじめとする神道思想が教えられた。島薗（2010）は，この間接的関与は国家神道が広められた回路の一つであったと論じている。
15 1876年にまず黒住教と神道修成派が成立し，1882年には出雲大社教（おおやしろ）（当時の名称は大社教（たいしゃ）），扶桑教，実行教，神道大成教（当時の名称は大成教），神習教，御嶽教の6教団が成立。その後，1886年成立とされる神道大教（当時の名称は神道〔本局〕）に続き，1894年に神理教と禊教，そして1900年に金光教，1908年に最後の天理教が成立した。本文中では現在名で示す。
16 詳しくは井上（1991）の第1章を参照。また井上は同書第8章において，日本宗教におけるグローバル化を近代日本に形成された教派神道のなかに見出し，その意義を論じている。

【文献】
安達智史，2013，『リベラル・ナショナリズムと多文化主義――イギリスの社会統合とムスリム』勁草書房。
Central Bureau of Statistics, 2012, "The Social Survey Israel, 2009-2010," http://www.cbs.gov.il/statistical/seker-chevrati-e124.pdf
藤原聖子，2017，『ポスト多文化主義教育が描く宗教――イギリス〈共同体の結束〉政策の功罪』岩波書店。
福田勝水〔宍野健弌（監修）〕，1982，『教祖伝』扶桑教立教百年記念事業奉賛会。
井上順孝，1991，『教派神道の形成』弘文堂。
Kisala, Robert, 1997,「日本人の『無宗教』化」『創造』（日本カトリック学友会編）111: 8-12。
國學院大學日本文化研究所（編），2017，『学生宗教意識調査総合報告書（1995年度～2015年度）』。
永井美紀子，2007，「宗教意識の多面性――日本人の信仰世界」ロバート・キサラ，永井美紀子，山田真茂留（編）『信頼社会のゆくえ――価値観調査に見る日本人の自画像』ハーベスト社：40-

71。
内藤正典,2016,『となりのイスラム』ミシマ社。
南部広孝,2003,「中国の教育における宗教」江原武一(編)『世界の公教育と宗教』東信堂:185-216。
Office for National Statistics, 2012, "Religion in England and Wales 2011," http://webarchive.nationalarchives.gov.uk/20160107112352/http://www.ons.gov.uk/ons/dcp171776_290510.pdf
Power, Carla, 2015, *If the Ocean Were Ink: An Unlikely Friendship and a Journey to the Heart of the Quran.* Holt, Henry & Company, Inc.(= 2015, 秋山淑子訳『コーランには本当は何が書かれていたか?』文藝春秋。)
佐久間孝正,1993,『イギリスの多文化・多民族教育――アジア系外国労働者の生活・文化・宗教』国土社。
島薗進,2010,『国家神道と日本人』岩波新書。
店田廣文・岡井宏文,2015,「日本のイスラーム――ムスリム・コミュニティの現状と課題」『宗務時報』119: 1-22。
統計数理研究所国民性国際調査委員会(編),1998,『国民性7か国比較』出光書店。
角田弘子・林文・吉野諒三,2015,「地域社会における宗教的感情とソーシャル・キャピタル」吉野諒三・芝井清久・二階堂晃祐(編)『アジア・太平洋価値観国際比較調査――文化多様体の統計科学的解析 総合報告書』統計数理研究所:196-197。
八木久美子,2015,『慈悲深き神の食卓――イスラムを「食」からみる』東京外国語大学出版会。

(永井 美紀子)

第8章

「それでも息子が欲しい」?
―― ネパールにみる過渡期的発展と男児選好の未来 ――

キーワード：男児選好，過渡期的発展，社会的地位の上昇志向，地位の象徴的上昇

1．世界でみられる性別選好

(1) 子どもの性別をデザインする時代

「子は授かりもの」ではなく，親が性別を選択する時代になった。「私の赤ちゃんは男の子？女の子？自分でできる産み分け方法」「【これはすごい】中国式産み分けカレンダーの的中率が凄かった」「専門医が教える！男の子女の子産み分け完全マニュアル」。「産み分け」をキーワードにインターネットで検索すると，ノウハウを教えるサイトや産み分けに関連した商品広告が次々と出てくる。海外に目をうつしても，同様だ。アメリカのモデル，クリッシー・テイゲンとミュージシャン，ジョン・レジェンド夫妻は，生まれてくる子どもの性別を娘に決めたことを発表して話題を呼んだ[1]。

1924年に性別を決める染色体の存在が世界ではじめて立証されてから，着床前，出生前に性別を判定する技術は飛躍的な発展を遂げた。1970年代には羊水穿刺，1980年代には絨毛検査等の胎児の染色体異常，代謝異常を判定する技術が性別判定にも用いられるようになった。また，1980年代に進歩を遂げた超音波技術は，性別判定に関心をもつアジア諸国で急激に普及した（Hvistendahl, 2011=訳 2012）。人工受精，体外受精，顕微授精等，着床前に男女を産み分ける技術が遂に登場し，日本では1986年にパーコール法（精子調整法）を用いた女児の出産が報告されている。「近代化の進展に伴い性別の

重要性は薄れていく」という期待に反して，子どもの性別は関心事の一つとなるだけでなく，実際に選択できるものになりつつある。

(2) 世界では男の子が多く生まれている

出生時性比（女性100に対する男性の数）は生物学的には女性100に対し男性103〜105前後の値を取るといわれているが，2010〜2015の世界平均は，女性100に対し男性107である。1990年から数えると男児の出生数が女児に比べ25％も多い地域もある[2]。

人口における性比の偏りを「失われた女性たち」として問題化したのは，ノーベル経済学者のアマルティア・セン（Sen, 1990）である。センの論文が *New York Review of Books* に発表された当時，中絶や育児放棄等によって命を落とした「失われた女性たち」の数は，1億人に上ると推定された。あれから20年，その数はアジアや東欧だけで1億1700万人に達したともいわれる[3]。「失われた女性たち」のうち，約5分の2が中絶によるものだという報告もある（World Bank, 2012: 14）。世界には，未だ「女性である」という理由だけでこの世に生を受けることができないという状況があるのだ。

地理的にみると，出生時性比の偏りが著しいのが東アジアで，女性100に対し男性が115である。次いで南アジアの109，オーストラリア，ニュージーランドを除くオセアニアの108，コーカサス・中央アジアの107と続く（United Nations Statistics Division, 2015: 6）。東アジア，南アジアにおける出生時性比の偏りは，産児制限がとられていた中国やインドによるところが大きいと推察されるが（UNDP, 2010），最近では，それらの周辺国，あるいは，かつて兆候がみられなかった国や地域でも同様の現象がみられるようになった。それは，産業化以前の中国や日本でみられたような，極度の貧困を理由とした女児嬰児殺しや間引き（Clark, 2008＝訳2009）とは，様相が異なっている。

(3) 経済の過渡期的発展段階と男児選好

近年，男児選好がみられようになった国の共通項として「出生率の急激な低下」，「出生前スクリーニング検査，中絶手術の普及」に加え，「過渡期的な経済発展」を挙げるのは，フランスのデカルト大学人口開発研究所のギルモトで

ある（Guilmoto, 2009；Hvistendahl, 2011＝訳 2012: 32）。「出生率の急激な低下」は，「過渡期的な経済発展」下で世帯の所得が向上するにつれ，多くの子どもを産み育てるのではなく，"限られた良質の子ども（男の子）"を大切に育てるようになることを示している。そして，「出生前の性別判定検査，中絶手術の普及」は，そうした欲望を充足させる実現可能環境があることを意味している。

確かに，国連が定義する所得区分に基づいて整理されたデータに従うと，出生時性比の偏りは，1990年を境に高所得国や低所得国よりも経済成長率の高い上位中所得国および下位中所得国において高くなる傾向にあることが確認できる[4]。特に，上位中所得国では107から109になり，2005－10年には111となったと推計される。逆に，高所得国，低所得国では，出生時性比は正常範囲におさまる。上位中所得国には，国連の『The Worlds Women 2015 Trends and Statistics』の中で男児選好が顕著になったと指摘される欧州のアルバニア（イスラム等），アゼルバイジャン（イスラム），ジョージア（キリストジョージア正教）の他，アフリカのスリナム（キリスト，ヒンドゥー，イスラム）が，下位中所得国には欧州のアルメニア（キリスト）の他，ベトナム（仏教等）等が含まれる。お気づきのとおり，これらの国の地理的，宗教的背景は多様である。

2．男児選好パンデミック予備軍？──ネパール

(1) ネパールにおける男児選好

　　40歳のスバドラは息子であることを祈って19番目の娘を生んだ。彼女はまだ息子を生む希望を捨てていない。ギータは占い師に12番目の子どもは息子だろうと言われ，12人の娘を生んだ。〔中略〕彼女たちは決して捨ててはいない。息子をもつ望みを。（Adhikari, 2004: 214-5）

前掲のギルモトが，将来，男児選好が顕著になりうる国の一つとしてあげたのが，インドと中国に隣接するヒマラヤの小国ネパールである[5]。ネパールは

長年筆者が調査対象としてきた国である。8割がヒンドゥー教徒といわれるネパールでは，息子は家の後継ぎとして，年老いた親の面倒をみる存在として，家の祭祀を執り行う主体として重要視されてきた。それは，「娘ならかぼちゃ，息子ならやぎ」，「男児の誕生は天国行きを約束する」といった諺にも現れている。しかし，出生時性比の顕著な偏りが現れたのは，1990年代後半に入ってからである。国連の『World Population Prospects 2017』によると，ネパールの出生時性比は1950年から1995年まで104で推移していたものの，1995年を境に105～107で推移している。

2007年時点でネパールにおける「失われた女性たち」は，総計約10万人と推定され，同じ南アジアのインド（4200万人），バングラデシュ（320万人），パキスタン（610万）に比べると人数自体は少ない（UNDP, 2010）。しかし，「都市で多い性の選択的中絶」（『Republica』2012.11.29），「失われた女性たち：性の選択的中絶」（『Republica』2013.7.24），「オーム病院は性の選択的中絶に反対する」（『Republica』2013.12.29），「女児の中絶について父親と闘うNGO」（『Republica』2014.1.4），「極西部で増える性の選択的中絶」（『Himalayan Times』2015.9.27）等の新聞の見出しは，女児の中絶に対する社会的関心の高さを示している。

ネパール国内の出生時性比で注目したい点が，それが女性への差別が根強いとされる西部丘陵地域だけでなく，都市部でも高いことである。性比の偏りが顕著な上位6郡のうち，3郡は中心郡，すなわち，バクタプル（女性100に対し男性123），首都カトマンズ（同114），ラリトプル（同114）である[6]。

(2) 経済成長，出生率の低下，性別判定・中絶へのアクセス

出生時性比の偏りがみられる国に共通する3つの特徴はネパールにもあてはまる。経済発展による所得水準の上昇によって，子どもの数よりも"質"の追求が動機づけられる状況，それを実現可能とする法的，技術的環境が整いつつあることが確認できる。

過渡期的な発展段階——経済成長，絶対的貧困の減少

国連の区分に従えば，ネパールは後発開発途上国に位置づけられる。しか

し，出生時性比の偏りが顕著になった1990年代後半から2010年にかけての20年間は，経済成長の途にあった。1990年代後半から2006年まで続いた内戦の影響で経済成長が一時足踏みしたものの，国内総収入（GNI）が上昇し続け，2014年には10年前のおよそ2.5倍になった。IMFのWorld Economic Outlook（April 2018）によればネパールの2018年4月の実質GDP成長率は，前年に甚大な洪水被害があったにもかかわらず5％で世界37位であった。1日1.90ドル未満で生活する絶対的貧困層が全人口に占める割合についても，1984年には74.7％という厳しい状況にあったが，2010年には14.9％まで減少し，飛躍的な改善がみられた[7]。他方，ジニ係数をみると95年の35.2に対し2010年は32.8で依然として格差は残る[8]。

出生率の急激な低下
　ネパールでは世帯規模が縮小し，女性一人が生涯産む子供の数（合計特殊出生率）が減少傾向にある。ネパールの平均的な世帯規模は，1991年の5.6人から2001年の5.4人，2011年の4.9人と，年々減少傾向にある（CBS, 2014: 122）。合計特殊出生率は，1991年の5.6人から2001年の3.8人，2011年の2.5人に低下した。特に都市部では低下傾向にあり，2011年のそれは，農村部の2.71人に対し1.67人である（p. 228-9）。

出生前の性別判定検査，中絶手術へのアクセス
　ネパールにおける出生時性比の偏りは，2002年のNational Abortion Policyにより中絶が法的に認められて以降顕著になったという指摘がある（Frost, Puri and Hinde, 2013）。ネパールでは出生前の性別判定検査，性別を理由にした中絶は法律により堅く禁じられている。しかし，医療従事者が副業として不法に性別判定を行っているとの指摘がある（『Kantipur daily』2017.1.22）。中絶手術自体は，公的，私的医療機関のほか，家族計画を支援している慈善団体のクリニックで比較的低料金で手術を受けることが可能だ。また，最近ではインドから輸入され闇で流通している中絶薬が1200ルピー（およそ1300円）程度で安易に購入できる状況にもある。2012－14年に筆者が実施した調査では，産み分けの方法として宗教儀礼の実施（50.6％；n=1432），医者への相談

(23.6％；n=1428)，伝統的な薬草の使用 (18.1％；n=1429)，占星術師への相談 (14.1％；n=1428)，超音波検診 (14.7％；n=1428) が挙げられていたが，最近では，体外受精クリニックの開院が相次ぎ，金銭的に余裕のある人が，着床前の性別スクリーニングを行っているともいわれている。

　ヒンドゥー教的文化の中で男性が重視されてきたことを知る者にとって，ネパールで男児選好が顕著になることは驚くに値しないかもしれない。しかし，本章でネパールの事例を通して考えてみたい点は，経済の過渡期的発展段階において性別選好が顕著になるのはなぜかという点である。ネパールで今後男児選好が顕著になるとすれば，それはどのような理由によるものなのか。それは，単なる慣習の焼き直しなのか。

3．性別選好の構造的背景

　親が，「限られた良質の子どもを欲するようになる」としても，それが男児であるのはなぜなのか。その理由を「家族」を手がかりに考えてみよう。「家族」とは，配偶関係や血縁関係，親密性によって結びつけられた集団を指す。家族を一つのシステムとして捉えると，その機能として，「新たな成員を産み育て次世代にわたり家族集団を維持・存続させる機能」と「成員間で生活に必要なモノやサービスを生産・供給する経済的機能」を挙げることができる (Murdock, 1940= 訳 2001)。これを家族の戦略と読み替え，「家族集団の世代間の継承に関わる戦略」，「家族集団の経済的戦略」とし，性別選好の構造的背景を簡単に整理する。

(1) 家族集団の世代間の継承に関わる戦略——母系制か，父系制か

　子どもの性別選好は，家族集団の世代間の継承に関わる戦略——誰の血筋によって家族集団を組織するのか，財産や地位を誰に引き継ぐのか——によって変わるという指摘がある。男児選好が顕著なインドでも母系制のケララ州とは異なり，父系制のパンジャブ州およびハリアナ州では，男児選好が顕著であることが知られている。この点について，社会人類学者トッドは，母方の血筋

によって家族や血縁集団を組織する母系制の社会では母の兄弟の子や父の姉妹の子との結婚を優先し，母方の財産が継承されるため，女性の地位が高く，パルダ（女性の隔離）や女嬰児の間引きは行われないと述べる（Todd, 1999＝訳 2008: 246）。他方，父系制の社会では，血筋，財産，地位が父から息子へと継承されるため男性が重視される。父系制の社会には結婚時に新婦側が新郎側に金銭や家財道具等を贈るダウリー（持参金）の慣習もあり，その経済的負担故に娘を忌避するとの指摘もある。開発経済学者バナジーは，北インドのデリーの路上で「今（中絶に）500ルピーを払えば，あとで5万ルピー（持参金）の節約になります」という広告を目にしたと記している（Banerjee, 2012＝訳 2012: 169）。以上から父系制の社会では男児が選好される構造的背景があることがわかる。

(2) 家族集団の経済的戦略――労働力としての期待，社会保障としての期待

男児選好について研究蓄積が多くあるのは経済学である。経済学者は，男児選好が社会問題となっている中国等の分析から，男児を選好する理由として，労働力としての家族への経済的貢献への期待，社会保障としての期待を挙げる。

たとえば，中国において茶の栽培地と果物の栽培地での出生時性比の違いに注目したキアンらは，それを労働市場での男女の価値に求めた。茶の生産地では繊細な指で茶を摘む必要があるため女性が，果物の生産地では重いものを運ぶ必要があるため男性が重視され，結果として，出生時性比の違いにつながったという（Qian, 2008）。

1980年代の鄧小平の経済改革後の乳幼児死亡率に占める女児の割合の上昇に注目したセン（Sen, 1990）は，それが医療保険制度の解体と労働市場での女性／男性の価値に関係していると分析した。当時中国では，医療保険制度の支柱である人民公社が解体され，医療費の高騰や自己負担の増大が生じた。これが老齢年金や老後の社会保障としての子ども世帯への依存を生んだ。また，同改革は結果的に女性の雇用を減少させ「女性の活動は非生産的である」という評価を生み，稼ぎ手となる男性の価値を高めた。結果として，男児選好を強めることになったのだという。

(3) 性別選好は不変なのか？

「ジェンダー秩序は，家父長制と資本制との弁証法的関係によって変化する」という上野 (1990) の議論に依拠すれば，家族を取り巻く経済的環境が変化することで家族の機能，戦略も変化し，性別選好も変化する——強化されたり，消滅したり，新たに作りだされる——ことが考えられる。次の研究はそれを示唆する。たとえば，ジャンセンが，2002年にコールセンターと協力して男児選好が強い北インドの3つの州で行った社会実験では，女性の労働市場での価値が上昇すると親が女児に教育投資をすること——選好が緩和されること——が示された (Jensen, 2010；Banerjee, 2012＝訳 2012: 111)。また，森泉 (2008) は，日本で男児選好が徐々に薄れた理由に，「女児がいると生活が楽しくなる」だけでなく，「老後の支えになる」を挙げ，社会保障制度の不十分さが娘の価値を高めたことを示唆した。以上の予備的考察を踏まえて，次節ではネパールの今日の男児選好の状況を概観し，どのような理由により男児選好が強化されるのか，それは社会の変化とどのように関係しているのかについて考えてみよう。

4．ネパールでの調査からみえたこと

(1) 全体としては平等志向

「息子は最期に一緒にいてくれる。大変でも一緒にいてくれる。貧しくても手を差し出してくれる。親に対する責任感があるのが息子。」[9]

「息子は必要ない。娘が面倒をみてくれるだろう。同じ。子供がいないより，いるほうがよいという考えだ。息子だから面倒をみてくれるわけではない。そういった事例をたくさんみている。娘のほうが愛してくれる気がする。」[10]

「(最近出産した子どもが) 息子だということは，妊娠3か月目にわかった。嬉しかった。1人目，2人目は女の子だったので中絶した。口外しないことを条件に公立病院で。義母が「息子，息子」という。息子じゃなかったら，離婚させるといわれた。息子は1人でも必要だという。娘は (結婚して) 他家に出ていくから。息子だけが家系を継げる。」[11]

上記は聞き取りで語られた息子・娘についての考え方である。2016 年 10 月から 2017 年 3 月にかけて首都カトマンズを擁するバグマティ・ゾーンで筆者が実施した調査では，意外にも理想の性別構成について息子と娘の数を同数とする平等志向が 61％，男児選好が 24％，女児選好が 8％で，6 割が平等志向であることがわかった（n=2555）[12]。他方で，息子の必要性を感じている人は 4 割程度おり，性別判定を行ったことがある人は 20.2％（n=1145），性別判定の結果中絶をした人は 16.6％であることもわかった（n=1935）。人々はなぜ息子を必要とするのか。調査では，その理由として，家系の維持（65.2％），老後の保障（41.1％），葬式の喪主（39.1％），財政的支援（31.0％），財産相続（21.3％），威信と力の誇示（9.6％）等が挙げられた（n=2581）。「葬式の喪主」とは，火葬の際に，遺体に火をつける等の宗教儀礼を行うことを指している。では，どのような人が息子を選好するのか。

(2) 上層中間階級で高い性別判定後の中絶率——階層と性別選好の実現可能性

「階級が上昇するにつれ男児選好は薄れる」。インドの研究者バラとコール（Bhalla and Kaur, 2015）は，インドの人口動態データをもとに人々が貧困層から新興中間層，中間層を経て上層へと上昇するにつれ選好が薄れ，性比の偏りもいずれは収束するという大胆な予想を出す[13]。彼らによれば，4 つの階層のうち男児選好が強いのは貧困層と新興中間層であるが，貧困層はそれを実現する資源をもたず，ある程度の経済的余裕をもつ新興中間層になって性別判定や女児の中絶を行うため，新興中間層の数に比例して男児選好が顕著になるというのだ。男児選好は貧困層から新興中間層にかけて強く，女児の中絶率は新興中間層で高いという説はネパールにもあてはまるのか。

『世界価値観調査』に依拠して，低層階級（lower class），労働者階級（working class），下層中間階級（lower middle class），上層中間階級（upper middle class），上層階級（upper class）の階級自認別に男児選好スコア，性別判定後の中絶経験を尋ねたところ，「娘しかいない人は不運だ」，「息子がいないのは業や不道徳故である」，「息子だけが祖先の祭祀を執り行うことができる」等で測られる男児選好スコアが高得点だった人の割合は，労働者階級と低層階級で高く，性別判定をした人の割合も低層階級で高い。しかし，興味深

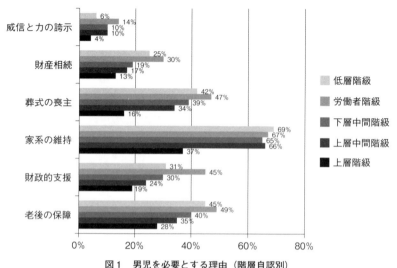

図1　男児を必要とする理由（階層自認別）
註：筆者実施の調査。2016 〜 17 年に実施。n=2568。

いことに性別判定後に中絶した人の割合は，上層中間階級で最も高いことがわかった[14]。学歴，所得，カーストが高い人ほど上層中間階級や上層階級を，低い人ほど低層階級や労働者階級を自認する傾向がみてとれることから，学歴，所得，カーストが比較的高い人が，性別判定や女児の中絶を行っていると推測することができた。

なお男児を選好する理由については，「家系」を除き，上層中間階級よりも，労働者階級や低層階級ほど財政的支援，老後の保障，財産の相続を挙げる傾向にあった〔図1〕。ここから推測するに，労働者階級，低層階級においては財政的支援への期待，老後の保障としての期待，財産を継承し引き継ぐといういずれの理由からも男児を選好する傾向にあるものの，中絶の費用や医療機関へのアクセス等の実現可能性が低く，結果として中絶には至っていない。他方で，上層中間階級では，家系の維持を理由に男児を選好し，それを実現させる資源をもつ結果，中絶に至った割合が高くなっていると考えることができる。

(3) 上層階級で男児選好が弱まる理由——経済的安定，社会的地位の上昇志向

図1をみてわかるように，上層階級における男児選好は他の階級に比べ相対的に弱い。特に，財政的支援，老後の保障という点での息子の重要性は低い。その理由として考えられるのは，息子に頼らずとも自活できる資源があること，選好に陥らない新しい価値志向をもつことである。

1点目の財政的支援，老後の保障という点での息子の重要性は，私財があれば，薄れていく。近年ネパールでは，核家族化が進み，大家族において年老いた両親の世話をするという状況にも変化が生じている。新聞広告等では，富裕層向けの介護ヘルパーの宣伝もみられるようになった。一部の階層においては「介護という家族機能」の外部化もみられるのだ。では，家系の維持についてはどうだろうか。息子が必要な理由として「家系」を挙げた人の割合をみると，最も高かった低層階級と上層階級との間には，30ポイント以上の開きがあった。また，「家系」を確認する機会となる葬式についても，上層階級でそれを挙げた人の割合はわずかに16.0％で，労働者階級との間に30ポイント以上の開きがあることから，上層階級においては家系という点でも息子に拘泥しない姿勢が読み取れる。

2点目について，調査からわかったことは，自認する階層が上昇するほど，「社会的地位の上昇志向（upward mobility）」が高く，「社会的地位の上昇志向」の高い人ほど男児選好が弱いことである。社会的地位の上昇志向とは，「より高い社会的・経済的地位に昇りつめようとする姿勢」のことで，世界価値観調査では，それをはかる尺度として「思い通りの人生の選択ができているという全能感」，「競争はよいという競争主義」，「成功はコネクションよりも勤勉さによってもたらされるという業績主義」が設定されている。ネパールでも同じ設問を用いて調査をしたところ，社会的地位の上昇志向が高い人ほど，男児選好スコアが低く，男児を生むプレッシャーを感じた人の割合や女児を中絶した人の割合が低いことがわかった。

社会的地位の上昇志向スコアが高い人の割合は，経済的，社会的に優位にある上位カースト（ブラーマン，チェットリ）において高く，低カーストにおいて低い。所得グループをみると，所得下層，中間層，上位層の3つの所得グループのうち，社会的地位の上昇志向スコアが高い人の割合は，中間層におい

て最も高く，最下層において最も低かった[15]。また，学歴や自認する階層が高い人ほど，社会的地位の上昇志向スコアが高くなる傾向にあった[16]。社会的地位の上昇志向は，資本主義の進展下での属性主義から業績主義への制度的転換と関連していると考えられる。その中で，属性からの個の解放，伝統的束縛からの自由，人生の選択の幅の広がりを実感できている人は，結果として男児選好を薄める平等主義，個人主義的価値観をもつようになるのではないか。上層階級では，所得に裏打ちされた財政，老後の保障面での男児選好の薄れだけでなく，社会が業績主義へと移行する過程での実感が男児選好を弱めていると考えることができるのだ。

(4) モンゴロイド系民族で男児選好が強化される理由——経済的戦略・ブラーマン化

しかし，興味深いのは，従来は男児選好が弱いと言われていた人々の間で選好がみられる点である。これまで，カースト・民族と男児選好との関係については，ネパールの支配層を占めるブラーマン，チェットリ等のヒンドゥー教徒ほど信仰が篤く家父長制的ジェンダー規範が強いとされてきた。しかし，調査で明らかになったのは，家父長制的ジェンダー規範が弱いとされてきた主に仏教を信仰するモンゴロイド系民族において男児選好スコアの高得点者の割合が相対的に高く，性別判定や女児の中絶をした人の割合も一定程度いることだ。それまで男児選好が弱かったと仮定すると，彼らにおいて選好が強まったのはなぜか。

まず，息子を重視する理由に目を向けると，モンゴロイド系民族ほど，「老後の保障」，「葬式の喪主」，「財産相続」という理由から息子を重視していることがわかる〔図2〕。今回の調査での所得分布をみると，モンゴロイド系民族において所得下層に位置する人の割合が，低カーストに次いで2番目に高いことがわかった。所得下層者の割合が最も低かったネワール民族と比べると20ポイント近い差がある[17]。また，「ネパールの一般的な世帯に比べて生活水準が低い」と回答する人の割合も高く，ネワール民族と10ポイント以上の差がある。ここから，モンゴロイド系民族は，息子に老後の面倒を期待する状況に置かれていることが推察できる。

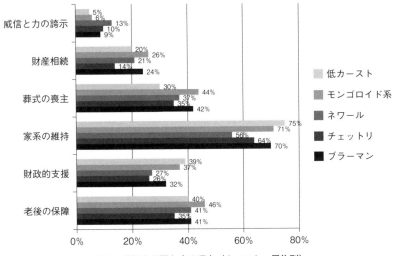

図2　男児を必要とする理由（カースト・民族別）
註：筆者実施の調査。2016～17年に実施。n=2568。

　次に，「ブラーマン化（地位の象徴的上昇）」という点から考えてみたい。2016年9月に筆者が行った聞き取り調査の中で，産婦人科専門病院のG医師は，「ブラーマン化」という言葉を用いて，少数民族へのヒンドゥー教の影響について触れた。「モンゴロイド系民族は，息子だろうが娘だろうが気にしなかったが，最近ではブラーマン化が起きている。かつて教育を受けられたのがブラーマンだけであり，その後を追って他のカースト・民族も学をつけたように，男児選好でも後追いがみられる」とG医師は言う。モンゴロイド系民族のBさんは，新婦の側が新郎の側に支払うダイジョ（婚資）が"流行"になっていることを指摘する。婚資はネパールにおいてもヒンドゥー文化の影響が強いインド国境付近の地域でみられた慣習であったが，最近では，仏教徒の間でもみられるというのだ。息子が挙式をあげたばかりだというBさんの親族も婚資を受け取ったという。「新郎の職業によってレートがある。技術者なら50万ルピー（およそ50万円），医者ならもっと上。農村では牛やモーターバイク等を贈る。特に，お金持ちの間で流行しているようにみえる」。国際ニュースサイト「Global Young Voice: Stories of the youth」に投稿したモンゴロイド系民族のウシャ・ラマは，「今日，婚資は富や地位の象徴である。高い地位にいる

家族ほど，婚資を差し出すこと，あるいは受け取ることを期待している」と記している[18]。

5. ネパールにおける男児選好の未来

　以上の議論から，過渡期的発展段階において男児選好が顕著になる理由についてまとめ，ネパールの男児選好の未来を予想してみよう。過渡期的発展段階において男児選好が顕著になる理由として次の2点を示すことができる。すなわち，①潜在的にあった男児選好が，行為を可能にする資源や実現可能環境が整った結果，女児の中絶というかたちで表れている，②経済成長を遂げながらも依然として残る格差の中で経済的支援，老後の保障，家系の維持という理由に加え，「地位の象徴的上昇」という点から男児選好が強化されているという点である。①に依拠すると，ネパールの男児選好について次のような予測をたてることができるだろう。ネパールでは人口のおよそ45％が貧困層，31％が貧困層を脱しつつあるものの脆弱性が高い層といわれている（World Bank, 2016）[19]。これら76％の人々が今後，階層上昇を果たし男児選好の実現可能性を高める時，ギルモトの予測した性比の著しい偏りが生じると。だが，長期的にみれば，貧しい76％の人々が上層に登りつめ，財政的支援，老後の保障において息子を頼らざるを得ない状況を抜け出すことができたときに，性比の偏りはなくなる。②からは，次の予測がたてられた。「地位の象徴的上昇」は，所得が上昇し一定の生活水準を確保できたとしても，相対的な格差がある限り簡単には消えることはない。故に，性比の偏りは消えないと。

　しかしながら，業績主義の浸透が男児選好を弱化させているという点から楽観的な予測を示すこともできる。属性主義から業績主義への移行の中で属性に規定されずに自己実現が可能になるという状況を多くの人たちが享受できるようになれば，子どもの性別への固執も弱まり男児選好は収束に向かう。もしかすると，これらを待たずしてもネパールの家族関係に変化が生じたときに，男児選好は弱まっていくかもしれない。Hさんは，扶養義務の薄れや娘に葬式の儀礼を許す最近の風潮を，またSさんは海外への出稼ぎによる男性の不在が慣

習の変容の契機になっている点を指摘する。

「息子が葬式の際に儀礼をする。今では娘もやるようになった。ここ4, 5年の変化ではないか。息子がいない人が他人に儀礼を頼むと（息子と同じ役割をしたことになるので）財産をあげなければならない。自分と同世代の人は，娘が儀礼をするのか，息子がするのかを気にしない。両親の世代は異なる。かつては息子が両親の面倒をみていたが，今は自分で自分の面倒をみなければならない。」[20]

「葬式に息子が必要だといわれるが，生理ではない限り女性が儀礼をしてもよいと考えられるようになった。昔は娘が火葬場（川）に行くことは許されなかった。男性が海外に出稼ぎに行くようになったここ10年で考えが変わった。意識が変化したというよりは，環境が変化したからだと思う。」[21]

今後，ネパールの男児選好はどのように変化していくのであろうか。経済成長下での階層移動や海外での出稼ぎ誘因に伴う家族の戦略の変化，業績主義の浸透の中での個の自立によって，性比の偏りは，残り続けるようにも，あるいは，減衰するようにもみえる。ネパールを含め世界各国の今後の動向が注目される。

【註】
1 CNN, 2016, Should parents be allowed to choose the sex of their baby? By Carina Storrs (Retrieved February, 29, 2016, http://edition.cnn.com/2016/02/26/health/parents-choose-sex-of-baby-ivf-ethics/index.html).
2 United Nations Population Fund, Gender-biased sex selection (Retrieved Dec 28, 2017, http://www.unfpa.org/gender-biased-sex-selection).
3 Ibid.
4 United Nations, Department of Economic and Social Affairs, Population Division, 2017, "World Population Prospects: The 2017 Revision, custom data acquired via website" (Retrieved Aug 20, 2017, https://esa.un.org/unpd/wpp/dataquery/). 世界銀行の2016年のGNI per capita atlas methodにより算出された値が，1万2476ドル以上が高所得国，4036ドル－1万2475ドルが上位中所得国，1026ドル－4035ドルが下位中所得国，1025ドル以下が低所得国。各国の援助供与の指針となることが多い。なお，経済成長率の平均（2000－2016）は高所得国1.6％に対し，低所得国5.3％，低中位所得国6.1％，上位中所得国5.9％である。
5 ヴィステンドールのインタビューの中で（Hvistendahl, 2011＝訳2012: 32）。
6 CBS (Government of Nepal National Planning Commission Secretariat Central Bureau of Statistics), 2011, Table 3.1 Sex ratio at birthを参照。
7 World Bank IBRD-IDA Data Base (Retrieved Aug 15, 2014, http://povertydata.worldbank.org/poverty/country/NPL).
8 World bank, World Development Indicators (Retrieved Jun 1, 2016, http://data.worldbank.

org/country/nepal#cp_wdi.）．
9 2016 年 3 月 22 日カトマンズでの 50 歳女性の聞き取りから。
10 2016 年 3 月 22 日カトマンズでの 26 歳男性の聞き取りから。
11 2016 年 3 月 23 日カトマンズ A 病院での 25 歳の女性の聞き取りから。
12 JPSP 科研費（若手研究 B）「ネパールの男児選好にみるジェンダー，カースト・民族，機能分化的社会関係」で実施した調査。調査当時 18 歳以上 70 歳未満の男女 2589 名から回答を得た。
13 Surjit S. Bhalla and Ravinder Kaur, 2015, Financial Express Column: No proof required; The end of the son preference begins The rise and fall of the emerging middle-class mirrors changes in the sex ratio at birth (Retrieved May 5, 2017, http://www.financialexpress.com/opinion/the-end-of-the-son-preference-begins/119619/）．
14 階層は「自身がどの階層に属していると思うか」という回答による。性別判定を受けた人の割合は低層階級において 36.0％，労働者階級において 18.9％であったのに対し，上層中間階級では 18.3％，上層階級では 16.7％であった。判定後に中絶した人の割合は，低層階級において 12.7％，労働者階級において 14.5％だったのに対し，上層中間階級では 23.9％，上層階級では 16.7％だった（いずれも 5％水準で有意）。調査で用いた階層区分については，2010-2012 World Values Survey の V238 を参考にした。
15 CBS (Government of Nepal National Planning Commission Secretariat Central Bureau of Statics), 2011, *Nepal Living Standard Survey 2010/11* Vol. 2 Table 11.1 の Nominal household income の 5 つの所得階層，すなわち，Poorest （1 か月あたり 826.25 ルピー），Second （同 10971 ルピー），Third （同 13750.83 ルピー），Fourth （同 15528.08 ルピー），Richest （同 29712.92 ルピー） を参考に所得下層（0 ～ 10000），中間層（10001 ～ 30000），上位層（30001 以上）の 3 つに分類した。
16 いずれも 5 ％水準で有意。
17 先住民族ではあるが，経済的，社会的，政治的に比較的優位な立場にある。
18 Global Young Voice: Stories of the youth (Retrieved Oct 1, 2017, https://www.globalyoungvoices.com/all-articles/2016/10/18/dowry-in-nepal-sign-of-love-or-rotten-practice).
19 ここでの貧困層は 1 人当たり 1 日 4 ドルから 20 ドルで生活している人を指す。
20 2016 年 3 月 26 日ラリトプルでの 42 歳男性 H さんへの聞き取りから。
21 2016 年 3 月 22 日カトマンズでの 48 歳女性 S さんへの聞き取りから。

【文献】

Adhikari, Krishna, 2004, "The Hope for a Son Never Dies," Bandana Rana and Navin Singh, 2005, *Mother Sister Daughter: Nepal's Press on Women*. Kathmandu Sancharika Samuha: 214-217.
Banerjee, Abhijit and Esther Duflo, 2012, *Poor Economics: A Radical Rethinking of the Way to Fight Global Poverty*. Public Affairs. （= 2012, 山形浩生訳『貧乏人の経済学――もういちど貧困問題を根っこから考える』みすず書房。）
Bhattachan, Krishana B., 2001, "Gender and Democracy in Nepal," Laximi Keshari Manandhar and Krishana B. Battachan (eds.), *Gender and Democracy in Nepal*. Modern Printing Press: 153-167.
CBS (Government of Nepal National Planning Commission Secretariat Central Bureau of Statistics), 2011, *National Population and Housing Census 2011*.
CBS (Government of Nepal National Planning Commission Secretariat Central Bureau of Statistics), 2014, *Population Monograph of Nepal, Vol. 2 (Social Demography)*.

Clark, Gregory, 2008, *A Farewell to Alms: A Brief Economic History of the World: Princeton Economic History of the Western World*. Princeton University Press. (= 2009, 久保恵美子訳『10万年の世界経済史』日経BP社。)

Frost, Melanie Dawn, Mahesh Puri, and Peter Richard Andrew Hinde, 2013, *Falling Sex Ratios and Emerging Evidence of Sex-Selective Abortion in Nepal: Evidence from Nationally Representative Survey Data, BMJ Open*. 3 (5) (Retrieved Aug 5, 2017, http://bmjopen.bmj.com/content/bmjopen/3/5/e002612.full.pdf).

Guilmoto, Christophe Z., 2009, *The Sex Ratio Transition in Asia*. CEPED (Centre Population et Développement UMR 196 Université Paris Descartes INEDIRD).

Hvistendahl, Mara, 2011, *Unnatural Selection: Choosing Boys over Girls, and the Consequences of a World Full of Men*. Public Affairs. (= 2012, 大田直子訳『女性のいない世界――性比不均衡がもたらす恐怖のシナリオ』講談社。)

Jensen, Robert, 2010, "Economic Opportunities and Gender Differences in Human Capital: Experimental Evidence for India," NBER Working Paper W16021 (Retrieved Aug 5, 2013, http://sticerd.lse.ac.uk/seminarpapers/dg01112010.pdf).

森泉理恵, 2008,「日本における子どもの性別選好――その推移と出生意欲との関連」『人口問題研究』64 (1): 1-20.

Murdock, George Peter, 1940, "The Cross-Cultural Survey," *American Sociological Review*, 5 (3): 361-370. (= 2001, 内藤莞爾訳『社会構造――核家族の社会人類学』新泉社。)

Qian, Nancy, 2008, "Missing Women and the Price of Tea in China: The Effect of Sex-Specific Earnings on Sex Imbalance," *The Quarterly Journal of Economics*, 123 (3): 1251-1285.

Sen, Amartya, 1990, "More than 100 million Women are Missing," *New York Review of Books*, 37 (20) (Retrieved Aug 5, 2013, http://www.nybooks.com/articles/archives/1990/dec/20/more-than-100-million-women-are-missing/).

Todd, Emmanuel, 1999, *La diversité du monde: Structures familiales et modernité*. Seuil. (= 2008, 荻野文隆訳『世界の多様性――家族構造と近代性』藤原書店。)

上野千鶴子, 1990,『家父長制と資本制――マルクス主義フェミニズムの地平』岩波書店。

United Nations Development Programme (UNDP), 2010, *Asia-Pacific Human Development Report: Power, Voice and Rights: A Turning Point for Gender Equality in Asia and the Pacific*.

United Nations Department of Economic and Social Affairs, 2015, *World's Women 2015: Trends and Statistics*.

World Bank, 2012, *World Development Report 2012: Gender Equality and Development*.

World Bank, 2016, *Moving Up the Ladder: Poverty Reduction and Social Mobility in Nepal*.

(佐野 麻由子)

第9章

少子高齢化とダブルケア
―― 育児と介護という二重のケア責任をめぐって ――

キーワード：ダブルケア，少子高齢化，ケアワーク，韓国，福祉レジーム

1．はじめに

　少子高齢化の社会問題化から約20年たつ。戦後，日本政府は人口抑制政策と銘打った政策は実施しなかったが，1960年代の新生活運動の中で工場労働従事者の世帯を対象に，事実上の出産抑制を促す家族計画の奨励や，合理的な家計運営の指導を企業側が行ってきた。1980年代には税制や年金制度における専業主婦優遇措置等の男性稼ぎ主型の社会政策が形成され（大沢，1993；横山，2002；堀江，2005），1980年代から高齢化対策，1990年代から少子化対策やワークライフバランス政策がスタートしてきた。

　2000年以降，日本社会では急速な高齢化の進展のもとで少子化が下げ止まらず，実際の政策展開によっても少子高齢化問題が解決するかがわからない状態が続いている。どうしたら「よい子ども」が育ち，「よい家族」が形成されるのか。この間の日本社会は，それがわからなくなっている不安状態が続き，「よい家族」「よい子育て」の「よさ」のコンセンサスがないまま，「よさ」を追求しなければならないというジレンマを抱えている（相馬，2018）。

　市場では，今や子育て産業が拡大し，早期教育の大衆化により子育て情報が氾濫している。例えば，日本で通信教育の大手である進研ゼミ中学講座が開講されたのが1972年である。続いて同社の小学講座が1980年，そして幼児講座が1988年にスタートし，幼児講座では親子のふれあいを軸にした商品展開がなされ大きなシェアを得た。その後，育児雑誌の発刊ラッシュとなり，子育て

中の親に寄り添うようなコンセプトの特集が組まれながらも,「よりよい子育て」「よい家族」をめぐる様々な言説に,子育て中の親は過剰なまでに囲まれている。同じ少子高齢化問題に遭遇する韓国では,日本以上に早期教育が過熱している。韓国の教育熱の高さは周知のとおりだが,隣国でも早期教育の大衆化がいっそう進んでいる。日韓とも,答えのない「よりよさ」を追求すべく,子育て産業の拡大から家庭での早期教育が大衆化している。

　では政策ではどうか。高齢化対策についての議論はすでに多くなされ,その原因,必要な政策,今後の課題は議論が多くあるが(金,2016等参照),家族やケア政策については,「家父長制」(上野,1990;瀬地山,1996)のありようによっても,政策選択も規定されうる。本章では,「少子高齢化」の問題を,少し視点を変えて考えてみたい。つまり,少子高齢化問題を問題としてとらえる社会そのものを考えることからはじめたい。第2節では,少子高齢化問題が解決するかがわからない不安状態が続き,どうすれば「よい子ども」が育ち,よい「家族」が形成されるのかが見えず,誰かに「よさ」をのせることで物事を解決しようとしはじめる動きが,社会にあらわれてくることそのものを考える。「よい家族」「よい子育て」の「よさ」のコンセンサスがないまま,「よさ」を追求しなければならないジレンマを抱えながら,少子高齢化問題という解けない問題をあたかも解かされているような瞬間が出現してきた。政策論議から,その象徴的な動きをみていく。第3節では,少子化と高齢化が同時に進行しつづけると,どのような事態にいたるのか。「ダブルケア」という新しいケアワークの出現を,その構造的要因から読み解いていく。第4節では,筆者が山下順子(英国ブリストル大学)と共同で2012年度から実施してきた量的・質的調査をもとに,ダブルケアのリアリティと問題を記述する。第5節では今後の課題を研究面・実践面の両面から簡潔に論じる。

2. 子育て(行為)に「よさ」をのせる動き

　日本において,「よい家族」「よい子育て」の「よさ」のコンセンサスがないまま,(すでにいる)特定の誰かに「よさ」をのせることで物事を解決しよう

としはじめる動きは，少子化対策論議からみることができる[1]。象徴的に，そのコンセンサスのなさについて言及したのが，1998年の「厚生白書：少子社会を考える――子どもを産み育てることに『夢』を持てる社会を」であった。同白書は，子どもを産み育てることに「夢」がない今の日本社会を，冒頭から次のように憂いている。

「20世紀後半，日本は豊かさを目指して走り続けてきた。（略）しかし，その間，出生率は下がり続けた。気づいてみれば，日本は，結婚や子育てに『夢』が持てない社会になっているのではないだろうか」（厚生省，1998: 4，下線は筆者）

結婚や子育てに夢が持てない社会とは，「よい結婚」「よい子育て」の「よさ」のコンセンサスがない社会であることを示している。では日本では，「よさ」のコンセンサスがない中で，誰に，どのような「よさ」をのせることで物事を解決しようとしはじめるか。子育て支援言説から見ると，① 保育～保育限界説，② 専業主婦支援説（在宅子育て支援説），③ 家庭や地域社会における子育て機能の再生説，という三段論法を通じて，「よさ」をのせていくことで物事を解決しようとする日本的形式が浮上する（相馬，2010）。

そもそも日本の厚生白書に「子育て支援」という用語が登場したのは，1989年の厚生白書である。皮肉にもこの厚生白書が出された1989年の出生率は1.57と再び低下した。1990年に「1.57ショック」として出生率低下が社会的に大きくクローズアップされた。1994年12月「今後の子育て支援のための施策の基本的方向について（エンゼルプラン）」が提示され，「子育て支援社会の構築を目指す」うえで，国・地方公共団体，企業・職場や地域社会の役割が重要であると強調された。このエンゼルプラン期と新エンゼルプラン（1999年）では，共働き世帯を対象に保育対策への焦点化がみられる。

ところが2000年代に入ると，共働きと専業主婦とのバランス問題が強調されるようになり，「保育限界説」とでもいうべき論調が台頭し，共働き世帯を政策対象とした保育政策に加え，「在宅で子育てをする家庭」，具体的には専業主婦が政策対象となった「在宅子育て支援」と，男性や企業が政策対象となった「働き方改革」にも力点が置かれる。

そのきっかけとなったのが，2002年1月の人口推計だ。この推計は，晩婚化に加え，「夫婦出生力の低下」という新たな現象が日本社会に現れたことを示した。そこで，「少子化の流れを変えるためには，従来の取組みに加え，もう一段の少子化対策（プラスワン）を講じていく必要」という機運が高まり，「少子化対策プラスワン：少子化対策の一層の充実に関する提案」が発表された。この発表をふまえ，少子化対策推進関係閣僚会議にて「次世代育成支援に関する当面の取組方針」が2003年に決定されたが，上述の三段論法の「子育て機能の再生説」というロジックの中で，次世代育成支援が定義されていく。以下長いが原文を引用しよう。

　「本取組方針の基本的な考え方は，家庭や地域の子育て力の低下に対応して，次世代を担う子どもを育成する家庭を社会全体で支援―『次世代育成支援』―することにより，子どもが心身ともに健やかに育つための環境を整備することである。（略）
　また，次世代育成支援対策を進めるに当たっては，父母その他の保護者が子育てについての第一義的責任を有するという基本的認識の下に，家庭を築き子どもを生み育てること等の意義についての理解が深められ，かつ，子育てに伴う喜びが実感されるように配慮するものとする。
　政府・地方公共団体・企業等が一体となって，国の基本政策として，計画的に次世代育成支援を進めることにより，家庭や地域社会における『子育て機能の再生』を図り，子どもを生みたいと思う人が理想どおりの数の子どもを生み育てることができる社会の実現等を目指す。」（少子化対策推進関係閣僚会議，2003，下線は筆者）

　この次世代育成支援という理念は，韓国の「健康家庭育成」の発想（健康家庭を，社会全体で育成するという政策理念（相馬，2010））と比較すると，独特の特徴，つまり，①次世代育成（家庭）を，②（多様な主体が）支援する，という二重構造が浮かびあがる。つまり，第1に，次世代を担う子どもを育成するのは家庭であり，育成は家庭のほうにくっついている。第2に，その次世代育成（をする家庭）を社会全体が支援しよう，という二重構造によって次世代育成の担い手を区分し，その担い手の子育て機能の再生をねらっている。現実的にその担い手は親，特に乳幼児期では在宅で子育てをする母親であり，

2000年代以降は子育て支援という名の母親支援事業が全国的に拡がっていく。

　韓国の健康家庭育成概念は，健康家庭を社会全体で育成していくという考え方で，明快な目的概念・規範的概念である。だからこそ，健康家庭育成という規範的概念に対し，関連団体・学会やステイクホルダーから賛否両論があった。

　一方，日本の次世代育成支援概念に対して韓国のように賛否両論は生じないのはなぜか。それは，上述したように二重構造によって，担い手と想定された人間とそうでない人間に当事者を分割することで，現実論の装いとともに利害関心の落差をつくりだしたからだと考えられる。

　韓国の家族単位とは，「家庭」という疑似人格的な信頼を単位にしているが，一方の日本は韓国よりも母親という個人単位で人格的信頼に近いような性格をもっている。だからこそ，強いコントロール性，強い動機づけを要求されるという特性をもつのである。

　こうして，少子高齢化問題を解決する上で，最終的な責任の担い手をどこに求めるかという信頼論から社会をみると，日本は母親や娘といった個人単位の人格的信頼の単位という特徴が浮上する。

　東アジア福祉国家の特性をみるうえで，福祉レジーム論やタイミングに着目した議論が展開されてきたが，少子化が従来にない速度と深度で進行する中で，従来からの経路依存性にもとづく「福祉レジーム」や「タイミング」を見ていくだけではその特性をつかむのに不十分であると考える。問題を解決すべき主体を誰にふるか，最終的な責任の担い手をどう設定するのか，という理念的次元の信頼論の視点もあわせて福祉国家の特徴をみると，少子高齢化社会におけるジレンマとその対応の違いがみえてくる。

3．ダブルケアという新たなケアワークの発見

(1) 少子化と高齢化の同時進行

　さらに出生率の低下が続く中で，各国のベビーブーム世代が高齢化するにともない，アジアは「高齢人口の爆発」という時代に突入している（大泉，

2007)。では，少子化と高齢化が同時に進行しつづけると，どのような事態にいたるのだろうか。

晩婚化・晩産化・高齢化が同時に進行すると，育児介護というライフイベントの重複可能性が高まる。その結果，少子高齢化社会では，「育児をしながら介護する」「介護をしながら育児をする」という層が増加すると考える。

そもそもダブルケアとは何か。それは山下順子（英国ブリストル大学）との共同研究から概念化したものである。ダブルケアは和製英語であるが，厳密な英語の概念としては，ケアの二重責任（Double Responsibility of Elderly Care and Childcare）とあてている。つまり，負担（burden）やニーズの複合化のみならず，その背景にある責任（responsibility）の複合化に焦点をあてている概念である（Yamashita and Soma, 2016）。

なお，ダブルケアの定義には狭義と広義のものがある。狭義のダブルケアは，育児と介護の同時進行を意味する[2]。育児は乳幼児期から思春期以上まで幅広い「子育て」を研究対象にしている。問題は「介護」の定義である。市民生活における「介護」責任の果たし方は多様化している。「日常生活における入浴・着替え・トイレ・移動・食事の手助け」（就業構造基本調査の介護定義）という身体的ケア責任だけが，国民生活の「介護」ではもはやない。介護保険制度が生み出した「介護サービスのマネジメント」責任を，多くの娘・息子が担っている実態がある。また，中距離・遠距離に住む息子や娘は，日常生活のケア責任が果たせないかもしれないが，経済的な面からケア責任を果たしたり，電話で愚痴を聞いて精神的支えというケア責任を担っている現状もある。よって本章では，介護の意味を幅広くとらえ，市民のダブルケア責任のあり方や負担構造，ニーズの解明に着手した。

2012年度から取り組んでいる東アジア比較調査研究において，その実態や構造を問題化するために概念化し，分析に使いはじめた。私たちが関心をよせるのは，世代間のケア関係（介護，育児をする，受け取る関係）とその関係を取り巻く政策環境である。私たちの研究プロジェクトでは団塊ジュニア世代（昭和40年代後半生まれ）を中心的な対象として調査および分析を行ってきた。

一方，広義のダブルケアは，家族や親族等，親密な関係における複数のケア

関係，またそれに関連した複合的課題ととらえることができる。調査の過程で，狭義のダブルケアでは把握できない多くの実態が明らかになった。たとえば，夫のケア，自分のケア，障がいを持つ兄妹や成人した子どものケアと親のケア，多文化家庭におけるケア関係などや，トリプルケアのケースもある。

(2) ケアの複合化の構造的要因

　ダブルケアはなぜ生まれ，何が問題なのか。その構造的要因と問題について次に見よう。

　第1に，マクロに見ると，少子高齢化，晩婚化・晩産化・高齢化が同時に進行し，育児介護というライフイベントの重複可能性が高まる。量的にみると，団塊世代の介護を，団塊ジュニア世代が育児をしながら担うという「2025年問題」，そして，団塊ジュニア世代の介護を，未来世代が育児しながら担うという「2040年問題」が指摘できる。第2に，労働市場の構造要因としては，雇用の質が劣化し，非正規共働きが増大し，若年層の非正規化は親の子育て責任の長期化，貧困の連鎖につながる。また女性の就業率が上昇し，団塊世代は仕事をしながら介護，孫支援，あるいは長期化する子どもの扶養，団塊ジュニア世代以降は，仕事をしながら子育てと介護をしなくてはならないが，実際の労働環境をみると，長時間労働，両立困難な実態もあり，出産・育児離職，介護離職の裏側には，ダブルケア離職とでもいうべき実態もあるのではないかと推測される。第3に，兄弟が少なくなり，また地域の関係も薄くなり，自分の代わりに介護や子育てをしてくれるひとがいなくなっている。第4に，介護支援制度と子育て支援制度が縦割りなため，育児と介護と両方直面している人々にとっては，縦割り制度がむしろ非効率であると考えられる。

　では，ケアの複合化は何が問題だろうか。まず，ダブルケアによって雇用機会が失われることが問題である。これは「生活困窮ダブルケア」の増大に直結する。ダブルケアをしながら働くことが困難な現状も問題である。次に，ケア責任・負担の複合化，女性への集中が見られ，孤立したダブルケアラーの存在も問題である。社会が子育てと介護とシングルケアを前提としたケアの考え方が根強いため，ダブルケア当事者が，「わたしはダブルケアなんですね？」「わたしはトリプルですね」と，ダブルケアという言葉があることで，自分の多重

ケアの状況を，客観的に自己認知する契機になっている。「ダブルケアで思考停止状態だったけど，自分はダブルケアなんだと，だから大変なのだと思いました」という声が，調査を通じて聞かれる。各地で，ダブルケアカフェが開催され，社会的認知をひろげる取組みが重ねられている。さらに，複合化するケア課題に，柔軟かつスピーディーに対応出来ない，縦割り制度の限界が顕在化している。ミクロでも学資保険を解約して介護費にあてたり，マクロでも高齢世帯の社会保障費が増大し，介護費が次世代の人的資本投資を抑制している。加えて，ダブルケアのために2人目をあきらめるという少子化のリスクになっている。

(3) ダブルケアからみた信頼の単位

「ダブルケア」という言葉がなかったころ，親族や家族の中には複合的なケアの問題は存在していた。男性稼ぎ主型家族の中で家族が，おもに嫁が，ダブルケア責任を果たすとされ，それを前提とした制度が存在した。そうした男性稼ぎ主型の制度に代わって，現在では介護保険制度による「介護の社会化」や，子育て支援の制度化による「子育ての社会化」の拡充が求められる中で，ダブルケア（子育てと介護の同時進行）という新たなケアワークが立ち現れている。

では，少子化における信頼の単位を，日本のように現実の個人としての母親に求めた社会と，韓国のように理念的な「家庭」に求めた社会では，ダブルケアという新たなケアワークはどのように立ち現れてくるだろうか。

日本でのダブルケア実態調査によれば，介護保険制度が生み出した「介護サービスのマネジメント」責任を，多くの娘が担っている実態が明らかになってきた（相馬・山下，2017）。嫁規範が弱まってきた中で，ダブルケアでは娘という単位に責任が帰着されやすいことが見えてきた[3]。前節では，日本の子育てにおいて母親という信頼の単位の強固さを論じたが，ダブルケアからみると，母親という信頼の単位の強固さとともに，娘という信頼の単位の強固さがみえてくる。

4. 生きられるダブルケア

(1) ダブルケアのリアリティ

　ではここからダブルケア実態調査をもとに，そのリアリティや実態から考えていこう[4]。介護・子育ての縦割り行政のはざまで，ダブルケアラーの孤立や困難な実態がある。ダブルケア人口が一定数いることや，世帯構成，就業状況，介護・子育ての状況，介護・子育てのサービス利用状況，親子・夫婦関係，友人や近隣ネットワークなどで，多様なダブルケアパターンが調査から明らかになってきた。まずは，実際のインタビューから得られたダブルケア事例からその実態を考えよう。

　「ひとり親ダブルケアラー」Aさん
　脳性まひで全介助が必要な末子を含む3人（8歳，6歳，4歳）の子育てをしながら，認知症の母親を介護し，デイケアセンターで働くシングルマザーのAさん。父親が介護していたが母親の介護拒否があり，娘のAさんが同居して主に介護している。就業と育児をしながら在宅介護を継続するのは難しく，特養への入居を申請したが，夫と娘が同居しているので要介護5でも入所は難しいといわれた。また，障がい児支援策の不足をAさんは強く訴える。ひとり娘，ひとり親でケア責任は一気に集中している。加えて，障がい児の子育てはその支援策の不足からかなりの負担感がある。

　「専業主婦ダブルケアラー」Bさん
　ダブルケアで忙しく，子育て支援センターにそもそも行けないBさん。毎日，長男を小学校に送り出したあと，2歳の次男をつれて近居の実家へ行く。Bさんの母親が仕事の間，脳梗塞の後遺症で半身まひと軽い認知症がある父親の日常の手助けをする。Bさんは父親っ子だったため，娘として父親の生活をもっと支えたい。けれど，一時保育も満杯で利用できない。友人で介護をしている人はおらず，介護の話を少ししたら，幼稚園の後に声をかけられなくなっ

た。ママ友に介護の話はできず，どこに相談したらいいかわからず，すべてを一人で抱えてきた。

「生活困窮ダブルケアラー」Cさん
　パート勤務で子ども3人を育てるCさん。実の父親が脳梗塞の後遺症で失語症，身体不自由だ。要介護度4だが父親の意向で施設に入らず，遠距離介護中である。父親が失語症のために，電話も使えないので，ケアマネや郵便局の方から父親の様子を聞いている。もっと娘として父親を支えたいが，ガソリン代もかなりかかり，3つのパートをかけもちし，経済的な負担が高い。夫との関係も悪化し，離婚を検討中だ。夫側の両親と関係が良いことが救いで，子どもを時々預かってもらっている。

「共働きダブルケアラー」Dさん
　3人の息子を育て，認知症の義理父を同居で介護しながら働いている。夫は仕事で不在がち。下の2人の子どもは別々の保育園で，朝夕と2つの保育園を回り帰宅したら，義理父の介護をする毎日。勤め先の理解があり何とかなっているが，毎日が綱渡りで先行きが不安だ。行政の窓口も介護・子育てと縦割り制度のため，ダブルケアラーにとっては非効率だ。フルタイム就業，フルタイム介護であれば保育園の入所ランクは高くなるが，介護があるため就業時間が短くなっているDさんのような場合，保育園の入所ポイントが低い。少子高齢化時代，保育園の入所基準に，ダブルケア加点の必要性が示唆される[5]。

(2) **ダブルケアの量的調査から**
　量的にみると30代ではダブルケア予備軍も含めると4人に1人がダブルケアを自分事の問題だととらえている[6]。また，ダブルケアラー（ダブルケア当事者）の5人に1人は「ダブルケア」という言葉を認知している。これらは無作為抽出した1000サンプルを対象にした調査をもとにしていることから，結果はある程度一般化して考えることができる。厚生労働省の調査でも「ダブルケアが身近な問題である」と回答した割合は約5割であった（厚生労働省，2016）。

さらにダブルケアには多様な実態があり，それを理解するにはダブルケアのパターンをみるいくつかの軸が重要だとわかっている。まず介護と育児の程度である。例えば，Aさんのように障がい児の子育てと介護では，ダブルケアによって要求されるものも違ってくる。ただ，要介護度の高いほど施設に入所している人の割合が高いためか，要介護度の高さは負担感と比例しない。次に経済的状況で，生活に困窮している世帯と高収入世帯では，サービスへのアクセスや就労状況などとの関連でダブルケアの状況も異なる。そして世帯状況，とくに一人娘によるダブルケアかどうか，ひとり親世帯によるダブルケアかどうかも，ダブルケアの実態に影響する。また就業形態や，同居の有無，夫婦関係や親子関係を把握することも重要になってくる。特に親子関係は，もっと介護をしたいのに，十分にできないなどの理由で，良いほど負担感が高まる傾向もある。最後に，地域や福祉資源のネットワーク（福祉専門職やサービス提供団体，支援センターなど）につながっているかどうかや地域の友人等のネットワークの有無もダブルケアの実態と関連してくる。

ダブルケアの特徴は，介護と育児の異なるニーズを同時に満たすことを要求されることにある。そして，ダブルケアに従事する人は常に介護と育児のどちらを優先させるかの選択を日々せまられ，介護と子育てに関わる決断をしなくてはならない。

ダブルケアと仕事の両立について，第7弾ダブルケア実態調査にて有職者（1547名）に何を優先したいか（したかったか）聞いたところ，「子育て・介護・仕事をバランスよく生活したい」が41.6％で最も多く，次いで，「子育てと仕事の両立を優先した生活をしたい」が16.9％，「仕事を最優先した生活をしたい」と「子育てを最優先した生活をしたい」が15.2％で続いた。子育て・介護・仕事の3つのバランスを上手く取りたい，特に介護よりも子育てを優先させたいと考えている人が多いことがわかる〔図1〕。

介護と育児の優先順位は，ダブルケアラーの意図だけでなく規範，資源，制度によって規定されている。規範とは，介護や子育ては誰がすべきかという社会的な「通念」であり，私たちの行動やあり方に影響を持つ。資源とは，友人，親族や地域のネットワーク，あるいは地域におけるサービスの利用可能性などであり，そのような資源の多寡もダブルケアの状況や優先順位に影響す

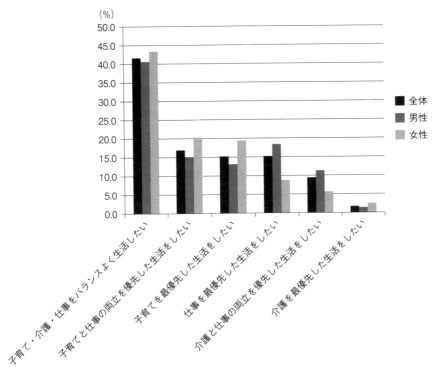

図1　子育て・介護・仕事の優先順位（n=1,547）
出典：第7ステージダブルケア実態調査（ダブルケアに関する調査2017）〔ソニー生命連携調査〕。

る。そして制度も中立的ではない。制度にもそれぞれ「意図」があり，人々の生活や人生の選択を制限し時には拡大する。たとえば，地域における保育供給不足のために，もっと介護をしたくても育児に集中せざるをえず，育児がストレスになったり，介護は身内がすべきだという親族の期待にこたえ，子育てを優先したいにもかかわらず，介護をしているため負担感が強いなどのケースがある。

具体的に，ダブルケアに現在直面中・過去経験者のダブルケア負担感について見てみよう。女性のダブルケアラーは「体力的にしんどい」（73.1％），「精神的にしんどい」（65.7％），「経済的負担」（52.2％）が3大負担となっている。一方，男性のダブルケアラーは，「経済的負担」（52.2％），「子どもの世話を十分にできない」（49.3％），「体力的にしんどい」「精神的にしんどい」（と

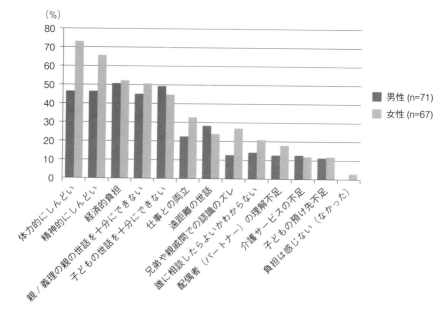

図2　ダブルケアの負担感（n=138）
出典：第7ステージダブルケア実態調査（ダブルケアに関する調査2017）〔ソニー生命連携調査〕。

もに46.5％）と，女性の負担感のあらわれ方と異なる。男性では，経済的負担が第一の負担感の項目であることと，子育てを優先させたいが十分に世話ができていないという意識が女性よりも高くなっている〔図2〕。

　加えて，ダブルケア世帯にとって，介護サービスと子育て支援サービスは相互補完の関係にある。介護サービスとは，ダブルケア世帯にとっては，子育て支援サービスでもある。なぜなら，介護サービスを利用している間，子どもとの時間が増えるという意味で，介護サービスが子育ての支援の意味にもなるからである。逆に，子育て支援サービスは，ダブルケア世帯にとっては，介護サービスの一部を担うものでもある。たとえば，子どもを保育園に預けられないと，介護に大きな支障をきたすことがあるからである。緊急で利用できる一時保育や保育園は，ダブルケア世帯にとっては，介護支援でもあり，子育て支援でもある。

(3) 東アジアの社会的リスクとしてのダブルケア——韓国の例

　少子化に悩み，高齢化率が世界最高の日本は，ダブルケア先進国であるが，ダブルケアは少子高齢化が同時進行する東アジアの社会的リスクである。一人っ子政策が長年実施されてきた中国社会は，早晩，深刻なダブルケア問題が社会問題化するであろう。また，隣国の韓国でも，ダブルケアが問題となりはじめている。

　韓国でも同様のダブルケア調査がなされたので簡単にその特徴を見よう。ソン・ダヨン（2014）によれば，ダブルケアラーの女性が社会サービスを利用したいという意思を示した場合，依然として家族内ケアを理想像とする親世代と男性配偶者の反対によって，サービスの利用が制限され，ダブルケアの過重な責任を女性がもたされることがわかった。韓国では依然として「家庭」という理念の強固さと，その内部での実際の負担が女性に集中している現状が読み取れる。

　量的にみると6歳未満の子どもケアと高齢者ケアを同時に行うダブルケア世帯は全体の38％になり，今後ダブルケアが予想される世帯を合わせると54.9％に達し，ダブルケアが非常に普遍的な状況になりうると指摘されている。ケアの楽しみと負担の分析結果からは，ケアの楽しみの順番は，①子どものケア，②自分の親ケア，③義理の親ケアの順であり，負担はその逆であった。また，娘が親をケアする場合，配偶者からの無関心が高く，助けがもらえないため娘としてのケア負担が過重されていた。また，男性によるケアは病院同行や車両支援のような機能的支援に限られているのに対し，女性によるケアは直接ケア，入浴，掃除，おかずづくり，買い物，サービス連絡および管理などケア類型が広範囲にわたって行われ，時間をかけて持続的にケアしなければならないことであった。ダブルケアの負担や心身の困難で子どもをケアできなくなることによる優先順位の葛藤，親のケアが十分に行われない葛藤があった（ソン，2014）。

5. 少子高齢化社会のジレンマにどう向き合うか

　出生率の低下と高齢化率の上昇がダブルケアという形で重なることで，少子高齢化は新たな段階をむかえている。それは将来の社会だけでなく，現在の生活の持続をも脅かすリスクとして立ち現われている。
　東アジア諸社会は欧米が経験しなかった速度で，急激な出生増から人口増，そして急激な出生減から人口の停滞と減少への転換を経験しつつある。こうした急速な変化は，ダブルケアのような二重の問題を引き起こすだけではない。どうしたら「よい家族」「よい子ども」が育つか，そして「よい老後」「よい死」を迎えられるかを，過去の世代の経験から引き出せなくする。その結果，「よさ」のコンセンサスがないまま，「よさ」を追求しなければならないというジレンマを抱える。
　福祉レジーム研究を中心として，これまで政策の実際的な次元に着目し，政策選択の特徴が指摘されてきた。そうした研究は制度の導入時の特性やその転換点を詳しく論じることはできるが，社会の変容や質的な差異に関する考察には限界がある。東アジア社会では，少子化・高齢化の進行のタイムラグも社会間で縮んでおり，高齢化率の高さにおいても，日本は韓国などに追い越されるだろう。今後は，それぞれの社会の政策選択の特徴のみならず，質的な特徴と福祉制度の展開の可能性をより深くとらえることが福祉社会学・社会政策研究としても求められると考える。
　最後に，実践的に今後どう考えていくか。ダブルケアとは，世代間のケア複合化から，その複合的な責任・負担・ニーズのあり方と課題を問題化するひとつの切り口であり，複数の課題や主体を引き寄せる「磁石」だととらえられる。各地でダブルケアの研修会が開催され，当事者中心のニーズ定義を可能とする課題の可視化や，多様なセクターによる対話・社会認知・支援ネットワークの形成が生まれている。その際の資金調達はクラウドファンドといった新しい財源調達も模索されている（横浜市政策局，2016）。
　その際，ダブルケアは，複数の主体や課題を引き寄せる，社会の「磁石」と

して多世代連帯を迫る。すなわち，高齢・児童・障害と対象化されてきた，近代社会政策の再考を迫り，複合的なケア関係を丸ごと把握する事の重要性を，ダブルケアは社会に問うている。

くわえて，介護，保育，子育て支援といったケアワークを包括的にとらえたフレームのあり方を考え，社会経済的評価をあげていく必要性がある。複合的ケア課題に対応する介護労働，保育労働，そして子育て支援労働の適性評価，処遇改善は喫緊の課題である。

少子化・高齢化両対策は，高齢者世代と子育て世代と対象別に区分されてきた。日本は，高齢者保健福祉推進10カ年戦略」（ゴールドプラン，1989年）の5年後に「今後の子育て支援のための施策の基本的方向について」（エンゼルプラン，1994年）を策定したことからわかるように，高齢化対策と少子化対策は別々に策定され，両者が包摂されていない。

こうして，少子化と高齢化が同時進行するなか，子育てと介護と同時に直面する世帯（ダブルケア世帯）の増加が見込まれるが，ダブルケア世帯にとって，子育て支援は介護支援でもあり，介護支援は子育て支援となる。今後のダブルケア時代をみすえ，少子化対策・高齢社会対策のフレーム自体を，ひとつの包摂的なフレームに統合し，ダブルケア時代の自治型・包摂型・多世代型地域ケアシステム（ネットワーク）構築や，家族政策を考える必要がある。

たとえばダブルケアラーにとって，保育園は，子どものケア，親のケア両方に必要なライフラインであり，高齢者対策でもある。保育政策を少子化対策，子ども・子育て政策のフレームに狭めず，少子高齢化対策として，ダブルケア時代の家族政策を，自治型・包摂型・多世代型の地域ケアシステムとしてとらえていくことを提案したい。

そして，2025年には日本の人口でもっとも数の多い団塊世代が全員，75歳以上の後期高齢者になる。その子どもたちである団塊ジュニア世代は50代。晩婚化や高齢出産が進んだ現在，50代で子育てしている家庭は少なくない。未就学児でないとしても，思春期の子育ても大変であり，また，若年の労働市場が非常に悪化しているため，子どもが成人を迎えたとしても，経済的に援助する必要もでている。長寿化の中で，団塊ジュニア世代は，育児しながら，団塊世代への介護をする人が一定程度存在する。

将来，団塊ジュニア世代が高齢期を迎える2040年は，団塊ジュニア世代の介護と，団塊ジュニアジュニア世代（団塊ジュニア世代の子ども）の子育てが重なる可能性が非常に高まることが予測される。ダブルケアを未来世代に負担として残すのではなく，ダブルケアが負担ではない，人間らしい働き方・生き方が可能な社会を未来世代に残す責任を，そしてその責任の果たし方を，わたしたちは考えていく必要がある。

【註】
1　本節の議論は，相馬（2018: 242-245）をもとに修正したものである。
2　成田光江氏を中心に，2010年NPO法人市民福祉サポートセンター「『子育て・介護複合課題』実態調査」という貴重な先行研究がある（成田，2012）。加えて忘れてはならないのが，「育児と介護の両立を考える会」の当事者ネットワークである。このネットワークの創始者の川端美和氏は，介護保険制度が始まったころ，育児と介護の両立の当事者が集まるWeb上のコミュニティを作り，2010年ころまでホームページが更新されている（川端，2005）。
3　男性の介護問題も深刻な社会問題となっているが，息子という個人の単位に責任が帰着されやすいともいえる。
4　本節の議論は，相馬・山下（2017）をもとにしている。
5　実際，いくつかの自治体ではダブルケアの視点から保育園や特別養護老人ホームの入所基準が見直されている。
6　調査は主にアンケート調査（定量調査）とインタビュー調査が行われた。インタビュー調査は，対面，電話およびメールで，49ケース行った。インタビュー調査の質問内容は主に，介護に携わるまでの経緯，介護の内容，介護および子育て支援サービスの利用状況，親子関係および夫婦関係，ダブルケアで困難なことおよびよかったこと，子育てと介護の優先順位に関して，不足していると思われるサービスに関してである。また本調査では，介護保険法下で提供される介護サービスの枠組みを超えた，広義の意味の介護を被調査者に紹介した。すなわち，介護には愚痴を聞くなどの精神的支え，定期的な電話による安否確認，医師やケアマネージャーとの連携などの介護サービスマネージメントも介護として検討してもらった。

【文献】
堀江孝司，2005，『現代政治と女性政策』勁草書房。
川端美和，2005，「育児と介護が重なるたいへんさを，多くの人に知ってほしい」『おはよう21』2005年4月。
金成垣（編），2010，『現代の比較福祉国家論——東アジア発の新しい理論構築へ向けて』ミネルヴァ書房。
金成垣，2016，『福祉国家の日韓比較——「後発国」における雇用保障・社会保障』明石書店。
厚生労働省，2002，「少子化対策プラスワン」。
厚生労働省，2016，『厚生労働白書』。
厚生省，1998，『厚生白書』。
成田光江，2012，「子育て・介護複合課題——子育てと仕事を両立しながら親を介護する女性の現状と課題」『看護』64(10)，2012年8月：20-21。
瀬地山角，1996，『東アジアの家父長制——ジェンダーの比較社会学』勁草書房。

少子化対策推進関係閣僚会議，2003，「次世代育成支援に関する当面の取組方針」。
相馬直子，2010，「圧縮的な家族変化への適応戦略――日韓比較から」金成垣（編）『現代の比較福祉国家論――東アジア発の新しい理論構築へ向けて』ミネルヴァ書房：313-337。
相馬直子，2018，「社会が溶ける？――日韓における少子高齢化の日常化とジレンマ」若林幹夫・立岩真也・佐藤俊樹（編）『社会が現れるとき』東京大学出版会：225-257。
相馬直子・山下順子，2017，「ダブルケア（ケアの複合化））」『医療と社会』27 (1)：63-75。
ソン・ダヨン，2014，「韓国における 30〜40 代女性のダブルケア現状及びケア経験の多重性に関する研究」『韓国社会福祉学』66 (3)：209-230。（韓国語）
大泉啓一郎，2007，『老いてゆくアジア――繁栄の構図が変わるとき』中央公論新社。
上野千鶴子，1990，『家父長制と資本制――マルクス主義フェミニズムの地平』岩波書店。
Yamashita, Junko and Naoko Soma, 2016, "The Double Responsibilities of Care in Japan: Emerging New Social Risks for Women Providing both Childcare and Care for the Elderly," Chan RKH (ed.), *New Life Courses, Social Risks and Social Policy in East Asia*. Routledge: 95-112.
横浜市政策局，2016，『調査季報 178 号――ダブルケアとオープンイノベーション』2016 年 3 月。
横山文野，2002，『戦後日本の女性政策』勁草書房。

（相馬　直子）

第3部
多様性へのまなざし

第10章
私たちの「もうひとつの世界」のための試み
―― 自治キャンプを通じてグローバルな相互理解を考える ――

キーワード:対抗文化(カウンターカルチャー),社会運動,グローバリズム

1. この世界において他者とじょうずに生きること

(1) 多様化する社会の中で表現する難しさ
「セクシャル・ハラスメント」,「パワー・ハラスメント」といった単語は,すでに専門的な概念にとどまらず,社会において広く知られる言葉となった。このような行動は性別や年齢,職位にかかわらず許容されるものではなく,企業や学校といった場でも相談窓口や研修の機会が設けられるなどの形で意識の徹底が図られている。

このようなハラスメント(嫌がらせ)に加え,特定の人種や民族,国籍を持つ人々に対する,偏見やステレオタイプに基づくハラスメントも見られており,こうした振る舞いは「レイシャル・ハラスメント」(racial harassment)と呼ばれる。レイシャル・ハラスメントはまさに,グローバル化する社会の中で,多様な人種や民族が同じ教室で学び,ともに職場で働く状況が珍しくなくなったからこそ顕在化した現象であろう。直接的に差別的な言動を行う嫌がらせもあれば,一見そうとは分からないものも「ハラスメント」となる。例えば,留学生や海外から来た同僚に対して,ある事象や出来事について「あなたの国ではどんな感じなの?」「○○人はこういう時どう思うの?」と問うこともステレオタイプの押し付けであるため,受け取り方次第では十分ハラスメントに含まれるものだろう。

このように,多様な「ハラスメント」概念と同様に,近ごろ頻繁に耳にする

ようになった概念が「ポリティカル・コレクトネス（political correctness）」である。政治的な正しさ，公正さといった訳語とともに用いられることの多いこの概念は，人種や性別，信仰や職業に対する偏見を生み出さない表現を用いるために必要とされているものの，「何が公正か」といった定義や，表現の自由を阻害するという懸念もあり，常に論争の的となってきた概念でもあった（Hughes, 2009）。たとえば，飛行機の客室乗務員やフライト・アテンダントと呼ばれる人々は，以前は「スチュワーデス（stewardess）」と呼ばれていた。これは，客室係や給仕を意味する「スチュワード（steward）」が女性である場合の呼称である。つまり，客室乗務員に対して「皆が使っているから」とスチュワーデスと呼びかけることは，男性の客室乗務員も活躍している実態があるにもかかわらず，「客室乗務員は女性の仕事」というステレオタイプを暗に押し付けることになってしまう。だからこそ，「客室乗務員」あるいは「フライト・アテンダント」，「キャビン・クルー」といった，性別に関係なく使用可能な呼称を用いる必要があるのだ。これは客室乗務員に限ったことではなく，かつて「看護師」が「看護婦・看護士」であり，「保育士」が「保母・保父」と呼ばれていたことにも，同様の経緯が見て取れる。

　日本においてポリティカル・コレクトネスをめぐる動きは，このような性差によらない呼称のほか，小説において身体障害に対する差別語を用いることの是非という形で現れた（潮見，1993）。さらに近年は，グローバル化に伴って人種差別的な表現に関する議論も活発になっている。アイドルグループやコメディアンが顔を「黒塗り」にメイクして歌を歌い，黒人俳優の物まねをするといったパフォーマンスは，人種のあいだの平等という観点から問題がある。ある航空会社は，金髪のかつらに付け鼻をした「白人風」のお笑い芸人が登場するコマーシャルを放映したことがあったが，特定の人種の身体的特徴を強調すること自体が望ましくないことである。この「望ましくない」という認識は，労働者や留学生，観光客として多様な人種の人びとが日本に増えている状況だからこそ，より強く共有されるようになったと考えられる。それゆえに，差別的とされる表現が多くの人の目に触れてから，問題として認知され，その対策が講じられるまでのスピードも速い。例えばインターネット上では，コマーシャルやバラエティ番組の中で，性差別的・人種差別的な表現が見られた場

合，それを問題視する指摘もまたSNS（ソーシャル・ネットワーキング・サービス）やニュースサイトですぐに確認することができる。場合によっては，番組やコマーシャルの製作者が謝罪し，直ちに他のコンテンツに取って代わることも多い。このような一連の取り組みも，ポルティカル・コレクトネスを推進するための試みだと言えるだろう。さらにポリティカル・コレクトネスは，偏見やステレオタイプに基づく嫌がらせをなくすための試みという点で，冒頭に挙げた「ハラスメント」概念とも強い関連がある。

(2) グローバル社会の「同じ」と「違い」を踏まえて

　ポリティカル・コレクトネスは，主に「表現」の領域で公正さを実現するための概念であるため，ことばや映像による表象が取り沙汰されやすい。ハラスメントもまた，意図するとしないにかかわらず発される「ことば」のコミュニケーションにおいて最も多く生じるイメージを持つ人は多いだろう。しかし，自分とは異なる規範や常識の中で生きてきた人々と接する際，知らない間にその人たちの尊厳を傷つけてしまったり，隣人の振る舞いを容易に理解できなかったりという状況は，必ずしもことばによるコミュニケーションのみによって生じるわけではない。私たちの衣食住，余暇や労働は，すべて民族的・人種的背景や宗教的文脈と繋がっているためだ。だからこそ，私たちが日々身につけている衣服や装飾品をめぐっても，人種や宗教を理由とする排除・抑圧が生じることになる。例えば，2004年にフランスでは公立学校において宗教的なシンボルを身につけることが禁止された。これは，実質的にはイスラム教徒のスカーフ着用を禁じるものであり，2011年にはフランスとベルギー政府が公共の場でのスカーフ着用を禁止する法律を施行している。

　この事例において，フランス政府が定めた法とイスラム教の規範，どちらが「正しい」かというジャッジは簡単にはできないだろう。もちろん，何が問題であり，それぞれの人々がどのような視角からこの問題を捉えた結果その決断に至っているのか，を辿ることはできる。しかし，いざ自分の身の周りでこのような事態が生じた時に，どういった判断を下すべきかと問われたら，戸惑う人が多いのではないか。グローバル化する社会において，私たちは信仰や法制度に基づく複数の規範や作法を持つ人々が同じ生活空間に併存するという状

況に頻繁に立ち会うことになる。例えば、異なる国々から来た留学生がともに学ぶ教室で、私たちは何語で、どのスピードで話すのが理想的といえるだろうか。多様な背景を持つ人々がともに働くオフィスでは、有給休暇や残業に対する感覚も人それぞれであり、時として負担が特定の人に集中する事態も想定される。こうした労働に対する認識の差異を踏まえ、誰もが不公平な気持ちを抱かずに日々を過ごすためは、どのような意思決定を行えばよいのだろうか。

　ここで一点重要なことだが、グローバル化は、たんに海外から来た人々とともに働いたり学んだり、暮らしたりという状況を推し進めるだけではない。同じ国で生まれ育った、同じ世代の人々であっても、お互いに似たような生き方をし、同じようなキャリアを辿るという保証がないことを意味してもいる。巷でよく聞かれる表現を使うとすれば、生き方やライフスタイル、働き方の「多様化」ということになるが、一方で他者と自分の状況が共有できないという「個人化」が起こっていることに注意したい〔図１〕。

　企業や学校がグローバル化するという場合、ある単一の規範や法を有する母国で生まれ育った集団のもとに、また異なるところで生まれ育った集団が参入するというイメージを持たれがちだが、そうではない。グローバル化によって接する情報やライフスタイルの多様化によって、私たちは、同じ空間・時間で

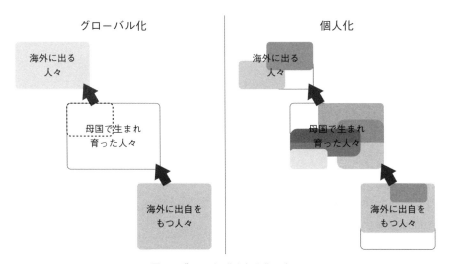

図１　グローバル化と個人化の違い

ともに過ごしているにもかかわらず，非常に共通性に乏しい人生を生きているという個人化の状況に直面することになる。例えば，同じ職場で働いていたとしても，フルタイムで仕事をする人もいれば，アルバイトの人もいる。一概にフルタイムと言っても，正社員と非正規社員では，賃金の払われ方や社会保障が全く異なる。そのような中で，例えば正社員がボーナスでの買い物や有給休暇の過ごし方について話すことは，「ハラスメント」とは言わないまでも，そうした権利をしばしば持たない非正規社員にとって気持ちのいいものではないだろう。

　同じ学校や職場にいるからといって，それまで過ごしてきた背景が自分と「同じ」であるという前提は，現代社会において大きく薄れてきている。では，私たちはその中で，何を「政治的に正しい」振る舞いと定め，実行すればいいのだろうか。本章では，「プロテスト・キャンプ」「オルタナティブ・ヴィレッジ」といった名前で知られる，多様な出自を持つ人々が一時的にともに生活空間を作り出す試み（ここでは「自治キャンプ」と呼ぶ）に着目する。そこでは，参加者たちが炊事や衛生管理といったすべての生活インフラを自分たちで作り出し，管理することになる。誰がどのようなやり方で管理するかといった取り決めについても議論して意思決定をする「自治空間」なのである。こうした自治キャンプの試み自体は，そう頻繁に行われているわけでもなく，従事している人々も非常に少ないかもしれない。しかし，異質な経験や出自を持つ人々と接する際に私たちが抱えがちな困難について，ある示唆をくれることは間違いないだろう。

2．自治キャンプから見る他者との共生

　世界中で，政府への抗議行動や有志によるイベントとして，自治空間としての「キャンプ」が形成されている。その中でもとりわけ有名なものとして，1980年代後半より，アメリカ合衆国で毎年夏に開催される「バーニング・マン」というイベントがある。

　アメリカ合衆国ネバダ州に位置するブラックロック砂漠で行われるイベント

には、「ザ・マン」というオブジェだけが設置されていて、宿舎や食事、電気や燃料は何もない。主催者側が提供するものは、簡易トイレと食料を保全するための氷だけである。あとの物資は参加者たちが持ち寄り、それぞれに共有し交換することでコミュニティを作り上げる試みなのである (Gilmore and Van Proyen, 2005)。

また、もう一点重要なこととして、貨幣を用いた商業的な取引の禁止がある。バーニング・マンは、あくまで「相互扶助」を前提としている。いくら食べるものに困っていたとしても、お金を払ってものを買うのはマナー違反であるし、お金儲けのために物資を販売してはいけない。あくまで「助け合い」や「贈与」によって成り立つコミュニティなのだ。こうした点で、1960年代のヒッピー・カルチャーから生まれた「コミューン」を連想した人も多いのではないだろうか。ヒッピー・カルチャーは、資本主義・商業主義的でない「もうひとつの社会」を作るべく若者を中心に担われた「抵抗文化（カウンター・カルチャー）」と呼ばれる文化のひとつである。こうした文化を好む人々は、しばしば同好の士とともに生活共同体を作り、消費に依存しない生活を送りながら、日々の営みを通じて社会を革新する試みを行っていた (Chesters and Walsh, 2011)。バーニング・マンもヒッピー・カルチャーの流れを継ぐイベントではあるが、コミューンが継続的な活動であったのに対し、バーニング・マンに代表される自治キャンプはあくまで期間限定的である点が大きな違いであるだろう。

コミューンはヒッピー・ムーブメントの衰退とともに減少してしまうが、2000年代以降に見られるようになった経済・社会のグローバル化に抗議する社会運動である「反グローバリズム運動 (alter globalization movement)」の中で自治キャンプが行われるようになる。反グローバリズム運動を支持する人々は、たびたび国際的な閣僚会議への抗議を行う。例えばG7サミットやG20サミット、WTO (World Trade Organization) 閣僚会議といったものがそれにあたる。首脳国・有力国の首脳と関係閣僚が集まり、グローバルな経済・社会制度について議論することがこうした閣僚会議の目的である。そこでは、会議に参加している先進国の利害を優先して検討するために、結果として発展途上国が搾取される政策が推進されてしまう。だからこそ、反グローバ

リズム運動の一環として「閣僚会議への抗議行動」が行われることになる（野宮・西城戸，2016）。

閣僚会議が近づくと，世界中の活動家たちが会議の開催地域に集まり，ともにキャンプを行う。キャンプで寝食をともにしながら，閣僚たちが会場へと向かう車に投石をしたり，道路を遮断し，車が会場にたどり着けないよう妨害することもあるが，キャンプの生活そのものがグローバルな資本主義に対抗する手段でもある。バーニング・マンやコミューンと同じく，抗議行動のキャンプも商業社会や資本主義に抗議するため，基本的には何でも自力で作り出す「DIY（Do-It-Yourself）」の原則に則っている（Feigenbaum, Frenzel and McCurdy, 2013）。その中で参加者たちは，グローバルなチェーン店の商品を使わなかったり，英語のみに依存しないコミュニケーションを行ったりと，多種多様なやり方で「自治」を実現する。反グローバリズム運動における自治キャンプにみられる実践としては，表1のようなものがある。

このような流れを継ぐ自治キャンプとして，2010年以降に世界各地で見られた「オキュパイ・ムーブメント（occupy movement）」も重要だ。アメリカのニューヨークで2011年に実行された「オキュパイ・ウォールストリート（Occupy Wall Street）」がその端緒となる行動だが，参加者たちは"We are the 99%"というスローガンを掲げ，アメリカにおける深刻な経済格差と，一部の富裕層（1％）のみが裕福になり続ける状況を批判した。具体的には富裕層への優遇措置の廃止や金融規制の強化を訴えており，参加者たちはウォー

表1　自治キャンプにおける実践の例

行動	活動
食事	廃棄食品の再利用，地元農家からの食材寄付，ソーラークッカーの利用，ヴィーガン食，ハラル対応
就寝・休養	セイファー・スペースの設置，祈祷スペースの設営，飲酒・喫煙ゾーンの設定
医療・衛生管理	バイオトイレの導入，ユニセックストイレの設置，化学薬品を使わない衛生用品の利用，ゴミの分別
会議	全員参加による合意形成，ハンドサインの利用，翻訳・通訳の参加
余暇活動	スポーツのハンディキャップ設定

出典：各種資料より筆者作成。

街近くの「ズコッティ公園」で寝泊まりし，定時になるとニューヨーク証券取引所の前をデモ行進する（Writers for the 99%, 2012=訳 2012）。この活動も閣僚会議に抗議するためのキャンプと同じく，公園での過ごし方そのものが社会運動としての性格を強く持っていた。意思決定はリーダーやオーガナイザーによるトップダウンでなく，立場によらず人々が意見を言うボトムアップの話し合いで決められ，参加者の健康管理や食料供給についても合意に基づく分業が行われる。オキュパイ・ウォールストリートそのものは数ヶ月で幕を閉じたが，その後世界中に同様の運動が飛び火した。

　自治キャンプの中では，さまざまな事柄が生活上の「課題」となって現れる。その課題ひとつひとつに，これまで出会ったことのない，自分とは異質な経験をしてきた人々と共同生活を行う上での困難が反映されている。では，どのような点において，キャンプの参加者たちは衝突し，それを乗り越え理解し合うのか。いくつかの事例を紐解きながら，私たちが生活の中でいかにして「多様性」や「異質性」と付き合うかを考えてみたい。

3．自治キャンプにおける色とりどりの実践

(1)「食」を通じた相互理解——菜食，大量生産，先住民族への配慮

　資本主義や消費社会への対抗として自治キャンプではさまざまな試みを行う。そのひとつに，食料の調達，食事の調理，食べ残しの廃棄といった一連のプロセスがある。「食」は私たちの生命を維持するために必須でありながら，それ自体他に替えがたい楽しみでもある。動物保護や遺伝子組み換え，さらに信仰や性をめぐる問題とも直結する主題だ。

　世界の自治キャンプに見られる「食」に関する実践として，廃棄品の有効活用や地元農家との提携が挙げられる。例えば，大規模なスーパーマーケットから出た食品ロスを手に入れる試みは，チェーン店に対して金銭を払わずにすみ，大企業の成長に貢献せずともよい点，食品のむだをなくすという点で反グローバリズム運動の理念に適っている。また，グローバルな資本よりもローカルな規模で商いをする人々を支援するために，地元農家や商店から優先して食

料を調達するというやり方もある（Graeber, 2009）。

　定められた手続きにしたがって食材を調理しなければいけない場合もあれば，限られた食材のみしか食べられない人々が自治キャンプへと参加する場合もある。例えばムスリムの人々が食事をする際に，イスラム法上で定められた手続きを踏まえて食材を調理しなければならないことはよく知られている（内藤，2016）。また，肉・魚を食べず，植物性の食品から栄養を摂取する「菜食主義（ヴィーガン）」を支持している人々もいる。菜食主義を支持する理由は人それぞれだが，例えば信仰上の動機のほかに，動物の権利擁護，家畜の飼料を生産するためのエネルギー消費を抑制するためといった理由が挙げられる。しかし，ヴィーガンを支持する菜食主義者の人々は，しばしば異なる政治的理念をもつ人々とキャンプの中で衝突してしまうこともある。

　例えば，ドイツのハイリゲンダムでは2007年夏にキャンプが行われた。このキャンプが設置された草原の隣には，地元に在住する人々が営む食肉工場があった。そこで地元の人々は，自分たちの食肉工場で加工したソーセージの屋台を自治キャンプの前で開店することにした。資本主義に対抗するという目的を有し，菜食主義者が多く滞在するキャンプの実情からすれば，地元の人々による提案は到底受け容れられるものではない。ただ一方で，キャンプの参加者には，ローカルな経済に貢献したいと語る人々も多くいた。結果としてハイリゲンダムのキャンプに参加した人々は，ソーセージの屋台設置を容認し，菜食主義者の人々には他の場所に設置されたキャンプサイトで過ごすように呼びかけたというエピソードがある（Feigenbaum, Frenzel and McCurdy, 2013）。

　もうひとつ，日本の北海道で2008年に行われた自治キャンプの例を挙げよう。このキャンプは北海道洞爺湖町で開催された「G8サミット」に対抗するために設置されたもので，洞爺湖町周辺にいくつかのキャンプサイトがオープンした。日本では，まだまだヴィーガン食は浸透していなかったものの，海外からの参加者が多数来ることを予期して多くのキャンプが菜食主義を掲げたが，一つのキャンプだけは肉や魚を参加者に振る舞った。それはなぜなのか。北海道を代表する先住民族である「アイヌ民族」の主食が鮭であったためである。肉・魚を提供する背景には，北海道を訪問する以上，先住民族の生活に対して敬意を払ってほしい，という参加者の強い気持ちがあったのだ（詳しくは

富永, 2016)。

　ハイリゲンダムと北海道の事例から分かることは，同じ空間で，同時に複数の「正しさ」を実現する難しさであろう。ハイリゲンダムでは，地元の経済や商業を守りたいという意見と，大量生産された食肉を消費することへの抗議というふたつの理念が葛藤していた。北海道では，多くの参加者が支持するであろう価値観を尊重したいという意図と，地域に根付いた文化や慣習に敬意を払うべきだという主張が併存していた。そして両者のキャンプとも，結果として菜食主義者に対しては「他のキャンプに行ってもらう」という結論を出している。このキャンプに参加した菜食主義者たちが，他のキャンプに移動するか自分たち用の食事を持ってきていれば，とりあえず飢えをしのぐことはできる。しかし，飢えをしのぐかどうかということ以上に，菜食主義者たちの理念がこれらのキャンプで受け容れられたか否かという点が，自治キャンプにおいては重要なのである。

　私たちはしばしば，組織やコミュニティにおいてすべての人々が納得するような解決策を用意できない事態に直面するが，2つのキャンプにおける食をめぐる帰結はそれを如実に現しているといえよう。いずれかの方途を選べば，それによって傷つく人，裏切られたと感じる人がかならず出現する。しかし，結果として排除されることになってしまう人も含めて，すべての参加者が納得するまで話し合った上で決定したのであれば，それは民主的な手続きによると言うことができる。かりにキャンプを去ることになったとしても，自分だけ持参した食料を食べることになったとしても，お互いに意図が通じて，納得した上であれば心持ちも変わってくるし，議論を通じて新しい考え方を学ぶこともできる。だからこそ，自治キャンプの参加者たちは多くの時間を会議に割くことになる。

(2) みんなが納得する「合意形成」の作法

　自治キャンプは「自分たちで決める」ことにこだわる。自分たちで決めることはそのまま，「勝手に物事を決める」閣僚会議や政府に対する抗議であり，民主的な世界を創るために必須のプロセスであるためだ。だから自治キャンプの意思決定の在り方は，キャンプを運営する事務局やオーガナイザーといった

人々が方針を決めたり，参加者の多数決によって施策を決定したりするというものではない。参加者一人ひとりの合意に基づく，平等な議論への参加による意思決定が望ましいとされているのである。このような話し合いは，一人ひとりが自らの考えを持って参加しなくてはならないため，時間もかかるし労力もいる。しかし，それこそが自治キャンプをコミュニティとしてより良いものにしていくのだと参加者たちは考えているのだ。

　こうした議論の進め方は，「熟議民主主義」という概念に依拠している。熟議民主主義とは，広義では「話し合いを中心とする民主主義」と定義されており (Dryzek, 2000)，自分ではない誰かに信託して政治を行うタイプの代表制民主主義，賛同者の数によって議案を採決する多数決型の民主主義とは異なる考え方に基づく。単に「話し合い」とだけ書くと単純極まりない手法のように見えるが，熟議民主主義は「反省」という過程に重点を置いて議論をすすめる。それぞれの参加者が自らの意見を述べるとともに他者の意見を聞き，ときに批判し，疑問を提示する。この過程で自らの意見が変容することが，熟議民主主義のポイントなのである。つまり，その場にある意見のいずれかを選んだり，他者の意見に対し優越する理由を述べたりするというよりは，それぞれの参加者が意見を変容させつつ調停し，合意を形成する過程が「熟議」なのである。そのような意味で，前項で述べたように，その場の規範にそぐわない人々を排除する／しないという結論を出すにとどまらず，かれらが納得するための理由や結論の妥当性こそを重視する手続きだと言える。

　議論のための言語やトピックの選定，身振りに至るまで，公正な手続きを行うことは非常に大変である。現在行われている自治キャンプには世界中の人々が参加している。多くの人々が話すことの出来る言語は英語か自治キャンプが開催される地域の言語であるが，「話す」とは言語を運用することだけを指すのではない。自分の考えをうまく言葉に出来ない人もいるし，会議中，質問をされたときにすぐに返答できる人ばかりでもない。さらに言えば，障害を持つ人や子どもも参加している場合があるわけで，「だれもが平等に議論に参加する」といっても，それぞれのリテラシー能力は著しく異なる。こうした参加者の多様性に鑑みて，反グローバリズム運動に参加する人々は「ハンドサイン」を用いた合意形成のやり方を考案した。たとえば，両手のひらを正面に向け，

顔の横で広げたら「賛成」，片手の人差し指と親指で「C」のマークを作り，肩の上あたりで掲げると「質問」といったように。このやり方は閣僚会議への抗議行動からオキュパイ・ムーブメントまで引き継がれ，広く使われているものである（Graeber, 2009）。

　あまり議論が上手ではない人も参加できるようにいろいろな工夫を凝らした会議が見られるが，すべての参加者が平等に参加できる会議づくりはきわめて困難である。会議と自治キャンプには常に役割があり，「会議の司会者」や「他の参加者に知り合いが多い人」「専門家」といった人々は，会議の際に他の参加者が持っていない情報を知っていたり，上手に議論を仕切ったりすることで他の参加者から一目置かれることもある（Juris, 2008）。こうした事態は，いくら「平等な参加」を目指しても常につきまとう。むしろ，無理に「平等」を目指さず，参加者同士が互いの適性の違いを認めながらキャンプを運営することが重要とする意見もある。また，熟議そのものが「理性」を重視する民主主義であるとしばしば指摘されてきたように，あまりに会議の手続きそのものにこだわると，感情的になりがちな参加者や脈絡のない発言をしてしまう参加者を排除してしまう事態にも繋がりかねない。

　実際に筆者も2013年にイギリスで行われたキャンプに参加した際，ハンドサインを用いた会議に参加したものの，実際には周囲のハンドサインを見ながらそれに合わせていただけだった。もちろん，その過程で「質問する」「繰り返し説明を求める」というコミュニケーションは可能であり，推奨されてもいる。筆者が前もって「英語があまり上手じゃないから……」と自己紹介の際に発言したところ，他のメンバーから「分からないことがあったら教えてあげる」「できないことを『ごめんなさい』という必要はないよ」と親切に声をかけてもらったのもたしかだ。しかし，筆者のように，海外から参加していて，現地の事情もよく分からない参加者に一から状況を教えることは，実際のところ，限られたキャンプの時間ではかなり難しいだろう。この事例における筆者のように，「ついていけない人々」に対してどのように対処するかという点は，熟議民主主義の抱える困難と同様，キャンプでの合意形成や運営においても難しい問題だと言えるだろう。

(3) 住まいはそのまま性をめぐる問題

　自治キャンプが限られた空間で寝食をともにする活動である以上，食と並んで住まいも重要な課題である。自治キャンプにおける「住」は，主に食事，就寝，レジャーのためのスペースの確保に加え，トイレや簡易シャワー，炊事施設といったインフラの設営などを意味する。例えば，トイレや炊事施設の洗浄に使う洗剤，排水のやり方ひとつをとっても，環境に優しいものとそうでないものがあるように，住まいはじつに細かな部分に至るまで私たちの政治的理念と関連している。本節ではとくに重要な課題として，キャンプの参加者が直面した部屋分けと「性」をめぐる問題について詳しく紹介する。

　ここで，少し想像してみてほしい。あなたが自治キャンプを設営する場合，寝室やトイレをどのような基準に沿って分けるだろうか。「みんな一緒に同じ寝室で寝起きする」「みんな同じトイレを使う」と考えた人は，非常に少数であるだろう。一般的な施設の場合，トイレに関しては「男性・女性・障害者」，合宿や宿泊研修の場合「男性・女性」という性によって部屋を分ける例が最もよく見られるやり方であるだろう。特定の信仰を持つ人に「礼拝室」のようなスペースを準備することはよく見られる傾向だとしても，寝室やトイレを別にする必要はないかもしれない。国籍や民族，出身地によってトイレや部屋を分けるというやり方は，いかなる合理性や妥当性も存在しない。

　ではなぜ，「性別」によって寝室を分けることは差別に当たらないのだろうか。男性と女性が一緒の寝室で休むことは，性暴力に繋がる可能性も十分にあるから，精神的にも身体的にも落ち着かない思いをする，ひいては寝室としての機能を十分に果たさないためだと一般的には解釈できる。しかし，それは男性同士であっても女性同士であっても起こりうることであるし，そもそも身体や顔つきが男性であるからといって，その人が女性を性の対象とするとは限らない。このような「性の多様性」については，近年さまざまな場で話題となっているために認識している人も多いだろうが，過去の自治キャンプでは顧みられないことも多かった。

　ある自治キャンプでは，トイレを「男」「女」という形で分けてしまったために，トランスジェンダーの参加者はどちらにも入ることができず，何名かの人々が怒りのあまりキャンプの設備を破壊するという行動を取った。性的マ

イノリティの人に限らず，性の問題は差別や暴力に発展することもある。人によっては過去につらい経験を持っているため，精神や身体に病を抱えているために，他の参加者からすると普通のコミュニケーションでも強く傷ついてしまうかもしれない。そのような人のために，自治キャンプの中では他者に接触されない空間として「セイファー・スペース」を作る試みが徹底されてきた (Brown, Feigebaum, Frenzel and McCurdy, 2017)。

　しかしながら，セイファー・スペースのような配慮を必要とする人々へのケアに対して，いつも自治キャンプの中で理解が得られるとは限らない。他者に対して警戒心や危機感を抱かざるを得ない人々のためのセイファー・スペースは，他の参加者から「キャンプは自由な空間であるはずなのに，特定の人しか入れない場が出来ている」という「特別扱い」として認識され，不満を持たれることも少なくない。私たちは自分の生まれ持った性とそれに基づく経験以外を想像しにくいからこそ，性的少数者の人々の苦しみや悩みを共有できず，「男」「女」以外のトイレが必要だということにも気づかないかもしれない。あるいは，自分と同じ性であるからこそ，「男／女とはこういうものだ」という固定観念を払拭できず，自分の価値観を無理に同性の人々へと押し付けてしまうかもしれない。

　性的な事柄に基づく経験は，他者に知られたくないことも多い。そのために，キャンプ内での意見の共有や「こうして欲しい」という主張が明確になされづらい点についても，「性」特有の問題がある。このような困難を踏まえながら，自治キャンプに参加した人々は，それぞれのキャンプにおけるセイファー・スペースの実践や課題を小冊子（ミニコミ誌）やウェブサイトといった形で記録している。その場での意思決定と同様に，事例を積み重ね，記録することもまた，日々の営みを未来に繋げ，よりよい他者との共生に寄与する手法だと考えられる。

4．日々の生活を「政治的に」振り返ってみよう

　本章では，グローバル化し，多様な人々がともに暮らす社会において他者を

尊重しながら，傷つけない「ポリティカル・コレクトネス」に沿った生き方を考えるために，世界中で行われている自治キャンプの試みを紹介した。自治キャンプの参加者たちは，それぞれの政治的理念や出自を尊重しつつ，参加者全員で議論を行い，合意に基づく意思決定の上で，何を食べるのか，どのような住まいの空間を作るのか，をひとつひとつ丹念に検討し，決定する。

　私たちが生きる現実の社会からすれば，自治キャンプにおけるコミュニケーションはある意味で非常に牧歌的である。こうした合意形成がいつでも可能であるかと言えば，もちろんそうではない。そもそも，自治キャンプの試みも，冒頭で紹介したバーニング・マンも，ある程度期間が限定されているからこそ維持可能なのであって，このコミュニケーションが永続的なコミュニティで行われた場合，参加者に対してかなりの負荷をかけることは間違いないだろう。

　しかし，本章で検討した自治キャンプの試みは，部分的にも私たちの日常生活に適用できるものでもある。実際，自治キャンプの参加者たちは，キャンプを終えた後もゴミ出しや食料調達といった，生活を構成する細かな振る舞いに自らの考える「政治」を潜ませる。男女や人種にかかわらず公正な言葉遣いをすること，環境にやさしい食材の調理法を考えること，海外から来た人々に，ゆっくり，身振り手振りを用いながら喋りかけること……。そうしたひとつひとつの試みが，目の前にいる，あるいは自分から遠く離れたところにいる，自分とは異なる経験や，生活背景を持つ人を尊重する行動になる。

　本章で取り上げた事例を見ても分かる通り，キャンプの中で生じる悩みは，私たちが日常生活の中で抱く戸惑いと同じような根を持っている。キャンプは，私たちが頭の中のことばで考えていることを，そのまま生活の中の振る舞いに変えることができる，頭と身体をつなぐ練習場なのである。だから，私たちはバーニング・マンやキャンプにわざわざ参加しなくとも，「睡眠」や「食事」といった行為ひとつひとつに政治を見出すことができる。日々の営みの中に，いかに政治的な課題を見出すかという問題は，社会運動に携わる人々や研究者が長らく取り組んできたテーマでもある。例えば，女性の権利を向上するための社会運動である「フェミニズム運動」は，「個人的なことは政治的なこと」(The Personal is Political) というスローガンのもと，私たちが日々行っている家事労働や私的な会話が政治的な構造によって規定されることもあれ

ば，社会を変える潜在的な力になることを主張した（Millett, 1970＝訳 1985）。

本章で紹介してきたいくつかの実践は，私たちの日常におけるトラブルやすれ違いを解消するためのヒントを提示するだけにとどまらない。私たちが毎日の生活を通じて，自分とは異なる人生を過ごしてきた人々と，ことばやそれ以外のシンボルを通じてコミュニケーションすることは，それ自体が政治や社会といった一見「遠い」「大きい」ものとたしかに繋がっている。だからこそ，他者と分かり合うことや通じあうことは，そのまま「異文化理解」や「多文化共生」といった，グローバル化社会を論じる際に用いられる重要な概念を，身をもって体感する大切な機会であり，社会を変えるための小さいが重要な一歩なのだ。私たちの他者を尊重した振る舞いや，公正に物事を決めようとする態度は，その場にいる人々へと伝播し，またさらに遠くにいる他の人々へと伝わっていくものだろう。そうした意味で，私たちがハラスメントを避け，ポリティカル・コレクトネスにこだわりながら所作について考慮し，他者と触れ合うということは，「個人的なこと」でありながら確かに「政治的なこと」なのである。

【文献】
Brown, Gavin, Anna Feigenbaum, Fabian Frenzel, and Patrick McCurdy, 2017, *Protest Camps in International Context: Spaces, Infrastructures and Media of Resistance*. Policy Press.
Chesters, Graeme and Ian Walsh, 2011, *Social Movements: The Key Concepts*. Routledge.
Dryzek, John S., 2000, *Deliberative Democracy and Beyond: Liberals, Critics, Contestations*. Oxford University Press.
Feigenbaum, Anna, Fabian Frenzel, and Patrick McCurdy, 2013, *Protest Camps*. Zed Books.
Gilmore, Lee and Mark Van Proyen, 2005, *After Burn: Reflections on Burning Man*. University of New Mexico Press.
Graeber, David, 2009, *Direct Action: An Ethnography*. AK Press.
Hughes, Jeoffrey, 2009, *Political Correctness: A History of Semantics and Culture*. Willey-Blackwell.
Juris, Jeffrey S., 2008, *Networking Futures*. Duke University Press.
Millett, Kate, 1970, *Sexual Politics*. Doubleday.（＝ 1985，藤枝澪子ほか訳『性の政治学』ドメス出版。）
内藤正典，2016，『となりのイスラム――世界の3人に1人がイスラム教徒になる時代』ミシマ社。
野宮大志郎・西城戸誠（編），2016『サミット・プロテスト――グローバル化時代の社会運動』新泉社。
塩見鮮一郎，1993，『作家と差別語――表現の自由と用語規制のジレンマ』明石書店。
富永京子，2016，『社会運動のサブカルチャー化――G8サミット抗議行動の経験分析』せりか書房。
Writers for the 99%, 2012, *Occupying Wall Street: The Inside Story of an Action that Changed*

America. Haymarket Books.（= 2012，芦原省一訳『ウォール街を占拠せよ——はじまりの物語』大月書店。）

（富永 京子）

第11章

ロードサイドの幸福論
──ファスト風土・無印都市・サステナビリティ──

キーワード：消費文化，都市，郊外，ショッピングモール，ライフスタイル

　かつて，消費を論じるということは都市について論じることであった。20世紀初頭に大衆消費文化が開花したのはニューヨークやシカゴといった大都市であったし，日本でも東京や大阪を中心として消費文化は形成されてきた。ところが，1950年代以降，アメリカではモータリゼーションの進展に伴って郊外型ライフスタイルが普及し，大衆消費の舞台は都市中心部からロードサイド，すなわち自動車で移動することを前提として発達した郊外の幹線道路沿いの商業空間へと移行していった。日本では少なくとも1980年代までは，渋谷や原宿といった固有の都市文化を背景として消費社会が隆盛していたが，1990年代以降は，消費の中心的な舞台はロードサイドへと移っていく。この移行のなかで，都市的生活様式を前提としていた消費社会論の議論状況は大きく転換するとともに，郊外や地方における生のあり方，さらには現代日本における幸福のあり方そのものが問われることになった。本章では，消費文化論の視点からロードサイド消費空間の形成と展開を捉え，そこに生きる人々の等身大のライフスタイルとその行方について検討していく。

1．ロードサイドの消費化

(1) 逆転する消費空間──パルコからイオンへ
　日本においてロードサイドが一大商業空間として消費の中心的舞台となった

のは，1990年代以降である．もちろん，郊外化それ自体はけっして新しい現象ではなく，既に1960年代から1980年代までの間に大都市周辺における住宅の郊外化が進展し，都心近郊に大規模なニュータウンが建設されてきた．都市社会学者の若林幹夫は，郊外を「都市に付属し，都市と通勤や通学，買い物や娯楽などの行き来によって結びついた住宅地中心の場所」（若林，2007: 41）と定義し，そのライフスタイルがきわめて都市的な消費文化の影響のもとにあったと論じている．しかし，このように定義された郊外は，消費の舞台というよりもあくまでベッドタウンとしての機能を担うものであり，そのライフスタイルは駅前を中心した都市文化の延長にすぎなかった[1]．その郊外空間における消費の舞台は鉄道を通じて直接結びついた都心であり，その消費文化の象徴も渋谷パルコや西武百貨店といった駅前商業施設であった．パルコは，刺激的なキャッチコピーによって1980年代のいわゆる記号消費的な文化を牽引した象徴であったが，鉄道を軸とした郊外ライフスタイルは，そうしたパルコ的な消費文化ときわめて相関的な関係にあった（若林，2007: 166）．

　このような鉄道沿線における郊外空間の形成の一方，ロードサイドの消費化も1970年代と1980年代を通じて徐々に進行していた．モータリゼーションの進行に伴って主要幹線道路の整備が進み，その脇に自動車で移動する人々を対象とする「ロードサイド店舗」が登場したのがこの頃である．ロードサイド店舗は，主に核家族をターゲットとしたチェーン店舗であり，巨大な看板と駐車場を備えるという特徴を持つ．このロードサイド店舗の拡大が，駅前とは異なる独特の商業空間を形成することになった（小田，1997；川野他，1999）．

　ロードサイド店舗の出店が大規模に展開されていく契機は1992年，それまで大規模店舗の出店を規制してきた大規模小売店舗法（大店法）が改正され，郊外への大規模店舗の出店が容易になったことにある[2]．この規制緩和によって，地方の田園地帯には家電量販店のヤマダ電機や家具専門店のニトリといった各種の大規模小売店舗，そしてジャスコやサティ，アピタといった巨大ショッピングモールが立ち並ぶことになっていく．ジャスコ（現在のイオン）の出店は特に目覚ましく，1990年代には大規模複な「イオンモール」を全国に建設し，2000年以降も年間2〜7店のペースで新たな店舗を出店していく．2016年の時点で，イオングループが運営するモールは全国で300箇所に及ん

でいる（斉藤，2017: 198）。

　このような一連の変化のなかで，ロードサイドはそれ自体が消費の舞台として機能することになった。わざわざ渋谷のような都心に出かけていかなくとも，日常的な買い物では何でも揃うし，家族や友人との充実したレジャー生活を享受することが可能になった。イオンモールのなかにはスターバックスもあれば映画館もある。都会と同じように充実した消費生活を送ることができる空間として，ロードサイドは編成されていった。

　重要なのは，このロードサイドの消費化が，結果として地方の消費化を導くことになったという点である。表1は年間家計支出額上位10都市の推移である。これを見ると，1990年代中頃には都会と地方の消費支出額は逆転し，2000年以降には北関東や北陸などのモータリゼーションが進展した地方都市が上位に位置するようになることがわかる。三浦展は，この逆転現象を「パルコからイオンへ」と表現し，消費社会の舞台が都会から地方へと移行していく過程として捉えた（三浦，2004: 135）。その後，広大な敷地を構える屋外型のアウトレットモールやレジャー施設も登場し，地方社会はまさしく消費のユートピアとして，都会以上に豊かな消費生活を送ることが可能となっていく（貞包，2015）。

表1　年間家計支出額上位10都市の推移

	1980年	1985年	1990年	1995年	2000年	2005年	2010年	2015年
1位	東京都区部	横浜市	川崎市	浦和市	富山市	富山市	宇都宮市	奈良市
2位	横浜市	東京都区部	横浜市	長野市	福島市	奈良市	金沢市	東京都区部
3位	奈良市	浦和市	浦和市	金沢市	浦和市	岡山市	奈良市	長野市
4位	千葉市	岐阜市	東京都区部	横浜市	金沢市	さいたま市	東京都区部	福島市
5位	名古屋市	山形市	水戸市	東京都区部	横浜市	宇都宮市	岐阜市	津市
6位	松江市	広島市	金沢市	奈良市	山形市	横浜市	高松市	高松市
7位	山形市	大津市	宇都宮市	宇都宮市	東京都区部	川崎市	富山市	金沢市
8位	岡山市	甲府市	大津市	富山市	山口市	東京都区部	鹿児島市	宇都宮市
9位	大津市	宇都宮市	甲府市	新潟市	広島市	山形市	水戸市	水戸市
10位	福岡市	長野市	大分市	岡山市	秋田市	金沢市	岡山市	横浜市

註：総務省統計局の家計調査のデータを参照。この推移分析の方法は三浦（2004）を参照。

(2) ファスト風土化論とマクドナルド化論

　2000年頃には，ロードサイドの消費化に対する様々な批判が台頭してくる（たとえば小田，1997；松原，2002）。なかでも三浦展は，ロードサイドの消費化が中心繁華街の空洞化と生活空間の均質化をもたらしたと指摘する（三浦，2004）。都市の空洞化は，郊外への人口移動が進むなかで既にドーナツ化現象として問題化されていたが，1990年代には郊外の消費化に伴って中心繁華街は商業的にも空洞化が促進し，いわゆるシャッター街が問題化されるようになる。また，それに伴って主要幹線道路は同じようなチェーン量販店が看板を並べるようになり，ショッピングモール内部も似たり寄ったりの店舗で占められるようになった。三浦は，このようにロードサイドの消費化によって空洞化・均質化された空間を「ファスト風土」と呼び，土地固有の風土が破壊されていくことに対して警鐘を鳴らす（三浦，2004）。

　三浦によれば，ファスト風土の問題は歴史性とコンテクストが徹底的に欠落しているという点にある。田圃の真ん中に巨大なショッピングモールや無機質な街並みが登場し，さらには昔ながらの商店街の個人商店がチェーン店舗に置き換えられていくなかで，衣服も住居も街並みもその土地の自然や風景と無関係なものとなっていく。本来，土地には固有の記憶とコンテクストがあるはずだが，いくらでも複製可能な空間に代替されていくことでその固有性が喪失し，人々のライフスタイルが均質化されていく。そして，歴史性とコンテクストの欠落に伴って，〈都市的なもの〉が喪失していくのだと三浦は論じる。

　三浦の言う〈都市的なもの〉とは，コミュニケーション（関係性）とコミットメント（関与性）である。都市の商店街はそもそも「顔と顔の関係」で成り立っていた。それは昔ながらの商店街だけではなく，若者が集う原宿のようなストリート・カルチャーでも同様であり，店員と顧客のあるいは顧客どうしの関係によって消費空間は維持され，またその関係を通じて消費文化そのものが生み出されてきた（三田，2007）。しかし，ショッピングモールやチェーン量販店では，こうしたコミュニケーションはマニュアル労働や大量生産品に代替され，文化的営みであった消費はコンテクストから切り離された単なる消費財の購買へと還元されてしまう。このように，ファスト風土化論はロードサイドの消費化を一種の「疎外」の過程として論じる。疎外とは，人間が生の充実の

ために生み出したはずの仕組みが人間の手の届かない支配原理となり，逆に生の充実を奪っていく過程のことである。

アメリカの社会学者 G. リッツァも，消費空間の均質的な編成を三浦と同様に疎外論的文脈で論じる。アメリカでは，日本に先駆けてロードサイドの消費化が進展し，既に巨大ショッピングモールや大規模小売店，ファストフード店が人々の消費生活に与える負の影響が問題視されていた（Cohen, 2003）。リッツァは，生産と消費が合理的様式へと組織されていく現象を「マクドナルド化」と呼び，生産のみではなく消費も効率化・規格化されていると論じる（Ritzer, 1993= 訳 1999）。消費生活を充実させるはずの合理的生産が，人々の消費をマニュアル化，パッケージ化することでその充実性と多様性を逆説的にも奪っていく「鉄の檻」の過程として，このマクドナルド化の過程は批判的に論じられる[3]。

三浦とリッツァは，ともにロードサイド店舗であるイオンとマクドナルドを象徴として用い，このグローバルなものが人々のライフスタイルや地方の風景を規格化していることに警鐘を鳴らしたと言える。さらに，彼らに共通しているのは，そうした均質的な消費空間のグローバルな拡大が，最終的には自然環境や社会環境への負荷を高めるという批判である。ファストファッションやファストフードはCO^2コストが高く，また途上国の搾取労働によって成り立っているという側面が長らく指摘されてきた。ロードサイドの消費化は，人々のライフスタイルのみではなく，サステナビリティ（持続可能性）という点において自然や社会に直接的あるいは間接的に負の影響を与えるという問題をも孕んでいるわけである。

ロードサイドの消費化というグローバルな力に対して，三浦は〈都市的なもの〉の復権が必要だと論じる（三浦, 2004: 189）。都市は，歴史性とコンテクストが折り重なっており，コミュニケーションとコミットメントの生まれる場としてのコミュニティがある。彼が理想とするのは，高円寺や下北沢，原宿，自由が丘のような商店街であり，チェーン店ではなくローカルな地域の人々による個人経営の店舗によって形成される消費空間である。こうした商店街における「顔と顔の関係」こそが，多様性豊かなライフスタイルとサステナブルな消費文化を生み出すのだと三浦は論じる。

以上のような疎外論的視点は，ロードサイドの生のあり方を捉える視点として，2000年代に広く受容される。その一方，この種の議論はロードサイドで生きる当人たちの充実感や幸福感を無視して，その生のあり方を一面的に否定しているだけなのではないかという疑問も生じてくる。2010年代には，そうした疎外論的視点に対する懐疑から出発して，ロードサイドにおける生を捉え直す動きが活発に見られるようになってくる。

2．グローバルなものをめぐる視座転換

(1) 無印都市の生

　都市社会学者の近森高明は，ロードサイドに象徴される複製的な消費装置に囲まれた無個性でアイデンティティを欠いた都市状況を「無印都市」（generic city）と呼び，郊外やロードサイドという地理的概念ではもはや捉えきれなくなったその種の消費空間の様相を再概念化する（近森，2013）。無印都市という概念は，ショッピングモールやチェーン店舗のように従来ネガティブに捉えられてきたジャンクな消費装置が，固有のリアリティをもって人々に経験されるさまをポジティブに捉えていくためのキャッチコピーとして掲げられる。これは，個性とアイデンティティの欠落を批判するファスト風土化論やマクドナルド化論とは好対照である。疎外論はそこに生きる当人の視点より先に客観的な幸福を措定する傾向があったが，これに対して，無印都市論は疎外論が見落とした当人たちの内的視点から出発し，当人たちがどのように世界を経験しているかを理解しようとする。

　こうした無印都市論の経験理解に原型を与えているのが，20世紀前半の哲学者W. ベンヤミンの思想である。19世紀のパリにはきらびやかな商業空間が発達したが，当時はそれを資本主義の商品論理に人々が取り込まれていく疎外の過程として見る向きもあった。しかし，ベンヤミンは，人によって多様な仕方で商品世界が経験されているのだと論じ，その商業空間を遊歩する経験の固有性を理解するなかでパリの消費文化を把握しようとした（Benjamin, ［1935］1982=訳2003）。このベンヤミンの独自の眼差しは，複製技術にも注

がれる。19世紀に登場した写真や映画のような複製技術は，芸術をいくらでもコピー可能な商品に置き換える「文化産業」として批判されることもあった（Horkheimer and Adorno, 1944= 訳 2007）。しかしベンヤミンはそのような批判に対して，複製技術のポジティブな側面を強調した（Benjamin, [1936] 1974= 訳 1995）。芸術は，ある特定のものの見方を強いるという意味で真正性に裏打ちされた「アウラ」（権威や伝統のオーラ）をまとっている。他方で複製された商品は，芸術がまとっていたそのアウラを剥ぎ取ることで大衆に対して作品の多様な解釈や接近の可能性を開くものだと言える[4]。ベンヤミンは，複製技術を経験する生のあり方を内的に理解することで，複製技術による大衆消費文化を疎外の文脈で捉えるのではなく，むしろ権威からの解放という文脈で捉えることを試みたのだった。

　ベンヤミンの思想は時代を越えて，無印都市論に引き継がれる。ファスト風土化論やマクドナルド化論は，温かみのある商店街や昔ながらの横丁が真正なものであることを前提に，それらが複製されたショッピングモールやチェーン店舗に置き換えられていくことを疎外として批判した。これに対して，無印都市論が提示しているのは，ショッピングモールやチェーン店舗を経験する生をその内側から理解することで，都市の商店街や横丁に付与されてきたアウラを相対化するという視座である。

　たとえば，地域の人々が集う「温かみのある」スナックや飲み屋は，一部の人々にとっては居場所となり得るかもしれないが，新住民やよそ者からすると閉鎖的で居心地がよくない場合があるだろう。また，渋谷や原宿にあるようなローカルなセレクトショップで洋服を買うということは，コミュニケーションのなかで特定の文化的コンテクストへと参入していく一種のゲーム性を孕んでいたわけだが，そのゲームへの参入には経済資本のみではなく前提知識やセンスといったいわば「文化資本」が必要とされる（畑山, 2011）。そして，文化を生産する側もその種の文化資本を備えたコミュニティの内の人々に購入してもらうべく消費者を積極的に「選別」する傾向にある（三田, 2007: 235）。だが，そもそもその種の文化資本の獲得それ自体が地理的・経済的条件に左右されているとも言える。

　このように，〈都市的なもの〉に関与するためには土地の歴史やコンテクス

トに入り込むことが強いられる一方，その関与のための文化的条件にアクセスできるのはごく限られた一部の人々であった。その意味では，〈都市的なもの〉として三浦が称揚してきた「顔と顔の関係」は，別の視点から見ればきわめて狭隘なものだったとも言えるかもしれない。だとすれば，この〈都市的なもの〉から地理的・経済的・文化的に排除されてきた人々が，これまで数多く存在していたのではないだろうか。そして，その排除された人々を包摂したのが，実はショッピングモールやチェーン店舗といった複製空間だったのではないのだろうか。無印都市という視座の背後にあるのは，〈都市的なもの〉のコンテクストの外に置かれた人々の等身大のライフスタイルへの着目であり，2000年代にファスト風土と呼ばれ批判されてきたものをあらためて「文化」として捉え直そうという視座であった。こうした捉え直しのひとつが，次に見るショッピングモールに対する視座転換である。

(2) ショッピングモールの包容力

2000年代以降，ロードサイドで発展したショッピングモールは都市内部や駅前へと逆輸入されるようになる。モールの構造は都市の再開発そのものへと生かされ，もはや商業施設の枠を超えて一種の都市環境・社会環境となりつつある（若林, 2013: 223）。このショッピングモールをファスト風土化という排除の文脈ではなく，むしろ包摂という文脈で捉えていくところが2010年代の新たな展開だった。そのなかで，モールの持つ「気楽さ」や「居心地の良さ」がポジティブに捉え返されていくことになる。

近森によれば，ショッピングモールの持つ気楽さは，無印都市に特有の脱力性に由来する（近森, 2013: 14）。都市ではその場にふさわしい恰好をしているか，流行から外れていないかといったように常に緊張が促されていた。他方，モールではおしゃれであることは求められないし，ファッショナブルに振る舞おうと努力する必要もない。また，都市では買い物ひとつにしてもコミュニケーションとコミットメントが要請されていたが，モールでは無理に店員と会話する煩わしさもなく，自分のペースで陳列棚を見て回ることができる。そこでは，〈都市的なもの〉の息苦しさから解放されていると言えるだろう。

また，ショッピングモールが多様な人々に対する開放性を備えていること

も，その居心地の良さにつながっている（東・大山，2016: 21）。たとえば，モールはセキュリティとバリアフリーがきいた人工的空間であるがゆえにファミリー層，特に子育て世帯に開かれている。都市の猥雑さやアナーキーさは一部の人には魅力的かもしれないが，しかしそこへと踏み込み難かった層にとってモールは自らを受け入れてくれる居場所となりうる。さらに，モールは世界中で同じ文法で作られているという点で普遍性を備えている（東・大山，2016: 31）。文化や言語の差異を超えて，世界中のどこにいっても内装のコンセプトやテナントの種類・配置も似通っているので，どのような人種や階層の人でも直感的に空間が把握できる。都市においては固有性と迷宮性こそが醍醐味であったが，それを味わうための文化資本はあくまでそのコンテクストに入り込むことが許された人々だけが獲得できる身体感覚に閉じられていた。モールは，脱コンテクスト化されたグローバルな文法の上に置かれることで，消費の楽しみをあらゆる層へ開放する普遍性を備えていると言える[5]。

そうしたショッピングモールの居心地の良さや開放性は，けっして従来の都市的コミュニティと対立的な関係にあるわけでもない。たとえば，近年ではモールが地域の社会的課題の解決を担っているという側面にも目が向けられている（斉藤，2017: 217）。各地のモールでは，行政窓口や図書館，児童センター，就労支援センター，高齢者健康施設が併設されるようになり，さらには福祉・医療サービスや保育施設などの導入も始まっている。子育て世帯や高齢者にとってモールは，そのワンストップな性格を活用することで地域生活のプラットフォームとなりつつあると言えるだろう。

ショッピングモールは複製・管理・設計された空間であり，その意味では〈都市的なもの〉に付随していたエキサイティングな要素が欠落しているのも事実かもしれない。しかし，モールで過ごす人々の視点に立ったとき，その脱力的な居心地の良さはそこに生きる人々の幸福の重要な構成要素をなしている。このようなショッピングモールに対する視座転換は，グローバルなものによる包摂という局面をあらためて考えるきっかけとなるだろう。ファスト風土化論やマクドナルド化論は，グローバルなものが人々の消費生活を均質化しているという批判であったわけだが，他方で，〈都市的なもの〉から排除されてきた人々にとっては，まさにこのグローバルなものによってローカルな生活

が可能になっているとも言えるわけである。こうした包摂の構造は，とりわけ2010年代に顕著に論じられることになったロードサイドにおける幸福のあり方と密接に結びついているように思われる。

(3) ロードサイドの幸福論

　既に論じたように，ロードサイドの消費化に伴って，地方では都会以上に豊かな消費生活が過ごせるようになった。2000年代にファスト風土を批判的に論じた三浦は，地方の消費社会化が住民にとっては必ずしも批判されるものではないということ，さらには若者を地元に引きとどめる効果を持っているということを認める（三浦，2010）。かつて消費社会の恩恵は都会に独占されてきたとも言えるわけであるが，その恩恵を地方社会に開いたのがまさにイオンやファストフード・チェーンだった。三浦は地元に愛着がある人ほどイオンやチェーン店舗を好む傾向があると分析する。

　社会学者の阿部真大は，イオンモールがもはや地方の若者の余暇にとってはなくてはならない存在となっていると論じる（阿部，2013）。地方の若者にとってイオンモールで過ごす余暇は，楽しむ場所のない家の周りを離れて1日かけて仲間や家族とドライブ，ショッピング，映画，そして食事を楽しむことのできる消費パッケージであり，まさに「遠足型消費」（中沢・古市，2011）として体験されている。イオンモールは都会ほど刺激的な場所ではないかもしれないが，阿部の指摘する通り「ほどほどの楽しみ」を与えくれる居場所として地方の若者に受け入れられていると言えるだろう。

　そして，このロードサイドの幸福においては，ファスト風土化論が指摘していたように，商店街と地域コミュニティの存在が欠落している（阿部，2013: 44）。ただ，この幸福論において，その欠落は疎外という文脈ではなく脱力という文脈において理解される。無理に知らない人と接さなくても，「半径5キロメートルの世界で家族や昔からの仲間と永遠に続く日常を過ごす」ことが理想とされる（原田，2014: 49）。都市で盛んだった記号的消費も象徴的ゲームも，もはや必要とされることはない。いまや脱力性，気楽さ，そして居心地の良さこそが幸福のモードとなる。この幸福のモードを「偽物」として捉えるのではなく，そこに生きる人々の内的視点に寄り添うことで〈都市的なもの〉の

権威を相対化するという点こそが，2010年代におけるロードサイド消費文化への眼差しであったと言える。

その一方，この種のロードサイドの幸福論は，ファスト風土化論の重要な論点であるサステナビリティという問題には積極的に目を向けてこなかったという面がある。無印都市論は，人々のあるべき幸福を予め客観的に決めつけるのではなく，そこに生きる人々の主観的幸福の在処を問うことで，ロードサイドの生の固有のリアリティを描き出した。しかし，それによって消費文化をめぐる「幸福」と「規範」のギャップ——より正確には次節で見るように2つの種類の「豊かさ」のギャップ——が如実に顕在化してきたとも言えるだろう。次節ではロードサイドの幸福論という観点から，サステナブルな消費文化の可能性について検討する。さらに，この種のロードサイド消費文化は，そもそもこのまま続いていくのだろうかという問題も大きな関心の的となっている。本章の最後には，現在のアメリカの状況と比較しながらこのロードサイド消費文化の行方について検討していきたい。

3. ロードサイドの行方

(1) 等身大のライフスタイルを超えて？

ファスト風土化論の批判の矛先のひとつは，サステナビリティの問題，すなわちファストフードやファストファッションの自然環境や社会環境への負荷の高さに向けられてきた。無印都市論を軸とした転換は，ショッピングモールやロードサイド店舗を幸福の在処として再考し，脱力という観点から等身大のライフスタイルを肯定した。だが，視点を変えれば，まさにこの等身大のライフスタイルこそが自然や社会に負荷を与えているとも言える。

自然保護や社会活動の文脈では，エコロジカルでエシカルなライフスタイルへの転換が積極的に論じられてきた。そのなかでは，自分の生活だけではなく地球や社会に目を向け，厳しい目で企業や商品を選別し，環境や生産者に負荷をかけない消費生活が理想とされる。こうしたライフスタイル転換は教育的・規範的言説のみではなく，ロハスなどのような精神的な豊かさを求める脱物質

志向のもとで，徐々に人々の実生活に浸透しつつある（間々田，2016）。そうしたライフスタイルにおいては，劣悪な労働環境で大量生産されたファストファッションやCO^2コストの高いファストフードを消費する生活は豊かな生活ではなく，オーガニックやフェアトレードの商品を購入する生活こそが豊かな生活だとされる。

　三浦展は，ファスト風土の対極を「スロー風土」と呼び，コミュニケーションとコミットメントといった〈都市的なもの〉の復権のなかにサステナブリティの実現を見出す（三浦，2004: 199）。三浦によればファストフードやファストファッションは誰がどこで作ったのか不透明だが，地域に根ざした個人経営のレストランやショップの「顔と顔の関係」のなかでは誰が作って誰が買うのかという関与の過程が見えてくる。その意味では，エコロジカルでエシカルな消費は，都市的生活様式と密接に結びついていると言える。三浦からすれば，サステナブルな社会はロードサイドの幸福を乗り超えたその先にあるのである。

　たしかに，そのようなライフスタイル転換やスロー風土的な都市のリノベーションは，2000年代以降，徐々に広がりを見せている。しかし一方で，無印都市の視座から見れば「等身大のライフスタイルを超えて」という呼びかけは，どこか「上から目線」にも響くのではないだろうか。というのも，そのようなサステナブルな消費生活は，都市的感性に基づいた文化資本と一体をなし，「顔と顔の関係」こそを真性なものと措定してきた側面がある。こうしたスロー風土というアッパーな空気に息苦しさを感じる人々もいるであろうし，それによってサステナブルな消費生活をめぐる文化的・経済的・地理的な排除が生じていたとも言えるだろう。誰もが世田谷や青山のファーマーズマーケットでオーガニックやフェアトレードの商品を気軽に買えるわけではない。脱物質志向的ライフスタイルやスロー風土的都市は，たしかに一部の人々には魅力的であるかもしれないが，しかし〈都市的なもの〉がサステナブルな社会の条件であることを前提に，ダウナーなロードサイドの幸福を否定するのであれば，それらは一種のエリート主義に陥ってしまうだろう。

　無印都市の視座からすれば，変わらねばならないのはサステナビリティをめぐる言説の方ではないかと問いかけることもできる。必要なのはロードサイド

消費文化に負の烙印を押すことではなく，むしろサステナビリティに付随してきた〈都市的なもの〉のアウラを剥ぎ取ることなのではないか。オーガニックやフェアトレードの「ジェネリック化」という考え方はそのひとつの方途となるだろう。ここで言うジェネリック化とは，オーガニックやフェアトレードを都市的な文化資本や「顔と顔の関係」というコンテクストから引き剥がし，それらを大衆に開かれた商品にしていくことを意味する。

　そのジェネリック化の具体例のひとつが，オーガニックやフェアトレードの認証化である。認証制度というグローバルな文脈によって，これまで一部の生産者や小売業者でしか取り扱っていなかったオーガニック商品やフェアトレード商品が，「顔と顔の関係」を超えてコンビニやスーパー，ファストフードのチェーン店舗さらにはショッピングモールで売られるようになった（畑山, 2016）[6]。等身大のライフスタイルを乗り超えるのではなく，サステナブルな消費そのものを等身大に近づけていくことで，大衆が文化的・経済的・地理的な条件を超えてオーガニックやフェアトレードにアクセスする可能性を開いたわけである。

　オーガニックやフェアトレードの商品がロードサイドで売れるはずがない，という反論もあるかもしれないが，必ずしもそうとは言い切れないだろう。日本でも早い段階でフェアトレード認証商品を取り扱い，今日までその普及に積極的な姿勢を取ってきたのは，ほかならぬロードサイドの象徴のイオンであった。サステナビリティ言説それ自体が〈都市的なもの〉から脱コンテクスト化していく過程のなかで，エコロジカルでエシカルなロードサイド消費文化が立ち現れるという未来を想像する余地は，十分に残されているのではないだろうか[7]。

(2) ロードサイド消費文化の終焉？

　以上で見てきたロードサイド消費文化とその幸福は，はたしてこのまま続いていくのであろうか。というのも，日本に先駆けてロードサイドの消費化が進行したアメリカでは，今日そのあり方が大きく変わろうとしているからである。日本の消費文化がこれまでアメリカの影響を受けてきたことを考えれば，そこで生じている変化は，日本におけるロードサイドの行方を占うひとつの試

金石となるだろう。前述のように，アメリカでは1950年代には既に消費の中心軸は郊外へ移り，今日に至るまで世界におけるロードサイドの消費化を牽引してきた（Cohen, 2003）。1956年から2000年までの間に1200のモールが建設され，その成長率は人口の増加率を上回るに至った（Kowinski, 2002）。モールは生活に深く浸透し，人々を魅了する消費の殿堂としての地位を確固たるものとしてきた。ところが近年，この状況は大きく変わりつつある。その象徴が「デッドモール」である。

デッドモールとは，客足が遠のくことでテナントが撤退し廃墟と化したショッピングモールの呼称である。実際に廃墟となるのはあくまで極端な事例ではあるが，廃墟とまでは至らなくとも近年では多くのモールでテナントの空室が目立つようになり，デッドモールはそうしたモール文化の衰退の象徴として取り上げられるようになった。図1はアメリカにおけるショッピングモールのテナント空室率の推移である。2008年以降，空室率は急激に上昇し，2010年には空室率が10％に至った。ニューヨークタイムズによれば，全米のモー

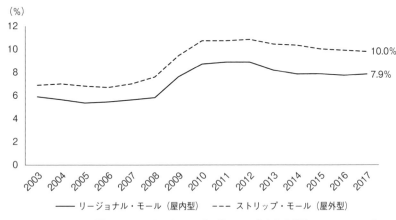

図1　アメリカのショッピングモール空室率の推移

註：レイス社が四半期ごとに発表している空室率をもとに作成（https://www.reis.com）。各年の第1四半期のデータを使用した。なお，図中の「リージョナル・モール」は歩道によって各店舗が繋がる屋内型のモールであり，日本で主に想定されるいわゆるショッピングモールに該当する。一方「ストリップ・モール」は店舗どうし建物を共有しているが，各店舗は建物の外の歩道を通じてのみ出入りできる屋外型のモールであり，日本では大型アウトレットモールなどがこのようなタイプに該当する。

ルの20％が苦しい状態に置かれており，さらには4分の1が2016年以降の5年間で閉鎖する危険があるとされる[8]。

こうした衰退は，モールのみではなく小売業界全体に共通している[9]。この近年の小売業の衰退の要因としては，第1に短期的ないしは中長期的な消費活動の停滞，第2に小売店の供給過剰，そして第3にオンラインショッピング（ネットショッピング）の台頭が挙げられる。第1と第2の要因が大きいと言われるが，第3の要因は特に日本における郊外の消費空間のあり方を考える上でも重要な示唆を持っていると思われる。

オンラインショッピングの代名詞となりつつあるアマゾンは，1994年の創業以来世界中に拡大し，いまや年間15兆円（2016年）の売り上げを誇るに至っている。オンラインショッピングは商圏の枠を超えることで多くの顧客を獲得し，その特性によってショッピングモールのような既存の小売業からその地位を奪いつつある。オンラインショッピングの特性は，利便性，普遍性，そして気軽さという点にあるが，それはまさしくショッピングモールやロードサイド店舗が都市の中心繁華街から顧客を奪っていったとされる利点そのものでもあった。既存の小売業の中心地であるロードサイドは代替可能な複製空間であるがゆえに，容易に新たな消費装置に置き換えられうるのだとも考えられる。

日本におけるロードサイドの行方を考える上でも，オンラインショッピングの台頭という事例は示唆深い。日本でもアマゾンや楽天のようなオンラインショッピングは急速に普及しており，2017年時点でその利用率は33％，この10年間で2倍に増加している[10]。それらの小売業への影響，特にロードサイド消費空間への影響は徐々に大きなものとなるだろう。というのも，既に見たように，ショッピングモールが人々の幸福の在処となっているのは，それが「そこでなくてはならない」という固有の場所性を有しているためではなく，個性とアイデンティティを欠き，コミュニケーションとコミットメントを要請しない包容力を有しているためであった。だとすれば，そのような要請をより十分に満たす別の消費装置が現れさえすれば，それに取って代わられることに妨げはないはずである。

もちろん，モールは買い物のみではなく映画やゲーム，スポーツといった

様々なレジャー体験で人々を惹きつけており，容易には代替されないという反論も想定される。だが，「アマゾンビデオ」のようにオンライン上で映画が視聴できるビジネスモデルは既に普及しつつあるし，また VR（仮想現実）のような新たな技術は様々なアミューズメントを脱空間化する可能性を秘めている。レジャーの様相が変わりつつあるなかで，少なくともモールをはじめとしたロードサイド空間のあり方はあらためて問われることになるだろう。

　ショッピングモールやロードサイド店舗は，都市の権威性を相対化し，グローバルな文脈に自らを置くことで人々を包摂した。しかし，オンラインショッピングは，「消費＝特定の場所に人が集まる」という発想それ自体を相対化することになる。そうなったとき，ロードサイド消費空間はアマゾンや楽天に代替されていくということも十分に考えられるだろう[11]。むろん，現在においてはまだロードサイド消費文化は隆盛しており，その後の行方を予想すること自体が時期尚早かもしれない。しかし，アメリカの現状を通じて，日本におけるその行方を仮説という形で積極的に問いかけることは，今後のロードサイドの幸福を考えていくための次なる出発点を与えるきっかけとなるはずである。

【註】
1　若林が郊外として想定するのは，京王線沿線，小田急沿線，東急田園都市線沿線などである。彼は，郊外の消費文化をパルコに象徴させるが，そこではベッドタウンから鉄道を利用して渋谷や新宿へ出かけるこれら鉄道沿線住民が消費者として前提とされていた。

2　大店法は 1973 年に制定され，中小小売店を保護するために大規模店舗の無秩序な出店を規制していた。1992 年の改正では，最も審査の厳しい第一種大型店の店舗面積基準が 1500m^2 以上から 3000m^2 以上（政令指定都市では 6000m^2 以上）に引き上げられ，審査期間も短縮した。さらに 1998 年の「まちづくり三法」の成立に伴い，2000 年には大店法は廃止され，地域における調整が実質不要となった。

3　リッツァの前提は，M. ウェーバーの合理化論である。ウェーバーは，形式合理性（普遍的に適用される規則に導かれる合理性）により人々の生活から呪術的要素が排除されていく近代化過程を脱魔術化と呼び，その徹底により実質合理性（価値内容の充実に導かれる合理性）が喪失する現象を「鉄の檻」と呼んだ。リッツァは，鉄の檻をモチーフとして消費の合理化を疎外論の文脈で読み解き，消費文化を捉える枠組みとして適用する。

4　アウラは本物だけがまとった真性なオーラであり，ベンヤミンはこの概念によって事物の伝統や権威を表現する。複製技術は，このアウラを崩壊させることで事物を伝統や権威から切り離し，大衆がその都度の状況や関心で事物に接近する可能性を開くと考えられる。このベンヤミンの眼差しは，大衆消費文化の位置づけを考える補助線となる。アドルノらは，映画やラジオなど複製技術によってもたらされた大衆消費文化を欺瞞的であるとして批判したが，しかしベンヤミンは，複製技

術こそが事物を大衆のリアリティに近づけると論じ，一部の人々に独占されてきた事物が大衆の手へ移る過程として大衆消費文化を擁護した．
5 　モールが世界中の消費空間を均質化していくという批判もある．だが，買い物客は実際には自らの「けもの道」に従ってモールを遊歩しているという点を逃してはならない（木島，2013: 86）．モールという世界は各人の固有の関心に従って多様な仕方で経験されているのであり，けっしてモールがその固有の関心自体を均質化しているわけではない．その意味において「ロードサイドであっても，そこにローカルな人々のうごめきがある限り，生き生きとした文化が生成・展開される余地がある」（山田，2014: 79）と言えるだろう．
6 　認証制度は，第三者機構によって定められた統一規格に基づいてオーガニック（JAS 有機認証）やフェアトレード（FLO 認証）の商品を生産する仕組みである．認証制度はトレーサビリティを確保することで，必ずしも生産と消費の直接的な提携がなくとも，その種の商品を加工業者や小売業者が扱うことを可能とした．2000 年代以降はこの種の認証が普及し，オーガニックやフェアトレードの国際的な販売額が急上昇する（畑山，2016）．
7 　ロードサイドの消費化は，都市的な消費を常に脱コンテクスト化していく過程でもあった．ブランド物の財布を持ち歩くスウェット・サンダル姿の若者（原田，2014: 126）はその典型である．この脱コンテクスト化は，都市的感性では及ばない独自の想像力にもとづいている．ロードサイドとフェアトレードという組み合わせは，都市的感性においてはミスマッチにも思われるかもしれないが，この想像力のもとでは独自の意味連関のもとで成り立つ余地がある．
8 　2015 年 1 月 15 日のニューヨークタイムズ紙の記事．
9 　郊外型の核家族の消費スタイルの象徴であった玩具チェーンのトイザラスが 2017 年に経営破綻した．また，ファストファッションの代表格である GAP も苦境に立たされており，2017 年以降の 3 年間で約 200 店の閉店を決定した．
10 　総務省統計局「家計消費状況調査」の結果．調査対象は 2 人以上の世帯に限られる．2010 年代にはスマートフォンの普及に伴い，都市部の高学歴層のみではなく多様な層にオンラインショッピングの機会が開かれるようになる．
11 　オンラインショッピングは，遊歩者の知覚様式の一層の徹底化とも言える．サイトのデザインは高度なアフォーダンスを備え，ユーザーの履歴・関心に従って商品が配置される．グローバルかつ徹底的にローカルなこのオンラインショップという複製空間は現在のところ，事物を大衆のリアリティへと最も近づける消費装置ではないだろうか．

【文献】
阿部真大，2013，『地方にこもる若者たち――都会と田舎の間に出現した新しい社会』朝日新聞出版．
東浩紀・大山顕，2016，『ショッピングモールから考える――ユートピア・バックヤード・未来都市』幻冬社．
Benjamin, Walter, [1935] 1982, *Das Passagen-Werk*. Suhrkamp.（= 2003, 今村仁司・三島憲一訳『パサージュ論　第 3 巻』岩波書店．）
Benjamin, Walter, [1936] 1974, "Das Kunstwerk im Zeitalter seiner technischen Reproduzierbarkeit," *Gesammelte Schriften*. Band I-2, Surkamp: 471-508.（= 1995, 久保哲司訳「複製技術時代の芸術作品」『ベンヤミン・コレクション I』筑摩書房：583-640．）
近森高明，2013，「無印都市とは何か？」近森高明・工藤保則（編）『無印都市社会学――どこにでもある日常空間をフィールドワークする』法律文化社：2-21．
Cohen, Lizabeth, 2003, *A Consumers' Republic: The Politics of Mass Consumption in Postwar America*. Vintage.
原田曜平，2014，『ヤンキー経済――消費の主役・新保守層の正体』幻冬舎．

畑山要介, 2011, 「消費社会の構造と自由——関係に埋め込まれた消費の二重性」『社会学年誌』52: 119-133。
畑山要介, 2016, 『倫理的市場の経済社会学——自生的秩序とフェアトレード』学文社。
Horkheimer, Max and Theodor W. Adorno, 1944, *Dialektik der Aufklärung: philosophische Fragmente*. Fischer Taschenbuch Verlag. (= 2007, 徳永恂訳『啓蒙の弁証法——哲学的断想』岩波書店。)
川野訓志・中山健・坂本秀夫・鷲尾紀吉, 1999, 『ロードサイド商業新世紀——国道16号線にみる実態と今後の展望』同友館。
木島由晶, 2013, 「『箱庭都市』の包容力」近森高明・工藤保則（編）『無印都市社会学——どこにでもある日常空間をフィールドワークする』法律文化社：77-89。
Kowinski, William S., 2002, *The Malling of America: Travels in the United States of Shopping*. Xlibris.
間々田孝夫, 2016, 『21世紀の消費——無謀，絶望，そして希望』ミネルヴァ書房。
松原隆一郎, 2002, 『失われた景観——戦後日本が築いたもの』PHP研究所。
三田知実, 2007, 「文化生産者による文化消費者の選別過程——東京渋谷・青山・原宿の『独立系ストリート・カルチャー』を事例として」『応用社会学研究』49: 227-240。
三浦展, 2004, 『ファスト風土化する日本——郊外化とその病理』洋泉社。
三浦展, 2010, 『ニッポン若者論——よさこい，キャバクラ，地元志向』筑摩書房。
中沢明子・古市憲寿, 2011, 『遠足型消費の時代——なぜ妻はコストコに行きたがるのか？』朝日新聞出版。
小田光雄, 1997, 『「郊外」の誕生と死』青弓社。
Ritzer, George, 1993, *The Mcdonaldization of Society: An Investigation into the Changing Character of Contemporary Social Life*. Pine Forge Press. (= 1999, 正岡寛司〔監訳〕『マクドナルド化する社会』早稲田大学出版部。)
貞包英之, 2015, 『地方都市を考える——「消費社会」の先端から』花伝社。
斉藤徹, 2017, 『ショッピングモールの社会史』彩流社。
若林幹夫, 2007, 『郊外の社会学——現代を生きる形』筑摩書房。
若林幹夫, 2013, 「多様性・均質性・巨大性・透過性——ショッピングセンターという場所と，それが生み出す空間」若林幹夫（編）『モール化する都市と社会——巨大商業設備論』NTT出版：193-235。
山田真茂留, 2014, 「グローバル文化としての現代文化」井上俊（編）『現代文化を学ぶ人のために』世界思想社：66-80。

（畑山　要介）

第 12 章

グローバルなつながりと市民権
──雇用均等の法制度と社会意識──

キーワード：雇用機会均等，社会関係資本，新制度派社会学

1．現代社会における雇用と権利

(1) 雇用均等への道のり

　#Me Too というアメリカ発祥の社会現象は，あなたの記憶にも新しいのではないだろうか。2017年秋に，ハリウッドで活躍する俳優たちが，過去にあった職場関係者からのセクシュアル・ハラスメントを，ソーシャル・ネットワーキング・サービス（SNS）のツイッター（Twitter）で訴えたものである。それに応じて，多くが「Me Too（私も）」と自身の経験を共有し，共感を示したことをきっかけに，女性だけでなく男性も含めた職場での性差別・性犯罪に関する大きな社会問題の提起へと発展した。誰もが知るようなハリウッド・セレブたちが，過去の経験を訴え，被害者に共感し，声明を発表したことにより，#Me Too は世界的に大きな社会運動となった。この動きは，アメリカにとどまらず，イギリスやフランスなどヨーロッパで，また日本や韓国そしてタイやシンガポールなどアジアでも，ソーシャル・メディア上で起こり拡散していった。「職場での性差別や性犯罪はあってはならないものである」という価値観や，ハリウッド・セレブであれ，一般大衆であれ，男女関係なく「職場関係者からハラスメントを受けずに仕事をする権利がある」という認識が，グローバルに国境を越えた形で共有されていることの一例と言える。
　現代社会で生活する私たちは，過去の法整備の遅れた時代と比べれば，非常に大きな変化を遂げた雇用環境にある。日本の法制度だけをとってみても，日

本国憲法（1947年施行）が基本的人権や両性の平等を保障し，そのうえ雇用の分野における男女の均等な機会及び待遇の確保等に関する法律（以下，雇用機会均等法または均等法，1986年施行）が整備されて既に35年以上が経過している。男性であっても女性であっても，一定の雇用条件を満たさなければならないという今後に向けた課題はあるものの，育児休業，介護休業等育児又は家族介護を行う労働者の福祉に関する法律（以下，育児・介護休業法，1992年施行）のもとに育児休暇や介護休暇を取得しながら，仕事を継続することが可能となっている。もちろん，正規－非正規雇用者間の制度運用における格差や，制度があっても実際には制度の運用に困難があるなど，問題がないわけではない。しかし，例えば職場ハラスメントのような行為の定義と雇用者の防止義務（均等法の改正1999年施行，2007年施行）もでき，万が一そのような事が起きた時のために，相談窓口が職場や役所に設けられるようになった。職場で働く個人が平等であること，性別が理由で差別を受け採用拒否や報酬減額をされないこと，性差関係なく育児や介護のような生活上の負担を一時的な休暇取得で乗り越え仕事を継続できること……。法制度がそれらの権利を保障するだけでなく，現代社会に生きる大多数の人々が，それを否定するのではなく肯定する社会となった。

　このような雇用と個人の権利，つまり市民権に関わる制度や認識の変化は，一日にして起こったわけではない。第二次世界大戦後，アメリカを中心としたいわゆる進駐軍（連合国軍最高司令官総司令部，GHQ）によって両性の平等を謳う日本国憲法の草案チームが構成され，その原案のもと作成された憲法が戦後2年目に施行された。その象徴的な男女の権利が法に明記されたおよそ40年後に，雇用機会等法が施行され，その後雇用と均等に関連する法の改正が繰り返されて現在に至る。この章では，日本における働き方と雇用均等に関連する制度と社会意識を取り上げ，職場における少数派・社会的弱者の権利の拡大と，その社会変化の契機を作り出した「海外とのネットワーク（つながり，紐帯）」を紹介しながら，新制度派社会学（Meyer and Rowan, 1977；Zucker, 1977；佐藤・山田, 2004；山田, 2017）の視点で，グローバル化と雇用に関わる権利の社会変容を考えてみたい。

(2) 働き方と性別役割意識

　ここではまず，近年の日本社会における「働き方」と「性別役割分業意識の傾向」を紹介しよう。性別役割分業とは，「男は男らしく『外で働き』，女は女らしく『家庭を守る』」というような性別に対応した役割を指し，これを生物学的な性差に対して社会的性差を指す「ジェンダー」という言葉を用いて「ジェンダー役割」と呼ぶ人もいる。最近の注目される変化としては，内閣府男女共同参画局で2019年9月に行われた「男女共同参画社会に関する世論調査」の性別役割意識の結果がある。それまで日本では「3歳までは母親が子の面倒を見るべき」というような「3歳児神話」が根強くあり，女性が結婚・出産を通して仕事を辞めずに継続して働くという「ライフコース」（人生の岐路）（Elder, 1975 ; 1985）の選択に対する社会的な支持は大きいとは言えなかった（白波瀬, 2009 ; 江原・山田, 2008）。しかし，2019年その女性の就業の継続を支持する考え方が，男女共に初めて60％を超えた。数年おきに内閣府が行い随時発表しているこの調査は，新聞や研究論文の紹介部分などでも頻繁に使われる統計であり，目にしたことがある人も多いのではないだろうか。2016年以降の調査では，成人年齢の変化に伴ってこれまで20歳以上であった回答対象者を18歳以上としたことによって，若年回答者の微増があった。そして，ほとんどの無作為抽出の大型調査で起きる事ではあるが，女性の回答者が男性をやや上回ったという調査の特徴がある。この調査結果の詳細を紹介すると，日本全国の男女5000名（有効回答数2645, 率52.9％）に「女性が仕事を持つことについて」，仕事をする方がいいのか，それならばどのような状況なのかということを問うている。2019年の調査では，女性は仕事を「持たない方がよい（男女計3.9％）」「結婚するまでは仕事をもつ方がよい（4.8％）」「子供を産むまでは仕事をもつ方がよい（6.5％）」「子どもができれば仕事をやめ，大きくなったら再び仕事を持つ方がよい（20.3％）」「子どもができても，ずっと職業を続ける方がよい（61.0％）」との回答の結果になっている。

　表1に，2019年と過去にさかのぼった世論調査における「女性の就労継続を支持する意識」を抽出して，男女別にまとめてみた。1972年の昭和の時代から現代にかけて，女性の継続就労に対する支持が増加してきており，日本社会の性別役割分業意識は徐々に開放的になってきているのが分かる。雇用機

212　第3部　多様性へのまなざし

表1　日本における女性の就労継続を支持する意識（%）

	男性	女性
1972年（昭和47年）	9.7	11.5
1984年（昭和59年）	16.7	20.1
1995年（平成7年）	27.3	32.6
2007年（平成19年）	40.9	45.5
2016年（平成28年）	52.9	55.3
2019年（令和元年）	58.0	63.7

註：最新のデータは「令和元年男女共同参画社会に関する世論調査」。
出典：日本内閣府世論調査（https://survey.gov-online.go.jp/index.html）。

会均等法施行（1986年）以前は，女性でも就労の継続支持が2割ほど（1984年女性20.1％）であったのに対し，その後30年ほどの間に，就労の継続支持は男女共に過半数を超えた（2016年男性52.9％・女性55.3％；2019年男性58.0％・女性63.7％）。ただし，ここで注意しておかなければならないのは，社会的歴史的な経済状況の変化とその影響である。どのようなデータを読み解く場合にも，多角的視点で別の可能性を考えることも重要である。この社会意識調査の場合には，日本社会全体が法改正（ここでは均等法の施行とその後の改正）に伴って女性の権利や継続就労に対して理解が広がり開放的になっていった可能性に加えて，当時の停滞していた経済状況が，否応なしに女性の継続就労に対する支持を推し進めてしまった可能性も否定はできない。

　そこで，ここでは関連する別の調査にも注目して，現代社会の働き方と雇用均等意識の変化を考えてみたい。ここで取り上げるのは職場での利便性や雇用均等にも関わる問題でもある，選択的夫婦別氏（「別姓」とも呼ばれる）の許容意識の拡大である。最近は，結婚後も女性が継続して仕事をすることが一般的となり，婚姻前のいわゆる旧姓を使い続けることも可能な職場が増えている。一見，同姓でも別姓でも選択する自由があるように見える。しかし日本では，9割以上の確率で婚姻時に女性が男性の名字に変更手続きを行う。それだけではない。2021年3月の時点で，日本は世界で唯一その国の国民同士の婚姻に限って，婚姻後の名字の選択を法律上未だ認めない国でもある。外国人との婚姻時には選択が可能であり，離婚時にも婚姻相手の国籍に関係なく名字の

選択は可能となっているのに，である。名字を変更する手続きは，仕事のキャリアがすでに形成されており，財産・資産のある個人にとっては，女性であっても男性であっても，その手続きにかかる時間と費用を考えると，けっして簡単なものではない。現実的には，その後に必要な周知にもコストがかかるだけでなく，その後も変名に対する，または戸籍名と職業名の使い分けに対する，説明という苦労がついてまわる。それに加えて，その後離婚や再婚をしてしまうと，その苦労を繰り返さなければならない。離婚も再婚も，今日，特に珍しいものではなくなっている。それにもかかわらず，2015年の最高裁判決においても，婚姻時の夫婦に対する同氏の強要の現状は，違憲状態であるという判決とはならなかった。2020年12月に，夫婦別姓での婚姻届受理を求める複数の審判について，再び最高裁大法廷での審理が決定したが，2021年3月の時点で判決は出ていない。

　このような制度規制の下でも，社会意識に変化が起こっているのは非常に興味深い。内閣府の「家族の法制に関する世論調査」によると，2017年には別氏を認める法改正を支持する（42.5％）と婚姻前の氏を通称使用できるよう法改正を支持する（24.4％）を合わせると，過半数（66.9％）が氏の変更で被る不利益の問題を解決するための法改正を支持した。それに対して，法改正不支持派（29.3％）は過半数を切った。これを年齢・世代別に見てみると，さらに興味深い。世論調査時の2017年時点で69歳以下の層に注目してみると，男女共に何らかの法改正を支持する人（つまり，婚姻時に夫婦ともに名字の選択可能とする制度の支持者）が圧倒的大多数（その年齢層以下すべての年齢層で約7割）を占めていた。これが，1986年の時点では，法改正不支持が6割を超え（62.1％），婚姻時に名字を選択できるよう何らかの法改正を支持したのは2割（20.3％）ほどであった。自分が変名するかしないかは別として，現代社会の認識は「男女が同じように選択できることを支持」する傾向となっている。このように，ライフコースを通しての就労の継続と婚姻時の名字の選択を例にとっても，グローバル化する現代社会での働き方や性別役割は，どちらか一方に負担や不平等感が起こらない状況を社会が支持する方向への変化があることが見えてきた。次に，このような制度と認識の変化を，日本社会と海外との関係性から考えていきたい。

2. 外との豊かな「つながり」が生み出す社会変化

(1) 「赤とんぼ」の社会関係資本がもたらした市民権

　近年，頻繁に話題に上っている日本社会の「働き方」の諸問題は，わたしたちの権利，特に戦後の日本国憲法に両性の平等（第14条，24条）が関わり，それに加えて関連する権利（例えば，第11条基本的人権，第27条労働の権利）が保障されていることが前提で，制度やその運用に対する社会的な議論が起こっている。憲法のその重要な部分があるのは，実は，日本では誰もが知る童謡「赤とんぼ」の作曲家である山田耕筰（1886-1965年）と欧州音楽界とのつながりのお陰，というのはあまり知られていない。もちろん，山田耕筰が憲法草案を書いたのではない。戦前日本の音楽界におけるヨーロッパへも広がる人脈，社会学では社会関係資本（Putnam, 2000＝訳2006；山田, 2017: 166）とも呼ばれる重要で有益な情報や結果をもたらす社会的つながりは，社会生活の様々な面で大変重要な役割を果たす（例えば，個人の就職と「弱い紐帯の強み」を分析したGranovetter, 1973＝訳2006；1995＝訳1998；「市民社会と社会関係資本」を地域社会において考察したPutnam, 2000＝訳2006）。山田耕筰と彼の社会関係資本は思いがけない形で，戦後日本の憲法に「両性の平等」という有益な概念をもたらしたのである。

　それはどういうことか。山田耕筰は第二次世界大戦前の日本に未熟であった西洋音楽を普及・発展させるため，当時，ヨーロッパから才能ある音楽家を日本に呼び寄せ，大学などで日本人音楽家の育成にあたらせていた（詳しくは，ゴードン，1995；Gordon, 1997）。1929年，ピアニストのレオ・シロタ（1885-1965年）もその一人として招待され，妻と5歳になる娘ベアテと共にオーストリアから東京音楽学校（現在の東京芸術大学）の教授として来日し，戦中を通して日本で生活をしていた。娘のベアテ，後に日本国憲法に男女平等をもたらしたことで知られるベアテ・シロタ・ゴードン（1923-2012年）は，戦中，アメリカで大学教育を受けるため日本を離れていた。しかし，終戦後に両親のいた日本に戻るために，当時22歳という若さでGHQの民間人要員と

して志願し，終戦の年の12月に5歳の時から生活した日本に帰国したのである。当時，彼女のように日本語の流暢なGHQのメンバーは希少であり，在米中の記者や研究者としての経験も買われ，また唯一の日本育ちとして，彼女は憲法草案チームに加わることとなった。

当時，アメリカが組織的計画として憲法草案に両性の平等を入れたのではなく，ベアテの提案がことごとく，当時の憲法草案チームの法の専門家に否定されてしまっていたことは，すでに知られている（ゴードン，1995；Gordon, 1997）。現代日本社会の重要な「働き方」や「家族のあり方」にかかわる議論にも影響を与えている憲法のその核心的部分は，当時，彼女の具体的すぎる多くのアイディアが憲法という象徴的な法の役割にそぐわないとして，草案から削除されそうになった。だが，その際に，彼女は同僚であった法の専門家にその必要性を強く訴え，その大枠だけが憲法条文に残された。ついでながら，終戦直後当時のアメリカでさえ，性差を根拠とした差別を禁止するような男女平等を国の憲法で保障してはいなかった。性差別を禁ずるアメリカの公民権法第7編は，マーティン・ルーサー・キング・ジュニア牧師で知られる公民権運動の後，1964年に設けられたものである。つまり，両性の平等が憲法草案に残り，現在も日本国憲法の核心部分の一つであることは，そこだけをみれば日米の敗者と勝者の関係性かもしれない。戦勝国が敗戦国にその文化的価値観を押し付けた，と解釈することも可能だ。しかし，その決定過程の詳細や関係者のつながりを注視して遡れば，ベアテが憲法草案チームに加わることができたのは，彼女が終戦時日本にいた両親に再会するためであり，当時希少であった日本語能力や東京育ちという背景も持ち合わせていたからにほかならない。つまり，日本女性の市民権は，山田耕筰がヨーロッパから才能ある音楽家とその家族を戦前の日本に招待していたこと，言い換えれば，戦前から日本社会が持ち合わせていた音楽という文化資本（Bourdieu, 1979＝訳1990；1984）や海外との豊かな社会関係資本（Putnam, 2000＝訳2006）に起因していたことがわかる。

(2) 雇用均等社会への「社会的期待」の高まり

この社会関係資本に注目しながら，現代日本社会での権利の拡大，特に雇用

均等に関する社会的変化に注目してみたい。まず，均等法の法整備に，後の文部大臣やウルグアイ大使を務めた赤松良子（当時厚生省官僚）の尽力と，彼女のアメリカ留学や国際連合（国連）との関係性がかかわっていたことについては，すでに広く知られているところである（赤松，2003）。それだけでなく，日本は「国連女性の10年」（1975-85年）の間に，国連の女子差別撤廃条約（CEDAW）というグローバル・スタンダードを「先進国である日本」として批准するために，均等法に加えて，国籍法と教育にかかわる法の改正をするべき時にあった。第1に雇用の上での男女の機会均等，第2に父親だけでなく母親が日本人である場合でも子が日本国籍を有することが可能となる国籍取得基準の男女平等，そして第3に公教育では家庭科や武道の授業履修で起こっていた「男女の教育機会の格差」を是正する取り組み，これらがCEDAW批准という国連との関係において行われた。その後も，CEDAWや国際労働機構（ILO）との関係性の中で，雇用均等と職場ハラスメントに関するいくつもの社会運動と制度改正が行われてきた（宮地，2005；Shinohara, 2008；2009；篠原，2020）。これらは，国連などを通じて外からもたらされる情報の中から，民主的政治制度と政治的合理的判断のもとで，日本社会にとって必要で有益なそれぞれの法改正がもたらされたものと解釈できる。

　特にセクシュアル・ハラスメントでは，日本で初めて身体接触や対価型ではない「環境型ハラスメント」の勝訴裁判として知られる訴訟（福岡セクシュアル・ハラスメント事件1989-92年）がある。その裁判がきっかけとなり，セクハラという言葉が社会で広く使われるようになり，職場ハラスメントの基準や防止への対応が制度としてつくりあげられたと言われている。その訴訟の原告は裁判に訴えるまでに，今でも書店やコンビニの書棚で見かける20から30歳代前半の働く女性向けファッション誌の『More』を情報源に海外での事例を知り，福岡の米国領事館図書館で米国の裁判事例も調査して，職場ハラスメントに関する詳細情報を得ていたという（晴野，2001）。その原告の弁護団にも，情報提供のサポートを得られた弁護士で大学教授であった林弘子（1943-2016年）の欧米ネットワークがあり，過去の海外での事例を参考にしていた（Cook and Hayashi, 1980；Hayashi, 1995；林，2012）。「セクシャル・ハラスメント」という英語が物語るように，それはもともとアメリカの企業や大学

で 1970 年代ごろから徐々に社会問題化し，その後日本でも社会問題化したものだ（MacKinnon, 1979= 訳 1999；Uggen and Shinohara, 2009: 202-6；牟田，2016）。1980 年代後半以降の日本では，ビジネス関係の問題として主要全国紙に短く紹介され，1996 年に在米日系自動車企業が集団訴訟で訴えられると，これが当時史上最高額の訴訟となったことからも大きく報じられた。ただし，職場ハラスメント報道初期のほとんどは，それを「海外の」日本とは無関係の問題として紹介していた。

しかし，ある海外からの投稿記事が，1990 年代半ばの日系企業に対する訴訟よりも数年早く，また日本初の環境型ハラスメント勝訴裁判よりも 1 年前の 1991 年に，その概念や社会的重要性を主要な新聞の全国紙 1 面で詳細に紹介し，社会問題としての対応を日本社会に対して訴えていた（Shinohara, 2009: 288-291）。その著者が，被害者でも社会学者や女性学者でもなく，米国に滞在中であったノーベル物理学賞受賞者の江崎玲於奈であったのは注目に値する[1]。物理学という個人や社会を直接研究対象としない学者にさえも，アメリカの職場ハラスメント問題やそれに対応する制度変化は大きく印象的であったようだ。そこには日本に変化を訴えた当時の社会情勢がうかがえよう。また，彼が書いたこの記事は，職場ハラスメントに対する社会認識や制度変化への「社会的期待」（Hasegawa et al., 2007）を高めるのに，結果的に大きく貢献したと言える。したがって，このように実例を見てみると，海外との多様な形でのつながりは，現代日本社会の雇用機会均等にかかわる法改正と社会認識変化の過程においても，非常に重要な役割を果たしていた。

3．価値ある変化を惹き起こすグローバルで多様なネットワーク

(1) 新制度派社会学の視点

これまで述べてきたように，雇用均等の法制度と社会意識の変化を辿ってみれば，その変化の転機にグローバルなネットワークの果たした貴重な働きが見えてくる。個人であれ国民国家であれ，世界の流れに反し変化しないという選択をするのも可能である時に，なぜ変化が起こるのか。世界的な女性の

権利の拡大については，国際的ガバナンスの影響を指摘する研究がみられるが（Boyle, 2002；Berokovitch, 1999），日本のジェンダーに注目した新制度派社会学者は，国会が法案を可決した当時の雇用均等には社会的な支持が欠如していたと指摘している。つまり，法制度の変化はグローバルなネットワークの力を無視しては説明できないというわけである（Liu and Boyle, 2001；篠原，2020）。国際的なシステムの影響は，各国の制度改正における新制度論的説明の重要な要素である。

社会学の文献の多くは，個人の経験や利害関心そして社会的集団の様々な機会から，個人の規範意識の形成を説明する。それとは対照的に，新制度派的視点はそのような個人の視点の説明には重きを置かない。新制度派社会学では，グローバル社会における近代的なシステムと個人のアイデンティティのつながりによる大きな文化の変化を強調する（Frank and Meyer, 2002；Meyer, 2004）。近代国家には，グローバルな市民社会によって共有される社会認識を拡散するメディアや教育や法という制度がある。例えば，今日の教育では，女性は学校で近代的な個人が何をすべきかを学ぶ（Meyer and Jepperson, 2000: 113）のだが，そのような価値観は社会的に再生産され，教育制度を通して広く社会に浸透する。要するに，私たちは，社会的・歴史的に構築された情報を正しいと学ぶ。グローバルなネットワークは，例えば，これまでにも日本女性に高等教育や海外留学の機会をもたらしてきた歴史がある（Shinohara, 2014）。これをごく簡潔にまとめてみよう。社会の中で制度化された価値観によって正当化された特定の認識と行動は，法改正の結果に大きな影響を及ぼす。またそうした現象を探究する際，新制度派社会学は，グローバル化社会における各種の変化に関し，大いに意味のある説明を提供している。

(2) グローバル化する現代社会

本章では，グローバル化する現代日本社会における市民権と雇用均等の法制度と社会意識について，国境を超えるネットワークの重要性を中心に，新制度派社会学（Meyer and Rowan, 1977；Zucker, 1977；佐藤・山田，2004；山田，2017）の視点で紹介してきた。今後は，同じ日本社会における市民権や雇用均等の課題は，日本人女性の問題にとどまらないということを考慮しておかなけ

```
┌─────────────────────────────────────────────────┐
│         日本国憲法「両性の平等」                    │
│       戦前日本の音楽界と山田耕筰の欧州社会関係資本    │
│         ベアテ・シロタ・ゴードン　GHQ              │
│                                                 │
│  ┌──────────────────┐  ┌──────────────────────┐ │
│  │   雇用機会均等法    │  │    職場ハラスメント     │ │
│  │ 女性の権利のグローバル化│  │職場ハラスメント規制のグローバル化│ │
│  │  国連 CEDAW  ILO  │  │ 女性誌『More』米領事館図書館 │ │
│  │  赤松良子　WWN    │  │ 林弘子　日米法学者協力関係 国連│ │
│  │                  │  │ ノーベル賞受賞者新聞記事 CEDAW│ │
│  └──────────────────┘  └──────────────────────┘ │
│                                                 │
│       海外から労働の受入・在日外国人の雇用            │
│           経済と労働のグローバル化                  │
│          少子高齢化　東京オリンピック                │
│         国連　ICERD　CEDAW　ILO                  │
└─────────────────────────────────────────────────┘
```

図1　現代社会における「雇用均等」への変化とグローバルなつながり

ればならない。世界における経済と労働のグローバル化に加えて，国内の少子高齢化に伴い増加する外国人労働の日本社会への進出においても，権利と雇用均等の課題は山積している（Shinohara, 2016）。図1は，これまでにこの章で紹介した雇用均等にかかわる社会変化と国境を越えた現代日本社会のネットワークについてテーマ別にまとめたものである。

はじめに紹介した #Me Too の社会運動に代表されるような，SNSによる個人レベルではじまったグローバルなネットワークの組織化は，ますます加速することが予想される。それに加えて，国連 CEDAW や人種差別撤廃条約（ICERD）など国際社会との組織的な関係性も既に形成されている。これらグローバルで多様なネットワークは重要な社会関係資本であり，今後においては継続的に日本社会に価値ある変化をもたらすことが期待される。そのような社会変化の過程については，詳細を検証していかなければならない。

【註】
1　江崎玲於奈, 1991,「［ニューヨークから］主観を尊重する社会（寄稿）」『読売新聞』，東京版，11月5日朝刊，第1面。

【文献】

赤松良子, 2003, 『均等法をつくる』勁草書房.
Berkovitch, Nitza, 1999, *From Motherhood to Citizenship: Women's Rights and International Organizations*. The John Hopkins University Press.
Bourdieu, Pierre, 1979, *La Distinction: Critique Sociale du Jugement*. Minuit. (= 1990, 石井洋二郎訳『ディスタンクシオン I・II ―― 社会的判断力批判』藤原書店.)
Bourdieu, Pierre, 1986, "The Forms of Capital," J. G. Richardson (ed.), *Handbook of Theory and Research for the Sociology of Education*. Greenwood.
Boyle, Elizabeth Heger, 2002, *Female Genital Cutting: Cultural Conflicts in the Global Community*. Johns Hopkins University Press.
Cook, Alice H. and Hiroko Hayashi, 1980, *Working Women in Japan*. Cornell University Press.
Elder, Glen H., Jr., 1975, "Age Differentiation and the Life Course," *Annual Review of Sociology*, 1: 165-190.
Elder, Glen H., Jr., 1985, "Perspectives on the Life Course," Glen H. Elder, Jr. (ed.), *Life Course Dynamics: Trajectories and Transitions, 1968-1980*. Cornell University Press: 23-49.
江原由美子・山田昌弘, 2008, 『ジェンダーの社会学入門』岩波書店.
Frank, David J. and John W. Meyer, 2002, "The Profusion of Individual Roles and Identities in the Postwar Period," *Sociological Theory*, 20 (1): 86-105.
Gordon, Beate Sirota, 1997, *The Only Woman in the Room: A Memoir*. Kodansha.
Gordon, Beate Sirota, 2014, *The Only Woman in the Room: A Memoir of Japan, Human Rights, and the Arts*. University of Chicago Press.
ゴードン・ベアテ・シロタ〔構成・文:平岡磨紀子〕, 1995, 『1945年のクリスマス ―― 日本国憲法に「男女平等」を書いた女性の自伝』柏書房.
Granovetter, Mark S., 1973, "The Strength of Weak Ties," *American Journal of Sociology*, 78 (6): 1360-80. (= 2006, 大岡栄美訳「弱い紐帯の強さ」野沢慎司編『リーディングス ネットワーク論 ―― 家族・コミュニティ・社会関係資本』勁草書房.)
Granovetter, Mark S., 1995, *Getting a Job: A Study in Contacts and Careers*. University of Chicago Press. (= 1998, 渡辺深訳『転職 ―― ネットワークとキャリアの研究』ミネルヴァ書房.)
晴野まゆみ, 2001, 『さらば、原告A子 ―― 福岡セクシュアル・ハラスメント裁判手記』海鳥社.
Hasegawa, Koichi, Chika Shinohara, and Jeffrey Broadbent, 2007, "The Effect of 'Social Expectation' on the Development of Civil Society in Japan," *Journal of Civil Society*, 3 (2): 179-203.
Hayashi, Hiroko, 1995, "Sexual Harassment in the Workplace and Equal Employment Legislation," *St. John's Law Review*, 69 (1): 37-60.
林弘子, 2012, 『労働法』法律文化社.
Liu, Dongxiao and Elizabeth Heger Boyle, 2001, "Making the Case: The Women's Convention and Equal Employment Opportunity in Japan," *International Journal of Comparative Sociology*, 42: 389-404.
MacKinnon, Catharine, 1979, *Sexual Harassment of Working Women: A Case of Sex Discrimination*. Yale University Press. (= 1999, 村山淳彦・志田昇訳『セクシュアル・ハラスメント・オブ・ワーキング・ウィメン』こうち書房.)
Meyer, John W., 2004, "The Nation as Babbitt: How Countries Conform," *Contexts*, 3 (3): 42-47.
Meyer, John W. and Brian Rowan, 1977, "Institutionalized Organizations: Formal Structure as Myth and Ceremony," *American Journal of Sociology*, 83 (2): 340-363.
Meyer, John W. and Ronald L. Jepperson, 2000, "The 'Actors' of Modern Society: The Cultural

Construction of Social Agency," *Sociological Theory*, 18: 100-120.

宮地光子（監），ワーキング・ウィメンズ・ネットワーク（編），2005，『男女賃金差別裁判「公序良俗」に負けなかった女たち』明石書店．

牟田和恵，2016,「セクハラ問題から見るジェンダー平等への道――問題化の歴史を振りかえって」『法社会学』82: 111-122．

Putnam, Robert D., 2000, *Bowling Alone: The Collapse and Revival of American Community*. Simon & Schuster.（= 2006, 柴内康文訳『孤独なボウリング――米国コミュニティの崩壊と再生』柏書房．）

佐藤郁也・山田真茂留，2004,『制度と文化――組織を動かす見えない力』日本経済新聞社．

Shinohara, Chika, 2008, "Global Pressure, Local Results: The Impact of CEDAW on Working Women in Japan," *Journal of Workplace Rights*, 13 (4): 449-471.

Shinohara, Chika, 2009, "How Did Sexual Harassment Become a Social Problem in Japan? The Equal Employment Opportunity Law and Globalization," *Advances in Gender Research*, 13: 267-309.

Shinohara, Chika, 2014, "Gender and the Great War: Tsuda Umeko's Role in Institutionalizing Women's Education in Japan," T. Minohara, E. Dawley, and T. Hon (eds.), *The Decade of the Great War: Japan and the Wider World in the 1910s*. Brill: 323-348.

Shinohara, Chika, 2016, "Health-care Work in Globalization: News Reports on Care Worker Migration to Japan," *International Journal of Japanese Sociology*, 25 (1): 7-26.

篠原千佳，2020,「ジェンダーとセクシュアリティをめぐる運動――職場ハラスメントに対する制度化と社会意識」長谷川公一編『社会運動の現在――市民社会の声』有斐閣．

白波瀬佐和子，2009,『日本の不平等を考える――少子高齢社会の国際比較』東京大学出版会．

Uggen, Christopher and Chika Shinohara, 2009, "Sexual Harassment Comes of Age: A Comparative Analysis of the United States and Japan," *The Sociological Quarterly*, 50: 201-234.

山田真茂留，2017,『集団と組織の社会学――集合的アイデンティティのダイナミクス』世界思想社．

Zucker, Lynne G., 1977, "The Role of Institutionalization in Cultural Persistence," *American Sociological Review*, 42 (5): 726-743.

（篠原　千佳）

第13章

文化的な包摂と排除
―― 多文化社会における集合的アイデンティティ ――

キーワード：文化,「われわれ」, 集合的アイデンティティ

1. 問題含みの近隣空間

(1) 近さと近しさ

　「この近所に最初に引越してきたとき，誰もが異邦人だった。互いに"おはよう"なんて言い合う人はいなかった」。ボストンのダドリー・ストリート地区に住むフリオ・エンリケスはこう語る。路上にいて，近づいてきた少女と"こんにちは"と挨拶を交わした直後の述懐である（Putnam and Feldstein, 2003: 89）。この地区は，民族がさまざまに異なる住民委員を多数擁する地域再生プロジェクトが成功し，以前よりもずっと暮らしやすい場所になった。しかし，郊外化によって1950年の95％から1980年の16％へと激減した白人人口が回復を見せたというわけではもちろんない。2000年時点での白人比率は4％に過ぎず，家では英語以外の言葉を話すという人は41％もいる。そして失業率や教育程度はボストン全体と比べてかなり見劣りがするというのが実状だ（pp. 76-80）。

　次に，シカゴ図書館のニア・ノース分館でヴォランティアを務める高齢女性クレアの言葉。「私にはね，2つ家があるの。ここはもう1つの家みたいなものよ」（Putnam and Feldstein, 2003: 36）。ニア・ノース分館は，もっぱら裕福な白人層が住み，高価な家々やアパートが建ち並ぶゴールド・コースト地区と，公営住宅やギャングの犯罪や荒廃した学校が目立ち，アフリカ系の住人がほとんどのカブリニ・グリーン地区との境目，ギリギリ後者の地区に当たる

ところに1997年に建てられた。この立地の選定は意図的になされたものである。これによって一帯は様変わりし，かつてなら出会うことなどなかった2種類の住民たちの間に交流が生まれることになった。クレアのようにゴールド・コースト地区に住むヴォランティアたちが，カブリニ・グリーン地区から来た子どもたちの宿題を見てやったりするのである（pp. 35-39）。しかし，あたりがこれを契機に魅力的な地域となったことで，そこはゴールド・コースト地区の一部と化してしまう。ニア・ノース分館周辺は安全で住みよい場所に変貌したわけだが，その一方，地価は上がり，アパートの建て替えなどもなされ，結果として元々住んでいた住人たちが出ていかざるを得ないような状況にもなってきた（pp. 41-42）。これは相当に皮肉な事態と言うことができよう。

　パットナムは，「個人間のつながり，すなわち社会的ネットワーク，およびそこから生じる互酬性と信頼性の規範」としての社会関係資本に着目し（Putnam, 2000＝訳 2006: 14），それをめぐる理論的・経験的な探究を精力的に推進してきた。上の2つのケースは，今日のアメリカ社会においてエスニシティや階級による近隣分断・居住隔離が厳しさを増すなか，それでも何とか異なる種類の人々の間を架橋し，文化的な包摂を図ることで，つながりと信頼を回復しようとする試みについて描写したものである。ただし，そうした意義深い企てにもかかわらず，それぞれの地域に大きな問題が残っていることも見落とすわけにはいかない。

　それにしても，道路一つ隔てて人種的・階級的な様相が一変してしまうというのは驚くべきことだ[1]。パットナムの故郷，オハイオ州のポート・クリントンにもそのようなところがある。イースト・ハーバー通りの片側には子どもの貧困率が1％の地域が，そしてもう片側には51％の地域が拡がっており，この種の格差は拡大する一方だという（Putnam, 2015: 22＝訳 2017: 32）。こうした地域に住み，もう一つの地域に足を踏み入れるというのはどういう感覚なのだろう。いや，そもそも他方の地を訪れるということなど滅多になされないにちがいない。

　このポート・クリントンのような風景はアメリカ的で極端に過ぎるケースかもしれないが，しかし近隣のつながりが衰微していくというのは近代化に随伴して起こりがちな普通の傾向とも言える。本質意志に基づいて有機的に実在す

るゲマインシャフトと，選択意志に基づいて機械的に観念されるゲゼルシャフトとの対比を行ったテンニースは，近代化の趨勢をゲマインシャフトからゲゼルシャフトへの流れとして捉えた。家族・近隣・村落・仲間といったゲマインシャフトは，企業・大都市・国家といったゲゼルシャフトの台頭に押され，次第にその重要性を減じていくというわけである（Tönnies, 1887＝訳1957）。ただし「ゲマインシャフトの力は，消滅しつつあるとはいえ，なおゲゼルシャフト時代にも保たれており，依然として社会生活の実体をなしている」というのもまた事実だ（訳，下 p. 210）。人が学校や会社に行って戻ってくるのも，また子供を産み育てるのも家族や地域なのだから，その重要性がゼロになることは決してない。

だがその一方で，今や近いから近しいというわけではなくなっているということにも，あらためて注意を払っておく必要がある。いや，そもそもゲマインシャフトの典型とされる血縁にせよ地縁にせよ，ある種の近さを示してはいるものの，それがすなわち近しさを意味するとはかぎらないというのは，近代社会だけでなく伝統社会にも等しく当てはまっていよう。ゲマインシャフトは物理的な近接性（近さ）と密接に関連した社会の編成原理にはちがいないが，そこに心理的な親密さ（近しさ）を過剰に読み込むわけにはいかない。冷たい家族も仲の悪いご近所も，世の中にはたくさん存在しているのである。ゲマインシャフトとゲゼルシャフト，物理的な近接性と隔たり，心理的な親密さと疎遠。これら3つの軸はしばしば共振しながらも，ときにそれぞれ異なった行路を歩むことになる。

(2) 近隣へのまなざし

シカゴやポート・クリントンの近隣分断地帯に住む人たちは，何も近さや近しさをないがしろにしているわけではない。むしろその逆だろう。彼らはご近所というものを非常に大事にしているからこそ，人種や階級といった属性が近い者同士で固まって住むことを選ぶ。地域のあちこちに差別的な文化境界が出来てしまうのはそういうわけだ。

では平均的なアメリカ人が抱く近隣関係の意識はどのようになっているのであろうか。「近所に住んでいてほしくない人」に関して，世界価値観調査のア

メリカ・データ（2011年）をオーストラリア・データ（2012年）ならびに日本データ（2010年）と見比べてみたのが表1である[2]。これを見るかぎり，近所に異質な人たちを迎え入れることに関して，アメリカ人は相対的に心が寛いということがわかる。彼らは，身近なところでの外国人の存在にまだあまり馴れていない日本人と比べ，はるかに低い排他性しか見せない。オーストラリアはカナダと並び世界で最も多文化主義の施策と意識が進んだ国だが，アメリカ人はそのオーストラリア人と同程度におおらかな態度を示しているのである。

また，隣人を信用するかどうかについて尋ねた世界価値観調査の質問の回答選択肢4つのうちポジティブな2つ（「完全に信用する」と「やや信用する」）をまとめると，アメリカ（2011年）：72.0％，オーストラリア（2012年）：74.6％，日本（2010年）：56.1％という結果になっている。ヨーロッパ諸国でも近隣への信頼感は総じて高い。欧米人と比べたとき日本人が隣人をさほど信用していないというのは，大変に気になるところである。

ただし，近隣が実際に安全なところかどうかに目を向けると，話は少し変わってくる。世界価値観調査において近所で頻繁に起こる事柄として「強盗」「人種差別行為」「路上での麻薬密売」を挙げた人の比率をアメリカ（2011年）・オーストラリア（2012年）・日本（2010年）で比べてみよう（4つの回答選択肢のうち「とても頻繁に起こる」と「まあ頻繁に起こる」の合計）。すると「強盗」はアメリカ：11.3％，オーストラリア：14.8％，日本：3.9％，「人種差別行為」はアメリカ：9.3％，オーストラリア：8.0％，日本：1.1％，「路上での麻薬密売」はアメリカ：14.1％，オーストラリア：9.4％，日本：0.5％とな

表1　近所に住んでいてほしくない人

	アメリカ	オーストラリア	日本
人種の異なる人々	5.6	5.0	22.3
移民や外国人労働者	13.6	10.5	36.3
宗教の異なる人々	3.4	4.0	32.6
外国語を話す人々	12.9	9.9	19.9

註：言及した人の比率。調査年＝アメリカ2011年，オーストラリア2012年，日本2010年。
出典：世界価値観調査（http://www.worldvaluessurvey.org/wvs.jsp）。

り，日本が際立って安全な社会であることが再確認される。

　ここでとくにアメリカ社会に焦点を当てて考えてみれば，人種や階級に基づく分断が顕著で，街区に安全性の問題を抱えているなか，それでも近隣社会をポジティブにイメージしているのは，一つには現実の厳しさを乗り越える理想主義的な明るさがあるからなのかもしれない。だがいま一つの大きな要因として，人種的・階級的に等質な居住環境を主体的・自律的に選択したから，ということが挙げられよう。必ずしも押しつけられたわけではない居住隔離の実態に関し，総じて当事者たちがそれに満足していたとしたら……。それでもなお，人種的・階級的な分断は望ましくないということで，これを鋭く批判するのが筋なのだろうか。あるいは当事者たちが自ら選び，またその結果にほとんど痛みを感じていないということから，これをよしとすべきなのだろうか。この問題を解くのは非常に難しい。しかしこれは実は，相対的に劣悪な移民の労働条件をどこまでだったら容認できるか（あるいは容認すべきか）などといった事柄にも通じる一般性の高い問題にほかならず――つまりは単にアメリカの地域問題に留まるものではなく――，グローバルな多文化社会を生きる全ての現代人に突きつけられたきわめて重大な課題と言うことができよう。

2．多文化社会とその境界

(1) 隣人愛の可能性

　大きな道路を一つ渡っただけでエスニックな風景や階級的な様子が激変してしまうということ。そうした場所のそれぞれの縁に住んでいる人たち同士は，もちろん物理的な距離としてはかなり近いところにいる。しかし彼らがアイデンティファイ（同一視）し，親近感を覚えているのは人種的・階級的に同じ側の方だ。つまり，ここでの近隣空間は近さというよりは近しさによって構成されており，大きな道路は非常に重要な象徴的境界を形作っているということになる。これを奇妙に思う感覚は大切だろう。すぐ近くに住んでいるのにまず仲よくなりようがないというのは，やはり相当に不思議な事態と言わざるを得ない。これだと隣人愛の可能性が初めから否定されてしまう。

しかし，当人たちが望んだ分断や隔離だったらそれなりに認めていいのではないか，という立場もあり得なくはない。かつてボストンの公立学校制度において，人種的に統合された教育を実現すべく，白人の子どもたちとアフリカ系の子どもたちを一緒のバスで送り迎えするという施策が採られ，これが大きな物議を醸したことがある。白人の親たちの一定層からすれば，今までどおりなら近くにある白人ばかりの学校に通っていられたのに，なぜわざわざ強制的にバスに乗せられ比較的遠方の学校でアフリカ系と一緒に教育を受けなければならないのか，というわけである。彼らは人種隔離廃絶を狙ったこの新たな制度を強制バスと呼んで強く反対し，大きな声を上げるようになった。

そして，この反対派たちの態度に一定の理解を示しているのがウォルフである（Wolfe, 1992: 321-2）。統合バスへの反対派たちは，単にローカルな水準で異人種への敵意を剥き出しにしていたのではなかった。彼らは，メディアや法廷でさまざまな反対意見に出くわし，全国的な水準で議論を戦わせ，それでもなお当初からの主張を変えなかったのである。ウォルフは，このように相当な熟議を経てきたうえで当人たちがあえて分離を選ぶのであれば，それはそれで尊重すべきなのではないかと説く。「最も正当化のしやすい境界とは，その境界が社会成員の技能を要するある種のコミュニケーション行為の結果だった場合だろう」というのが彼の基本的な立場だ（p. 319）。

では，主体的な選択が相当に効いた形で実現している人種的・階級的に均質な近隣空間で，人々は実際に温かいコミュニケーションを交わしているのであろうか。マサチューセッツ州コンコードにある歴史的なトリニティ・エピスコパル教会のスタッフは，パットナムらによるフィールドワークに協力して，次のように語る。「ここのコーヒー・アワーに15年も出席しているのに，まだ互いに知り合いでない人たちもいるんですよ」（Putnam and Campbell, 2010: 41）。また，シカゴのアフリカ系ギャングの研究で知られるヴェンカテッシュは，自らが育った南カリフォルニアの郊外の裕福なコミュニティのことを回想し，そこではものを貸し借りしたり，共同で何かをしたりすることなど全くなかったと述べている（Venkatesh, 2008＝訳2009: 58）。さらに，家庭でも職場でもない「第3の場所（サード・プレイス）」がインフォーマルな集団生活や公共生活をなすものとして非常に重要であることを力説するオルデンバーグ

は，コミュニティにおけるたまり場が今日のアメリカで衰微しきっている実態を大いに憂える議論を展開した（Oldenburg, 1989=訳 2013）。

ただし，このように近さや近しさが実質的なコミュニケーションと結びつきにくいところでこそ，人種などの属性を超えた平等性の感覚や，コミュニティにおける理想的なつながりの意識が（良くも悪くも）もっぱら想念として一層膨らんでいく可能性がある。ヴェンカテッシュは人種の壁など容易に越えられると信じて育った（Venkatesh, 2008=訳 2009: 10）。またオルデンバーグの講演を聴きに来た聴衆は，今なお大人にとっても子どもにとっても有益なたまり場があちこちにあるものと勝手に夢想していたという（Oldenburg, 1989=訳 2013: 464）。コミュニケーションが稀薄な分，夢はどんどん拡がっていくのである。

「当該のクラスにおいて全ての対象を覆っている一般的規範に従って対象を捉える」志向を普遍主義と呼び，「一般的規範の如何にかかわらず，当人ないし当人の集合体と対象との間に存在している特定の関係に従って対象を捉える」志向を個別主義と言う（Parsons and Shils, 1951: 81=訳 1960: 130）。人種や階級やジェンダーの違いを超えて自由・平等・博愛を貫くというのは普遍主義的な姿勢であり，同郷だからとか親戚だからということで便宜を図り合うというのは個別主義的な態度だ。普遍主義は近代的な志向であり，一般的に言って効率性ならびに倫理性の点で優れているが，その反面，実質的に空疎さを呈する危険性をはらんでいる。普遍的な理念は個別具体性に溢れた現象世界から適度な距離を取ってこそ初めて構想され得るが，そうであるがゆえにそれは現実離れし，夢物語と化してしまう虞れがあるのである。

そうした空疎な普遍主義の典型像としてセルズニックが取り上げているのが，ディケンズの小説『荒涼館』に登場するジェリビー夫人の態度だ。彼女は自分の夫子のことは構いもせず，家庭を荒れるに任せておきながら，その一方でアフリカ・ニジェール地方に関する慈善活動にばかり専念する。これをディケンズは「望遠鏡的博愛」と呼んで揶揄した（Selznick, 1992: 201-2）。そしてこの問題をさらに深く掘り下げているのが——ある意味でジェリビー夫人の姿勢に思想的根拠を提供するのが——，ドストエフスキーの『カラマーゾフの兄弟』に登場するイワンである。第1章でも論じたように，イワンは人が人に対

していかに冷たく，また残酷かについて弟アリョーシャに対して執拗に説き，身近な人を愛するなどとてもできないと訴える。個々の人間は醜悪さにまみれているわけだから，愛することができるとしたらそれは遠い者に限るというわけだ（第2部第5篇4「反逆」）。

　隣人愛を一般的・抽象的な形で語るのはたやすい。普遍主義的な理念として隣人愛を掲げることなど誰にでもできる。また莫大な資産を抱えていれば，ジェリビー夫人のような慈善活動も全く難しくはない。そして，すぐ隣の街区でエスニシティの異なる大勢の人々が貧しさにあえいでいたとしても，それには目もくれず，とは言え自らの街区内でもたいしたコミュニケーションをとらないまま，近隣のことを概してポジティブに語ったり，多文化主義は素晴らしいと口にしたりするなどといった芸当ができる人も，実際に大勢いる。しかし，もし現実に隣に住む人（たち）が本当に醜悪だったら，また暴力的だったら，そして実際に乱暴してきたら……。それでもなおその人（たち）のことを温かく顧慮することができるだろうか。この真に深い普遍主義的な志向が，そして本物の隣人愛の実践が普通の人間にどれだけ可能なのか，カラマーゾフ家のイワンとともに真剣に考え直してみる必要があろう。

(2) 　共通文化志向と多文化志向

　さまざまに異なる人種やエスニシティの人たちが大勢一緒に暮らすようになったとき——日本社会もどんどんそのような状態になりつつある——，最も大切な2つの指針は，全ての人々に当てはまる共通の原則や価値を探ること，ならびにそれぞれの民族集団に固有の文化を可能なかぎり尊重することであろう。しかし，この2つはしばしば互いに衝突するため，双方を適切な形でともに実現するのは相当に難しい。

　最も普遍的なのは，人を殺してはいけない，人から盗んではいけないといった最低限の消極的規範で，これならば人類共通の文化と言えるかもしれない。しかしこの場合ですら，戦争や死刑などのように合法的な殺人として認められるものがあり，しかもその正当性・適切性の判断は文化によって微妙に異なってくる。異なる全ての文化を俎上に載せ，そこに最大公約数を見つけ出すのは至難の業と言うことができよう。

諸々の基本的人権の捉え方についても同様だ。他民族の宗教を罵倒することは権利としてどれほど守られるべきだろうか。それが強烈なヘイト・スピーチで明らかに人種差別に当たるものだったとして，それでも表現の自由の範囲に入るのだろうか。自分たちの宗教的信念を目立った形で示すシンボルを公立学校の教室で身につけた教員は，生徒たちの信教の自由を侵害したことになるのだろうか。女性にだけ肌の露出を抑えた服装を強いる宗教的慣習は，彼女たちの身体の自由・精神の自由を侵すものとして廃絶されるべきだろうか，それとも擁護されるべき文化的独自性の枠内に収まるだろうか。あるいは，女性だけに特殊な身体加工を施す伝統的儀礼の場合だったらどうだろう。これらについての考え方は民族文化ごとにかなりの変異を見せることになる。

そして，多文化的な状況がグローバルに拡大するなか，異なる文化の間に平和裡な対話がなかなか持たれず，むしろ激越な闘争ばかりが頻発するようになると，そもそも多様な民族文化同士が互いを個性あるものとして等しく尊重し合うことなど不可能なのではないか，という考えが勢いを増してくる。大きな傘となるような普遍的なグローバル文化は現実的にまず成立しにくいし，たとえ想定し得たとしてもそれは諸文化の独自性を過度に削いでしまう暴力的なものになることが少なくない。結局のところ諸々の文化は互いを無視したり敵視したりする形で林立するほかないのではないか。今日ではこういったニヒルな志向がそれなりに浸透するようになった。

普遍主義的な共通文化志向は原理上全ての諸集団・諸個人を包摂するものだが，現実には文化の範囲をいかに拡げていったとしても外側の存在は残るし，また内側では下位文化間の序列が過酷な形で再構成されがちだ。そして，諸々の文化の独自性を活かすべく個別主義的な多文化志向を強めていけば，諸文化間の差異がより鮮明になるというのは必定であり，それが激しい対立をもたらすことも少なくない。普遍主義的な共通文化志向にせよ個別主義的な多文化志向にせよ，理念としては非常に心地よい響きを有しているが，いずれも実際には大小それぞれの文化集団の間にそびえ立つ境界の存在と深く結びついており，そうである以上，そこには温かい包摂とともに冷酷な排除の実態が認められよう。諸々の文化が多様に出会い，そして複雑に交錯する時代にあっては，普遍主義，個別主義のどちらの理念を強調するにせよ，包摂と隣り合わせに

なっている排除という問題に一層真剣に取り組んでいかなければなるまい。

3. 対峙する文化，あるいは集団
——集合的アイデンティティのダイナミクス

(1) 宗教文化の風通し

「それが誰だって構わない。誰も私の家に，赤ん坊たちがいるところに銃をぶら下げてやって来て，それでやり返されないなんてことはあり得ない。それこそアメリカのやり方ってものだ」(Tabor and Gallagher, 1995: 64)。1993年のこと，テキサス州ウェイコの地で新宗教団体ブランチ・ダヴィディアンズは大量の武器を保持していたことから連邦当局による強制捜査の対象となり，2月28日に激しい銃撃戦が起こる。このときの死者は捜査官4名，信者6名であった。ここにあって「彼ら」と「われわれ」の間の障壁は非常に高く，信者たちはそれから51日もの間，教団本部に立て籠もることになる。その籠城の最中の3月7日，教団トップ（中興の祖）のデイヴィド・コレシュが口にしたのが上の言葉だ。政府に教団施設を襲撃する権利など全くないというわけである。

多くの宗教は全ての衆生を救済の対象としており，その意味で風通しがよく，普遍主義的な性質を帯びている。しかしその他に，いやそれらのうちにあっても，ある種の選民思想を陰に陽に抱いている宗教も少なくなく，ここには個別主義的な様相を垣間見ることができる。さらに普遍主義的な正統性をめぐって個別主義的な闘争を繰り返す敵対的な宗教の姿というのは，何千年もの長きにわたってわれわれ人類が見続けてきた苦い現実にほかならない。また宗教世界と世俗世界の間の葛藤というのも，人間社会に馴染みの深い対立構造の一つだろう。宗教は普遍主義と個別主義がダイナミックに錯綜する場なのである。

ユダヤ教が民族宗教であるのに対して，キリスト教は世界宗教と言われる。またそのキリスト教のうちでも，神と信者との間を媒介する教会組織や司祭の力を重視するカトリックよりも，聖書以外の権威を認めず，神と信者の直接的

な結びつきを強調するプロテスタントの方がより普遍主義的だというのは，ごく一般的な見方だろう。そしてそのプロテスタント世界のうちで，カトリック的な教義や儀礼を色濃く残していたイギリス国教会を嫌い，徹底した改革を求めたピューリタンたちのなかには，厳しい弾圧から逃れ，メイフラワー号に乗ってアメリカに渡った者たちがいた。

では，彼らが新大陸の植民地で新たに作り上げた宗教文化は，普遍主義的な自由と平等に貫かれた，風通しのよいものだったのであろうか。むしろその反対である。マサチューセッツ入植後のわずか数十年の間，1600年代のうちに，反律法主義論争，クエーカー教徒迫害，魔女狩りという凄まじい粛清の嵐が吹き荒れた。これを歴史学的という以上に社会学的に考究したエリクソンは，この時期，植民者たちが彼ら自身の独自性を確立すべくコミュニティの境界を再定義しようと必死になっているさまに注目している（Erikson, 1966= 訳 2014: 79, 119）。彼らは大西洋を横断しただけで反対勢力から支配的エリートへと一気に変身を遂げた（訳 p.84）。そして，聖職者には宗教的な体験が真の回心か否かを判別する力が備わっており，またいかなる聖職者も教会規律に服し会衆の意志に従うべきだとする新たな見方が提起される（訳 p. 99）。つまり，神の恩寵のみを重視する初期のピューリタニズムには重大な修正が施され，いきなり教会や会衆の権限が強化されたわけである。

「個人ばかりでなくコミュニティにとっても，アイデンティティを確認する最も確実な方法の一つは，自分ではないものの測定法を発見することである」(Erikson, 1966= 訳 2014: 77)。ただしマサチューセッツ植民地での逸脱の測定は，必ずしも教義的価値や宗教的信念による確固たる裏づけがないままでなされた。古い純粋なピューリタンの理念を鼓舞し，多くの人々を惹きつけたハッチンスン夫人に対し，支配者側はなかなか明白な罪状を見つけることができず，神と国家の法に背いたのだ，などと曖昧なことを言い続ける（訳 pp. 107-8）。またクエーカー教徒たちに対しては，彼らが私的な宗教集会を開くクエーカー教徒であるということくらいしか訴追理由が挙げられないまま，その集会では罰当たりなことが語られていたはず，という勝手な推測がなされたりもした（訳 p. 151）。最早それほど純粋ではなくなった支配層は，純粋であることにこだわり続けるハッチンスン夫人やクエーカー教徒たちとの間に，懸命に

なって高い壁を築こうとする。よりピュアなピューリタンを正統派ピューリタンが裁くというのは，まことにもって皮肉な事態と言うことができよう。

　宗教文化的な意味内実が意外なほど問題となっていないというのは，ブランチ・ダヴィディアンズの事件の場合も同様である。この教団は大量の武器売買，閉鎖的な共同生活，トップのコレシュの営む一夫多妻関係など多くの問題を抱えていたが，その一方，独特の神学を展開しており，教養ある信者が入信することも稀ではなかった。にもかかわらず反カルト団体による喧伝などもあり，連邦諸機関は宗教学者らの見解にはほとんど耳を傾けないまま，教団を単なる狂信的なカルトとしてしか見ず，また教団本部を重武装した軍事拠点のように捉え，メディアを統制下に置きながら厳重な包囲網を敷いてしまう（Tabor and Gallagher, 1995；Cowan and Bromley, 2008＝訳 2010: 7 章）。そして，立て籠もりが始まってから 51 日目の 4 月 19 日，FBI は戦車やヘリコプターなどを用いて教団施設を急襲，これがきっかけとなって大規模な火災が発生し，コレシュを含む 80 人ほどの信者が命を落とした。この事件をコーワンとブロムリーは「20 世紀における最も深刻なアメリカの宗教的自由の侵害」と呼んでいる（Cowan and Bromley, 2008＝訳 2010: 153）。

(2)　「われわれ」の意味

　反カルト団体は，カルトが「われわれ」と「彼ら」を鋭く分け過ぎていてよくないと批判する（Cowan and Bromley, 2008＝訳 2010: 232）。しかし反カルト団体自身，一般社会に属するノーマルな「われわれ」と，団体側が狂信的なカルトと呼ぶ「彼ら」との間の境界を極度に際立たせている（Tabor and Gallagher, 1995: 171）。そして実際，ブランチ・ダヴィディアンズへの包囲攻撃は，教団と社会との間の壁を不必要なまでに高めてしまった。急襲それ自体によって教団はより閉鎖的になったのである（p. 164）。

　ここで注意しておきたいのは，17 世紀のマサチューセッツにおける正統派と逸脱者たちの場合も，また 20 世紀末のテキサスにおける当局側（ないし一般社会とされる方）とブランチ・ダヴィディアンズの場合も，「われわれ」と「彼ら」の間に意味や価値の違いが実際にどの程度あるのかが曖昧なまま，両者が隔たっているという事柄ばかりが過度に強調されているという点である。

「われわれ」も「彼ら」も現実社会において強力な集合的アイデンティティを構成している。しかし，それが文化的な意味内実によってどれほど裏打ちされているかというと，甚だ心もとない。

　20世紀前半，ヨーロッパのユダヤ人の多くは共通の特徴をさほど持ってはおらず，ユダヤ人性を大して自覚していなかったにもかかわらず，非ユダヤ人の側がこれを勝手に誇張してしまった。そしてこれと同様，今日ではヨーロッパのイスラム教徒が一括りにされ，各国の社会や文化に既に十分溶け込んでいる人たちも含め，大勢が差別的なまなざしに晒されている（Todd, 2015=訳 2016: 228-235）。こうした事態はおよそあらゆる集合的アイデンティティに共通していよう。例えば，日本人全員が日本文化を身につけているわけでも，日本文化を身につけている人が全て日本人というわけでもない。しかし日本人ということで，彼らのうちには日本文化が過剰に読み込まれることになる。日本人の中で日本の伝統文化に通暁した人がごく少数に過ぎなかったとしても——それ以前に日本文化に関する共通了解はほとんど成立していないというのが実状にちがいない——，日本国籍を持つ人は総じて日本人とされ，日本人であればそれなりに日本人らしさを持つものと見なされてしまうのである。そしてこれは女性（男性）アイデンティティの場合も同様だろう。女性（男性）であることと女性らしさ（男性らしさ）との間にも，上と同じような力学が働いている。

　こうして，一般に集合的アイデンティティは共通の文化的実体がなくても成立する，ということが確認される。図1に示すように，集合的アイデンティティ（総体としての「われわれ」）は，集合的カテゴリー（「われわれ」という純粋意識）と文化（「われわれ」の中身を構成する意味や価値）の2つがダイナミックに影響を及ぼし合うところに立ち現れるが，このうち文化が最も肝心な基盤というわけではない。むしろ集合的アイデンティティは既存の文化的諸要素の共有を必ずしも要しないからこそ，集合的カテゴリーを足がかりにし，自らの意味内実を柔軟に組み換えながら，その磁場を強力に張り巡らせていくことができる（山田，2017も参照）。アメリカ社会のそのときどきの主流派がクエーカー教徒のことを，またブランチ・ダヴィディアンズのことをしばしば勝手に想像し，「われわれ」と「彼ら」の間に必要以上に高い障壁を打ち建て

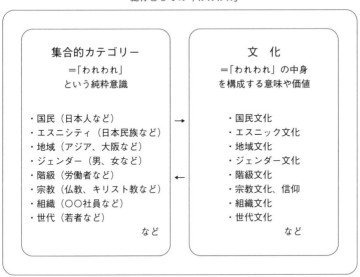

図1　「われわれ」の存立構造

ることができたのはそういうわけだ。ここで対峙しているのは，必ずしも異なる文化同士ではない。むしろ根源的には「われわれ」と「彼ら」という純粋な集合的カテゴリー同士が，つまりは裸のままでの集団同士が鋭い睨み合いを演じているということになろう。あえて誇張して言えば，文化は単なるその先兵に過ぎない。

　そして先兵であればこそ，文化は容易に補充可能・交換可能なキットと化す。日本文化は明治維新の前後で，また第二次世界大戦の前後で，きわめて大きな変貌を遂げた。にもかかわらず日本人が日本人であることに変わりはなく，彼らは日本文化の主要な担い手であり続ける。比較的持続性の高い集合的カテゴリーに依拠しつつ，その中身としての文化を随意に構想・創出・再編していくということ。集合的アイデンティティが人々を虜にする絶大な力を有している秘訣は，ここにこそ認めることができよう。

(3) 「われわれ」を超えて

　集合的アイデンティティないし総体としての「われわれ」観念は，連帯の要として非常に有用だ。それは時宜に応じて文化的な意味や価値を変化させることで，元々連携が難しかったような人々の間にも大きな一体感を醸し出すことができる。しかしながら何らかの連帯があるということは，同時に分断が作り出されているということをも意味している。ここで冒頭の近隣分断・居住隔離の議論に立ち戻ってみよう。エスニシティごと，社会経済的地位ごとの価値観や生活様式の違いが実態よりもはるかに誇張された形で観念されることによって，近しさを恣意的に測るモノサシが出来上がる。そして，それがもとで近隣空間が人種的・階級的に等質なものになってしまうのだとすれば，それは大変に不気味な事態と言わざるを得ない。

　アメリカ的な文脈においてパットナムは，異なる宗派の人と結婚している人は国民の半数にも及ぶと誇らしげに述べているが（Putnam and Campbell, 2010: 148），これは今なお残りの半数は同じ宗派内で結婚しているという事実を端的に物語っている。またフランス的な文脈においてトッドは，民族を越えた結婚こそが共和国的普遍主義にとってきわめて大切だと説いているが（Todd, 2015＝訳2016: 287-8），あえてそのように力説しなければならないのは，もちろんそうした結婚に反対する人が今でも数多くいるからだ（訳 pp. 243-5）。集合的カテゴリーのラインに沿った人々の分断は，グローバリゼーションの進んだ現代社会においてもなお甚大であり，またグローバル時代であればこそ社会問題として一層深刻化する危険性を秘めている。

　これからのグローバル社会を構想するうえで重要なのは，「われわれ」の連帯が「彼ら」の排除につながる危険性を十分に見据えたうえで，よりよき集合的アイデンティティのありようについて思いを巡らせていくことであろう。しかしながらそれとともに，場合によっては余計な「われわれ」意識それ自体を棄却してしまうというのも意義深い営みになるかもしれない。先に日本社会における近隣への信頼度は概して低いということを確認したが，これはわが国では欧米諸国に比べて民族的・階層的な混住が当たり前になっているということと深く関連している可能性がある。混住が常態で，近隣への信頼に乏しく，コミュニティにまとまりがないタイプの地域社会。だがそれは，人種や階級が似

たような人たちだけでコミュニティを作り上げ，実質的にはその内部でのみ通じる信頼感しか持ち合わせていないのに，あたかも普遍的な隣人愛に溢れているかのように振る舞い，しかし結局のところ隣の街区の艱難辛苦には見向きもしないような場合と比べて，よほど開放的と言えるのではなかろうか。コミュニティ感覚が稀薄だというのは，すなわち閉鎖的な「われわれ」意識を超え出ているということを意味していよう。

　もちろん民族的・階層的な混住地域には，異質な人々が日常的に接するがゆえの独特の差別や排除の問題があり，これへの対処が大きな課題になるというのは言うまでもない。しかし物理的に近接したローカルな場において，民族や階層の異なる人たちと一緒に暮らし，同じ学校に行き，ともに活動するというのはとても大事なことだ。たとえ理解し合えなくても，また無理して「われわれ」意識を作ろうとしなくても構わない。ただともにいて一緒に何かをするだけで，気づかい合える新たな意味空間が自然と立ち上がってくる可能性もあろう。

　欧米社会にあっては多民族交流や多文化接触の理念が長く唱えられてきたが，それにもかかわらず地域社会の水準では人種的・階級的な分断がごく当たり前の光景であり続けている。今後，日本が今よりもはるかに多くの移民を受け入れるような社会へと変貌を遂げざるを得なくなったとき，果たして近隣空間を民族や階層によって分断するような方向へと進むのか，それとも何とか混住の状態に踏み止まるのか。それは，その後の社会全体のありようを左右するきわめて大切な分岐点となるにちがいない。

【註】
1　居住隔離の問題をはじめとしてアメリカにおける多文化的状況について社会学的に深く論じたものとして，南川（2016）がある。
2　本章において世界価値観調査のデータはホームページで公開されているものを用いる。http://www.worldvaluessurvey.org/wvs.jsp

【文献】
Cowan, Douglas E. and David G. Bromley, 2008, *Cults and New Religions: A Brief History*. Blackwell.（＝ 2010, 村瀬義史訳『カルトと新宗教——アメリカの8つの集団・運動』キリスト新聞社。）
Erikson, Kai T., 1966, *Wayward Puritans: A Study in the Sociology of Deviance*. Wiley.（＝ 2014, 村上直之・岩田強訳『あぶれピューリタン——逸脱の社会学』現代人文社。）

南川文里, 2016, 『アメリカ多文化社会論——「多からなる一」の系譜と現在』法律文化社.
Oldenburg, Ray, 1989, *The Great Good Place*. Paragon House. (= 2013, 忠平美幸訳『サードプレイス』みすず書房.)
Parsons, Talcott and Edward A. Shils, 1951, "Categories of the Orientation and Organization of Action," T. Parsons and E. A. Shils (eds.), *Toward a General Theory of Action*. Harvard University Press: 53-109. (= 1960, 永井道雄・作田啓一・橋本真訳『行為の総合理論をめざして』日本評論社.)
Putnam, Robert D., 2000, *Bowling Alone: The Collapse and Revival of American Community*. Simon & Schuster. (= 2006, 柴内康文訳『孤独なボウリング——米国コミュニティの崩壊と再生』柏書房.)
Putnam, Robert D. and Lewis M. Feldstein, 2003, *Better Together: Restoring the American Community*. Simon & Schuster.
Putnam, Robert D. and David E. Campbell, 2010, *American Grace: How Religion Divides and Unites Us*. Simon & Schuster.
Putnam, Robert D., 2015, *Our Kids: The American Dream in Crisis*. Simon & Schuster. (= 2017, 柴内康文訳『われらの子ども——米国における機会格差の拡大』創元社.)
Selznick, Philip, 1992, *The Moral Commonwealth: Social Theory and the Promise of Community*. University of California Press.
Tabor, James D. and Eugene V. Gallagher, 1995, *Why Waco?: Cults and the Battle for Religious Freedom in America*. University of California Press.
Todd, Emmanuel, 2015, *Qui est Charlie?: Sociologie d'une crise religieuse*. Seuil. (= 2016, 堀茂樹訳『シャルリとは誰か?——人種差別と没落する西欧』文春新書.)
Tönnies, Ferdinand, 1887, *Gemeinschaft und Gesellschaft: Grundbegriffe der reinen Soziologie*. Fues's Verlag. (= 1957, 杉之原寿一訳『ゲマインシャフトとゲゼルシャフト——純粋社会学の基本概念』岩波文庫.)
Venkatesh, Sudhir Alladi, 2008, *Gang Leader for a Day: A Rogue Sociologist Takes to the Streets*. Penguin Press. (= 2009, 望月衛訳『ヤバい社会学——一日だけのギャング・リーダー』東洋経済新報社.)
Wolfe, Alan, 1992, "Democracy versus Sociology: Boundaries and Their Political Consequences," M. Lamont and M. Fournier (eds.), *Cultivating Differences: Symbolic Boundaries and the Making of Inequality*. The University of Chicago Press: 309-325.
山田真茂留, 2017, 『集団と組織の社会学——集合的アイデンティティのダイナミクス』世界思想社.

(山田 真茂留)

執筆者紹介（執筆順）

山田 真茂留（やまだ・まもる）………………………………〔編者：序章，第1章，第13章〕
東京大学文学部卒業
東京大学大学院社会学研究科社会学専攻博士課程単位修得
現在　早稲田大学文学学術院教授
主要業績：
『〈普通〉という希望』青弓社，2009年
『集団と組織の社会学——集合的アイデンティティのダイナミクス』世界思想社，2017年

秦泉寺 友紀（しんせんじ・ゆき）………………………………………………………〔第2章〕
東京外国語大学外国語学部卒業
東京大学大学院人文社会系研究科社会文化研究専攻社会学専門分野博士課程単位修得
現在　和洋女子大学国際学部教授
主要業績：
「イスラムはなぜ問題化されるのか——イタリアの排外主義の現状」樽本英樹（編著）『排外主義の国際比較——先進諸国における外国人移民の実態』ミネルヴァ書房，2018年
「食文化の変容にみる戦後イタリア社会——1960年代を中心として」『日伊文化研究』56，2018年

岸　保行（きし・やすゆき）…………………………………………………………………〔第3章〕
中央大学文学部卒業
早稲田大学大学院アジア太平洋研究科国際関係学専攻博士課程修了
現在　新潟大学経済科学部准教授／日本酒学センター副センター長
主要業績：
『社員力は「文化能力」——台湾人幹部が語る日系企業の人材育成』風響社，2009年
「日本酒産業における情報の生成・流通モデル——価値創造のための生産・分類・適合情報」（共著）『新潟大学経済学論集』103，2017年

髙橋 かおり（たかはし・かおり）………………………………………………………〔第4章〕
早稲田大学第一文学部卒業
早稲田大学大学院文学研究科人文科学専攻社会学コース博士後期課程単位修得
現在　立教大学社会情報教育研究センター特定課題研究員
主要業績：
「『芸術志向』と『関係志向』の二重性の維持——芸術家を主体としたアートプロジェクトを事例として」『年報社会学論集』25，2012年
「社会人演劇実践者のアイデンティティ——質の追求と仕事との両立をめぐって」『ソシオロゴス』39，2015年

宇野 真弓（うの・まゆみ）……………………………………………………………〔第5章〕
米国ミネソタ大学大学院社会学専攻博士課程修了
現在　国際基督教大学教養学部非常勤講師
主要業績：
"'Holding On' or 'Coming to Terms' with Educational Underachievement: A Longitudinal Study of Ambition and Attainment,"（共著）*New Directions for Research on Child and Adolescent Development*, 130, 2010
"Safety Nets and Scaffolds: Parental Support in the Transition to Adulthood,"（共著）*Journal of Marriage and Family*, 73, 2011

黒澤 壮史（くろさわ・まさし）……………………………………………………〔第6章〕
立教大学経済学部卒業
早稲田大学大学院商学研究科商学専攻博士後期課程単位修得
現在　日本大学商学部准教授
主要業績：
「戦略形成プロセスにおける政治的側面の再検討」『経営行動研究年報』22，2013 年
「組織の双面性がパフォーマンスに及ぼす影響――メタアナリシスによる研究成果の統合」（共著）『組織科学』51(2)，2017 年

永井 美紀子（ながい・みきこ）………………………………………………………〔第7章〕
国際基督教大学教養学部卒業
東京大学大学院人文科学研究科宗教学宗教史学専攻博士課程単位修得
現在　國學院大學，法政大学兼任講師
主要業績：
『信頼社会のゆくえ――価値観調査に見る日本人の自画像』（共編著）ハーベスト社，2007 年
「個人化社会における宗教的集合性――アメリカ的文脈把握の試み」（共著）『年報社会学論集』27，2014 年

佐野 麻由子（さの・まゆこ）…………………………………………………………〔第8章〕
立教大学社会学部卒業
立教大学大学院社会学研究科社会学専攻博士後期課程修了
現在　福岡県立大学人間社会学部教授
主要業績：
『開発社会学を学ぶための 60 冊――援助と発展を根本から考えよう』（共編著）明石書店，2015 年
「途上社会の貧困，開発，公正」宮島喬・佐藤成基・小ヶ谷千穂（編）『国際社会学』有斐閣，2015 年

相馬 直子（そうま・なおこ）……………………………………………………………〔第9章〕
東京外国語大学外国語学部卒業
東京大学大学院総合文化研究科相関社会科学専攻博士課程単位修得
現在　横浜国立大学大学院国際社会科学研究院教授
主要業績：
"Comparative Framework for Care Regime Analysis in East Asia,"（共著）*Journal of Comparative Social Welfare*, 27 (2), 2011
「子育て支援と家族政策」庄司洋子（編）『シリーズ福祉社会学4　親密性の福祉社会学』東京大学出版会，2013年

富永 京子（とみなが・きょうこ）……………………………………………………………〔第10章〕
北海道大学経済学部卒業
東京大学大学院人文社会系研究科社会文化研究専攻社会学専門分野博士課程修了
現在　立命館大学産業社会学部准教授
主要業績：
『社会運動のサブカルチャー化――G8サミット抗議行動の経験分析』せりか書房，2016年
『社会運動と若者――日常と出来事を往還する政治』ナカニシヤ出版，2017年

畑山 要介（はたやま・ようすけ）……………………………………………………………〔第11章〕
早稲田大学第一文学部卒業
早稲田大学大学院文学研究科人文科学専攻社会学コース博士後期課程修了
現在　豊橋技術科学大学総合教育院准教授
主要業績：
「倫理的消費者の意識構造――フェアトレード商品の購入要因の分析を通じて」間々田孝夫（編）『消費社会の新潮流――ソーシャルな視点 リスクへの対応』立教大学出版会，2015年
『倫理的市場の経済社会学――自生的秩序とフェアトレード』学文社，2016年

篠原 千佳（しのはら・ちか）……………………………………………………………〔第12章〕
米国ウィスコンシン大学オ・クレア社会学部卒業
関西外国語大学外国語学部（IES，学位交換留学）卒業
米国ミネソタ大学大学院社会学専攻博士課程修了
現在　桃山学院大学社会学部准教授
主要業績：
「ジェンダーとセクシュアリティをめぐる運動――職場ハラスメントに対する制度化と社会意識」長谷川公一（編）『社会運動の現在――市民社会の声』有斐閣，2020年
"Health and Globalization," Ritzer, G., Rojek, C., and Ryan, J. M. (eds.), *The Wiley-Blackwell Encyclopedia of Sociology*, 2nd Edition, Wiley, forthcoming

グローバル現代社会論

2018年10月15日　第1版第1刷発行	検印省略
2023年4月1日　第1版第4刷発行	

編著者　山　田　真茂留

発行者　前　野　　　隆

発行所　株式会社　文　眞　堂
東京都新宿区早稲田鶴巻町533
電　話　03(3202)8480
FAX　03(3203)2638
http://www.bunshin-do.co.jp/
〒162-0041　振替00120-2-96437

印刷／製本・モリモト印刷
©2018
定価はカバー裏に表示してあります
ISBN978-4-8309-5005-6　C3036